厂与城——三线建设城市转型与空间演变

杨 亚 著

中国建筑工业出版社

图书在版编目（CIP）数据

厂与城 ：三线建设城市转型与空间演变 / 杨亚著.
北京 ：中国建筑工业出版社，2024. 9. -- ISBN 978-7
-112-30289-5

Ⅰ. F299.276.33

中国国家版本馆 CIP 数据核字第 20248ZF407 号

责任编辑：费海玲
文字编辑：汪箫仪
责任校对：王　烨

厂与城——三线建设城市转型与空间演变

杨　亚　著

*

中国建筑工业出版社出版、发行（北京海淀三里河路 9 号）

各地新华书店、建筑书店经销

北京科地亚盟排版公司制版

建工社（河北）印刷有限公司印刷

*

开本：787 毫米×1092 毫米　1/16　印张：15¾　字数：392 千字

2024 年 11 月第一版　　2024 年 11 月第一次印刷

定价：**68. 00** 元

ISBN 978-7-112-30289-5

（43108）

序一

　　三线建设城市是特殊时期形成的城市，是我国城市发展过程中的伟大创举，对世界城市规划具有重要贡献，为中国 20 世纪 80 年代以后的迅速城市化奠定了坚实的基础，也是社会主义城市形成发展的特殊范式。因此，我们有必要对这一特殊城市范式进行研究，认识三线建设城市的起源、发展规律，以便为三线建设城市发展规划提供有预见的策略，同时帮助我们重新认识三线建设城市的历史地位及伟大意义。

　　本书基于作者的博士论文并进一步修改完成，史料全面、资料翔实、论据充分、逻辑严密，是研究三线建设城市非常好的著作，值得一读。该书有助于全面了解三线建设城市的形成发展过程与历史价值，为同类型城市的研究提供了很好的借鉴与范本。更重要的是，为这类城市空间发展与转型研究提供了坚实可靠的依据。

　　本书以"空间生产"理论、城市空间形态学、城乡规划学理论为基础，从城市空间演化影响因素、城市空间生产要素及其关系、空间生产模式、空间形态特征四个方面构建总体框架。分析了在三线城市建设发展不同阶段中权利、资本、城市居民三个相关利益要素之间的关系，并深入分析研究这三个要素对空间生产的影响、制约与作用机制，以及各个阶段空间生产运行机制与模式。在此基础上，对各个时期形成的空间生产产品进行分析，即在城市空间形态的研究中辨析各个阶段的空间形态特征，认识其演变规律。书中对社会主义城市空间范式的研究也具有重要的理论意义。

　　本书以三线建设城市——湖北省十堰市为实证研究对象，揭示了十堰城市总体空间、城市街区空间、建筑单体空间的演化规律。为城市与周边地区的组合发展、城市老城区的空间疏解与安全发展、城市工业遗产的区域整体性保护提供了新思路。

　　这本书还可以作为十堰城市建设发展史提供给所有的读者，让大家认识这座城市形成与建设的过程，记住城市伟大变革时期做出的贡献。

武汉大学城市设计学院教授、历史地理博士（中国）、建筑学博士（法国）

序二

在中国当代史中，20世纪60—90年代的三线建设无疑是浓墨重彩的一笔。它不仅深刻影响了我国城市的发展动力机制与演变规律，更在全球化背景下为社会主义国家乃至诸多发展中国家提供了独特价值。作为三线建设研究的先行者之一，在今年正值中央实施三线建设决策60周年之际，我深感这一历史时期的复杂性与丰富性，以及其在中国当代史研究中的重要地位。

经过学术界同仁的共同努力，从无到有的三线建设研究取得了一些进展，目前正以前所未有的广度和深度展开，跨学科研究与区域发展研究则成为三线建设研究的新趋势。作者关注三线建设对特定区域的经济社会发展、城镇化进程、工业遗产保护等方面的影响，为区域协调发展提供了新的思路与策略。

湖北十堰市作为三线建设城市的典型代表，其城市空间演变历程无疑具有极高的研究价值。该研究通过对十堰市自三线建设开始以来至21世纪初期的城市空间演变进行深入分析，从生产关系的阶段性变迁、生产主体的多元性博弈和空间表征的周期性构想三个方面，揭示了十堰市城市空间演变的内在规律和外在动力。这一研究不仅为我们展示了十堰市城市空间演变的生动图景，更为我们理解三线建设城市的空间发展提供了宝贵的经验和启示。

近年来，我有机会多次前往十堰考察三线建设，走遍了十堰的城区和附近的乡村，零距离观察三线建设留在这片热土上的昨天和今天，由此深感十堰是三线建设研究中一个非常有价值的对象。2024年5月，我在十堰举办的第四届全国三线建设学术研讨会上曾经说：我走在十堰的大街小巷，发现四面八方都是三线建设研究的对象，满大街都是可以申报的研究课题。事实的确如此。作者立志研究十堰的三线建设，这本新著无疑印证了我的感慨。由衷希望作者在这个研究的基础上，在未来的研究道路上百尺竿头更进一步，为三线建设研究添砖加瓦。

本序作者系上海大学历史系二级教授、博士生导师，上海大学中国三线建设研究中心副主任。2013年度国家社科基金重大项目"小三线建设资料的整理与研究"的首席专家。

徐有威

2024年11月20日

前言

　　中国特色社会主义道路决定了我国城市的发展动力机制及演变规律与资本主义国家有显著差异。与西方语境不同，我国的城市转型是从最初国家权力的"大一统"逐步走向地方城市的分化发展，以我国社会主义初级阶段为典型，特别是 20 世纪 60 年代因备战备荒而发展出的一批"三线建设城市"，此类型城市的发展完全受中国本土化因素的影响，是研究中国特色的城市转型与空间重构的纯粹样本，对社会主义国家乃至诸多发展中国家具有重要的价值。

　　本书以城市空间相关理论为基础，形成具有中国特色的城市空间研究视角，从我国社会主义初级阶段开始以来的经济体制改革、中央政府—地方政府—企业—居民四个行为主体间的价值博弈以及从生产和消费角度理解空间演变更符合三线建设城市发展，空间形态作为要素之一参与城市演变过程。提出"三线建设城市空间形成机制"的研究框架，包含影响城市空间形成和演变的三个主要影响因素：生产关系的阶段性变迁、生产主体的多元性博弈和空间表征的周期性构想。认为城市空间生产和消费的转变可以从需求动力、开发主体、资金来源、土地获取、分配方式、消费主体、技术支撑七个构成要素进行考察，进而划分为四个阶段：计划经济前期、计划经济后期、商品经济时期以及市场经济时期。区分城市空间四类生产模式：国家导向的计划性生产模式、地方导向的计划性生产模式、政企导向的半市场化生产模式以及多重博弈的市场化生产模式。

　　本书选取三线建设城市中极具典型性的湖北省十堰市，以 1964 年至 21 世纪初期的十堰城市空间演变为研究对象，从生产关系的阶段性变迁、生产主体的多元性博弈和空间表征的周期性构想三个方面展开分析。首先，关于十堰市空间生产关系变迁的研究包含与城市空间生产方式转变密切相关的三线建设发展历程、经济体制改革及一些具体的制度改革，进而分析出十堰市城市空间生产与消费的转变的四个具体时间阶段与差异性。其次，对十堰市空间生产行为主体关系进行研究，包括中央政府、地方政府、企业及居民四个行为主体从计划经济到市场经济的不同阶段影响力的彼此消长，以及各个时期的主体博弈和决策对城市空间所产生的相应影响。最后，研究了十堰市四种空间生产模式下城市总体空间、城市街区空间、建筑单体空间三个层面的物质空间形态演变特征。包括城市总体的用地布局及基础设施建设特征，指出城市定位及方向性发展政策是城市总体空间演变的主要动力；街区内部空间单元实现了从"单位制"到"街居制"再到"社区制"的转变，指出城市的具体规划设计手法和模式及管理制度是影响城市街区空间演变的主要动力；政策法规与技术标准的约束、市场的需求影响、企业逐利的倾向三方面的相互作用力决定了住宅单体形态演进的趋向。在当前总体国家安全观的政策背景下的三线建设城市，应从三线建设时期的国家安全主导的、关注人防的城市发展，转向当前国家安全格局下关注物质环境、行为活动、精神文化多个要素的城市安全发展，将生态、经济和文化与三线建设城市发展相关的"非传统"安全作为主导方向。发展生态安全，由开山造地的低丘缓坡治理转向生态立市；发展经济安全，构建"组合城市"谋求区域协同发展；发展文化安全，推进十堰三线建设工业遗产保护。得出三线建设城市关联区域研究范围包含建筑单体、厂区单元、历史集镇范围、城市工艺生产片区到产业协作地区的多层级空间。

总体而言，本书以城市空间理论为基础，建构了"三线建设城市空间形成机制"研究框架，发现三线建设城市这类空间的演变规律，为中国特色的城市空间研究提供参考范式。创新了以三线建设为主线的城市关联区域整体性视野，揭示了三线建设城市十堰市的城市总体空间、城市街区空间、建筑单体空间的演变规律。为三线建设城市与周边地区的组合发展、为三线建设城市老城区的空间疏解与安全发展、三线建设城市工业遗产的区域整体性保护提供新思路。

本书的出版得到安徽省高校自然科学研究项目（2023AH050170，重点项目）、安徽建筑大学引进人才及博士启动基金项目（2022QDZ15）的资助。感谢武汉大学李军教授的悉心指导，以及安徽建筑大学吴运法教授的大力支持。

目录

1 概 论

1.1 研究背景

1.1.1 工业遗产及其价值认可

工业遗产作为工业文化的物质载体，不仅见证了工业文明，更是人类文化遗产的重要组成部分。成立于 1978 年的国际工业遗产保护委员会最早提出"工业考古"理论与方法，并运用于工业生产遗迹研究中，"工业遗产"概念及价值也由此得到国际社会的广泛认同。工业遗产作为人类的共同财富，承载着人类社会文脉传承的重要作用，从《下塔吉尔宪章》到最新的《北京倡议》和《杭州共识》，包括《都柏林原则》《台北宣言》《无锡建议》等文件均探讨了工业遗产的重要价值。我国的工业遗产保护工作正式开始于 2006 年，以《文物保护法》为基础，建立了相关政策及法律法规体系，包括具有指导性的《无锡建议》和《关于加强工业遗产保护的通知》，以及各地的具体实施性保护政策[1]。2020 年 6 月，《推动老工业城市工业遗产保护利用实施方案》由国家发展改革委牵头发布，提出对工业遗产进行全面调查、摸清底数、分类评估及认定，在此基础上建立分级保护机制。现阶段，我国工业遗产保护工作的开展进程相较于欧美还存在一定差距，且《世界遗产名录》中我国在列的工业遗产绝对数量和类型占比较小，因此从世界范围来看，我国工业遗产的保护和研究工作任重道远。

1.1.2 三线精神——国家精神和民族精神的体现

20 世纪 60 年代，国家启动"三线建设"，从 1964 年到 1983 年，然后再到 2006 年实施三线企业调整改造战略时期，整个过程共 42 年之久，堪称中华人民共和国历史上时间跨度最长的经济建设战略[2]。来自祖国各地的工人、科研工作者和领导干部服从国家号召和安排，义无反顾投身祖国西部地区支援建设，在艰难困苦中无私奉献，创造了"三线精神"。2015 年 3 月，中国三线建设研究会在攀枝花举行，会议正式提出三线精神为："艰苦创业、无私奉献、团结协作、勇于创新"[3]。2018 年 7 月，中宣部印发《关于在广大知识分子中深入开展"弘扬爱国奋斗精神、建功立业新时代"的通知》，赞扬为三线建设付出的家国情怀和奉献精神。2018 年 10 月，三线精神被列入以"弘扬民族精神、奋斗精神"为主题的中宣部宣传方案。

三线精神有四个方面特点：三线精神是在国家安全受到战争威胁，中共中央提出以国防建设和备战为重点的特殊战略中诞生的；三线精神在西部山野现代化工业群体建设中诞生，体现了独立自主的"顶尖"科技创新；三线精神体现了大规模有计划协作和顾全大局的"移民"活动（"西迁精神"）；三线精神在红色精神谱系中，具有最

[1] 吕建昌. 当代工业遗产保护与利用研究［M］. 上海：复旦大学出版社，2020；前言.

[2] 武力. 中国三线建设研究会 2014—2019 年工作总结报告：弘扬三线精神建设美好生活［R］. 成都，2019.

[3] 纪念三线建设决策 50 周年及中国三线建设博物馆开馆学术研讨会［R］. 攀枝花，2015.

广泛的代表性[1]。

1.1.3 三线建设城市转型——不同时期空间重构的中国范式

自 19 世纪 80 年代末开始，全球范围内的城乡空间发展与重构，受以经济体制转轨、制度与治理改革为主要内涵的现实转型影响[2]。城市发展不仅受国家不同体制与根源的影响而展现出特殊性，即使是同类体制国家的相似城市类型在变革过程中亦呈现发展路径的多样性。而城市性质类型、经济技术的发展阶段、中央与地方的关系等方面的差异，影响不同国家的城市或地方在历经变革过程中的路径抉择和发展方向。在政治经济背景转变及在政策制度与法定规划的制约下，城市发展从"自发"走向"自觉"，迎来体制变革和空间转型[3]。要把握城市演进与国家、社会发展的辩证关系和脉络交织，在历史进程中识别不同阶段中国式转型的背景原因、内生因素才是影响城市发展的重点导向[4]，进而识别城市发展过程中各因素的因果联系，透视体制转型与空间重构互动中的国家模式与地方选择。尤其是 20 纪 60 年代以来，我国城市发展在社会主义初级阶段的特殊社会经济背景及城市化进程急剧压缩的特征下，展现出极具中国特色的个性烙印，正是社会主义经济制度由计划性向市场化的过渡，自下而上的群众路线与自上而下的宏观调控交织调适，促就了具有中国特色的城市演变动力机制，自然也超出了西方理论对空间发展的解释范畴。

三线建设时期兴起的一批新兴工业城镇，严格执行"靠山、分散、隐蔽"原则[5]。这类城镇中空投迁入大量国防军工、三线建设企业和科研院所，改变和促进了我国工业格局的形成，带动了地方工业体系的建立和经济发展，解决了人口就业问题，中西部工业经济由此起步。因此，此类城市因工业而兴，城市发展孕育于工业发展，由"零基础"起步，迈向性质规模不尽相同的现代工业城市[6]。此外，各城市三线建设项目的类型、选址与建设要求、生产与扩展的历程以及最终国家要求下的调整及收尾，均对三线建设城市的发展与蓝图规划产生影响，甚至若干重点项目一直影响至今。三线城市的兴起不应被静态地看作特定历史时期的阶段性产物，而应是我国第一次具有系统性制度创新的社会主义工业建设实践；应认清城市发展与工业发展的相互关系和发展规律，从动态演变的视角找出城市空间形成机制，发现城市演变规律，预见城市未来发展方向。

"三线建设城市"是中华人民共和国成立后诞生的一批具有典型特征的城市类型，因三线建设而兴，这一批城镇的发展与演变过程见证了三线建设史，它们完全诞生于极富中国特色的国家体制中，城市发展路径、模式、空间与社会效应完全由中国自身政治、经济及文化因素为主导，城市空间演变和重构过程中折射出的本土性是"中国特色"的代表。

［1］ 陈东林. 三线精神的形成、特点和现实意义［R］. 涪陵. 全国党校（行政学院）系统三线建设学术研讨会. 2021.

［2］ 张京祥，吴缚龙，马润潮. 体制转型与中国城市空间重构：建立一种空间演化的制度分析框架［J］. 城市规划，2008，32（6）：55-60.

［3］ 吴缚龙，马润潮，张京祥. 转型与重构：中国城市发展多维透视［M］. 南京：东南大学出版社，2007：1-15.

［4］ 李百浩，韩秀. 如何研究中国近代城市规划史［J］. 城市规划，2000（12）：34-35.

［5］ 陈东林. 三线建设：备战时期的西部开发［M］. 北京：中共中央党校出版社，2003.

［6］ 周明长. 三线建设与中国内地城市发展（1964—1980）［J］. 中国经济史研究，2014（1）：112-151.

1.1.4 三线建设工业遗产——持续演进和更新的活态样本

随着近年各类政策陆续出台，我国工业遗产保护利用工作在国家层面渐渐拉开序幕，但相对而言，中国工业遗产保护工作刚刚起步，力度相对薄弱，而对三线建设工业遗产的保护尤显突出。

产生于 20 世纪 60 年代至 80 年代，以国防工业和基础工业为主的三线建设工业遗产，是"冷战"遗产的重要组成部分，也是洋务运动以来我国近代工业化历程的延续。1983 年 11 月，国务院确定"调整改造，发挥作用"作为三线企业发展的重要方针，三线企业建设终止，"军转民"的产品转型和调整搬迁成为后来三线企业的主要任务。三线企业搬迁后留下的大片厂区、厂房、职工住宅和部分设备、配套设施等，成为"离我们最近的工业遗产"。三线建设是在旧中国的工业化经验、中华人民共和国成立以来学习苏联经验及三年经济调整的经验基础上，受周边战争威胁的背景下诞生的，代表着中国当代工业发展史上一段不可磨灭的历史。三线建设者从沿海到内陆，从城市到山村，交融丰富多元的"移民"文化随之形成。三线建设作为社会史的重要组成部分，内容涵盖集体主义与家国情怀、地方与时代烙印，汇聚身份与文化认同。此外，三线建设作为共和国史的组成部分，更是一种政治经济制度的探索和创新，不仅在我国国家发展与民族复兴过程中具有里程碑意义，而且在世界工业遗产史上具有重大的政治经济制度价值。

从国际工业遗产界考量[1]，中国的三线工业遗产不同于以欧美为代表的发达国家的资本主义私有制与市场经济、以苏联为代表的社会主义全民所有制与计划经济，以及第三世界国家工业制度呈现出的资本主义、殖民主义多种制度混杂的情况。中国以三线建设为代表的工业遗产的政治经济制度价值，虽然在进入社会主义时属于苏联类型，但中国以三线建设为代表的工业仍有显著区别于苏联的特点。中国坚持公有制为主，在改革开放中得到更新延续，以三线工业遗产为代表的当代工业遗产，为国际遗产界和政治经济界提供了一个可资借鉴研究，且本身仍在持续演进和更新中的活态样本[2]。

1.2 概念界定

1.2.1 三线建设

三线建设是在中国社会主义初级阶段的特殊背景下，由党中央领导层作出最高决策，直接组织发动的，以备战为主要目标，探索中国发展道路的重要实践。也是我国政府在中西部共 13 个省、自治区范围内实行的一场大规模基本设施建设，以国防、科技、工业及交通等为主要内容。1964 年 5 月 27 日三线建设正式开始。三线建设跨越三个"五年计划"，到 1984 年提出了三线企业调整改造实施方案，关、停、并、转和搬迁三线建设以来投资产出效果不理想的 200 多家三线企业，并以此为终点结束三线建设企业的国家投资，

---

[1] 国际工业遗产界基本将工业遗产的时间线划在工业革命（18 世纪 60 年代）至 20 世纪 80 年代（见《世界工业遗产名录》）。

[2] 徐嵩龄. 三线建设工业遗产的意义：基于政治经济学意义上的制度价值认知 [J]. 东南文化, 2020 (1): 6-11.

三线建设就此停止[1]。

在地理位置上，我国三线是按照地理位置划分的，即由国家领土外围的沿海及边疆地区依次向内地划分三条线，在地域上分为一、二、三线地区：一线地区包括沿海和边疆地区的省、自治区、直辖市；一线地区和京广线之间的地区即二线地区，包含安徽和江西全省以及湖南、湖北、河南、河北四省的东部；三线地区西至甘肃省乌鞘岭、东抵京广线、北到山西省雁门关、南接广东省韶关，含甘肃、宁夏、青海、贵州、云南、湖北、湖南、河南、陕西、山西、四川的西部、广东北部、广西西北部，共 13 个省、自治区的全部或部分地区。国家统计局出版的《国民经济统计提要》将陕、甘、宁、青、川、贵、滇、湘、鄂、豫、晋省区划为三线地区。所谓三线建设，即特指在这 13 个省、自治区展开的建设活动。

在投资上，据统计，1965—1980 年，国家累计投资占全国同期基本建设总投资的 39.01%，共 2052.68 亿元，在西部地区（涉及 13 个省区市）建设起以国防工业和基础工业为主的 1945 个大中型工厂、铁路、水电站等基础设施和科研院所，形成了西部地区的工业基地。

在产业类型上，三线工业细分为三线军工企业和非军工产业。1984 年的调查显示，国防军工企业或配套建设企业占全国总三线企业的 68%，国防军工建设是三线建设的主基调[2]。军工企业在体量和权重上都是三线企业的核心部分。此外，交通运输、原材料、能源等配套产业为非军工产业，这类产业在服务军工生产服务之时，还助力三线地区的民用生产生活，并且在三线建设结束后，依然服务于当地社会发展和经济建设。

参与建设人员包括工人、农民、技术人员、领导干部和职工家属共计几千万人，是中华人民共和国成立以来经济建设战略的伟大决策和壮举。

1.2.2　三线建设城市

三线建设城市是指在三线建设中承担重点项目建设而获得较大程度发展的城市（包括部分重要城镇）。三线建设城市的界定最早出现在国务院三线建设调整改造规划办公室《三线建设》及 1989 年《当代中国的基本建设》中对三线地区主要城市的确定内容中。

三线建设时期，一大批基础设施在内地城市选址建设，包含多类三线建设工业及配套项目、服务设施及附属工程。零基础集中兴建的城市为第一类，含十堰、金昌、六盘水、渡口；第二类，为保证三线建设项目尽快建成投产，依托现有城镇选址建设，此类城镇接受国家计划，70 多个内地城镇继续改扩建发展为新兴城市[3]。此外，受三线建设"大分散"建设方针的影响，以及以备战为中心重视国防军工和重工业战略，有上百个内地农业城镇受工业建设影响得到建设发展，规模持续扩大，经济职能强化，由此形成了全国层面的三线工业格局、项目类别及规模，这些因素决定着内地城市的性质、规模、动力、地域、建设方式和方向。三线建设在内地快速培育出一批不同类型和规模的工业城市，按重要级别分为核心工业城市和工业城市群[4]，城市类型有重工业、轻工业、综合性和交通

[1] 国务院三线办. 国务院三线建设调整改造规划办公室关于三线企业调整方案的报告 [M]//陈东林. 中国共产党与三线建设. 北京：中共党史出版社，2014.
[2] 吕建昌，杨润萌，李舒桐. 三线工业遗产概念初探 [J]. 宁夏社会科学，2020 (4)：139-146.
[3] 中国城市建设年鉴编委会. 中国城市建设年鉴 1986—1987 [M]. 北京：中国建筑工业出版社，1989：376.
[4] 周明长. 三线建设与中国内地城市发展 1964—1980 [J]. 中国经济史研究，2014 (1)：142-151.

枢纽型等。三线建设时期，内地涌现的这批工业城市奠定了我国工业化和城市化的基础，代表三线建设时期我国城市发展的主要方向，是这一时期的一个重要城市类型。

1.3　三线建设城市空间形成机制

本书研究与"城市空间形成和形态演变"相关的城市理论，以马克思主义的城市思想为支撑，同时吸收空间生产其他相关理论，提取与本书相关的核心观点，进而对三线建设城市这一类型的城市空间形成及演变的机制、分析视角、影响因素及形成模式作进一步的理论分析，建构"三线建设城市空间形成机制"研究框架。

1.3.1　研究框架

我国城市的发展尤其是三线建设城市类型的发展过程处于社会主义初级阶段，始终伴随国家经济体制改革的进程，既包含自上而下的国家宏观调控，也包括自下而上的以群众路线为根本的工作路线，始终重视人民的利益，关注人民的消费和空间使用需求。在三线建设城市的发展过程中，政府不仅提供制度保障，而且以不同的主体形式参与市场，以人民的利益为导向，中央政府、地方政府、企业和居民四个行为主体、各级别的行政约束和市场创新在三线建设城市中高度结合，地方活力由此迸发。三线建设城市的演变与任何既定的社会主义逻辑或经济学逻辑不符，是中国特色的城市发展模式及空间形成机制的典型代表。

对城市空间变化的本质性理解必须关注其内在的成因机制，关注国家力量、地方导向、资本配置、社会群体不同角色在城市空间生产中的重要作用，城市空间的演变不仅是聚焦于物质空间本体的嬗变，也是政治经济制度背景、生产方式、资本的循环与积累、行为主体的利益诉求表达等社会过程的融合。

本书试图建立"三线建设城市空间形成机制"研究框架（图 1.1），其中包含影响城市

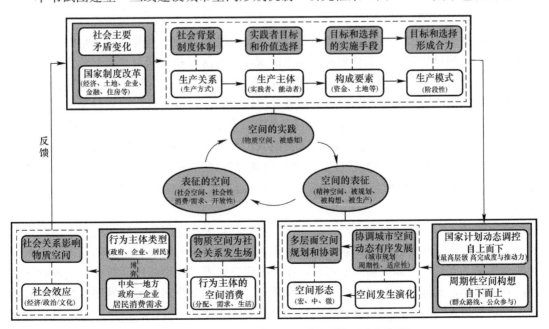

图 1.1　"三线建设城市空间形成机制"研究框架图

空间形成和演变的三个主要影响因素（环节）及其相互作用，即生产关系的阶段性变迁、生产主体的多元性博弈和空间表征的周期性构想，以及此三者的相互作用和环节内的子过程。从地方维度看，城市空间形成机制本身是由不同因素、不同环节、不同层次和不同的子过程构成的，将这个机制赋予"时间"维度，则产生了城市空间的演变。

1.3.2　机制内容

从上述研究框架中可以看到，本书将城市空间演变相关理论赋予中国特色，以"物质—精神—社会"三空间的统一为核心，将社会行动角色（行为主体）间的价值博弈融入社会空间的核心环节，将空间的生产和消费贯穿到整个机制循环中，构建生产关系—空间构想—主体博弈三环节彼此作用、相互补充的"三线建设城市空间形成机制"研究框架具体内容：

第一部分："生产关系"环节对应"空间的实践"过程。城市空间的物质实践是一个过程性的概念，由当时的社会生产关系决定并作用于物质空间，社会关系则受当时的社会背景或试图改善社会主要矛盾的国家制度所决定，这种社会和制度背景是社会不同时期的背景条件，是城市空间价值演替的驱动因素，也是行为主体发展社会关系的基础；不同的空间行为主体，可以称为空间实践者或能动者，是关键的、高能动性的要素，他们根据自身在生产或再生产过程中所处的位置，作出对城市空间的不同价值选择；实践者通过协调空间生产构成要素来实现目标和价值，协调和实现目标过程中的物质实践活动及行为，会导向生成物质空间表征；用于空间生产的构成要素包括空间需求及动力、空间的开发主体、资金来源、土地获取途径、空间的分配方式、空间的消费主体及建设技术。以上实践的过程最终决定了空间的生产模式。

第二部分："空间构想"环节对应"空间的表征"。社会关系中行为主体通过精神空间表达对未来空间的构想和规划。在我国城市空间形成和演变过程中，各层级空间构想和规划的行为主体是人民，结合自下而上的群众路线和自上而下的国家宏观调控，制定的符合群众意愿、强调公众参与的国家计划，是适应社会、经济发展和当前基本国情的空间构想和规划蓝图；通过法定的国家计划制度保障国家计划的落实和推动，是最高层次的动态调控手段。回归城乡规划学科本体，城市规划作为协调地方城市空间可持续发展的调控手段，不仅要依托于国家总体规划、适应地方经济社会发展，也应具备周期性动态调控的特点。在规划的周期性调控下产生城市空间形态的阶段性变化，阶段性的空间特征连贯起来构成城市的演变历程，而规划及政策调控会针对不同的空间层次各有侧重，进而形成宏观、中观、微观层面的形态特征。与之后的城市发展阶段不同的是，在三线建设城市空间演变进程中，以计划经济时期为主的初期阶段主要发挥我国自上而下的举国体制优越性。

第三部分："主体博弈"环节对应"表征的空间"，关注空间形态演变过程中的社会性影响，强调物质空间中的社会关系，认为行为主体在空间中的消费行为例如需求、分配和生活等带来不同行为主体类型间的博弈，在三线建设城市空间中体现为政府、企业和居民间的利益博弈，具体表现为中央政府和地方政府、政府和企业间的关系发展以及居民日益增长的消费需求协调。不同社会群体间的博弈带来社会关系的变化，产生一定的社会效应进而对物质空间产生影响。

1.4 三线建设城市空间演变影响因素

三线建设城市空间形态的演变，是城市功能和形态矛盾运动的结果，其演变的动力来自经济、政治、文化等社会深层的支配力，制度背景、社会关系、经济结构等都是空间的重要组成部分。政治经济导向的生产关系阶段性变迁、行为主体的多元性博弈、批判日常生活引发空间表征的周期性构想是影响三线建设城市空间演变的三个因素。

1.4.1 生产关系的阶段性变迁

三线建设城市空间演变的首要影响因素是我国生产关系的阶段性变迁，而生产关系的变迁受城市演变过程中社会各阶段主要矛盾的影响。

1.4.1.1 社会主要矛盾的变化

抓住事物发展的主要矛盾是唯物辩证法的核心要求，也是指导我国发展的方法论。1956年，社会主义制度基本建立，党的八大提出了我国社会的主要矛盾，并围绕主要矛盾提出根本任务：解放和发展生产力，优先发展工农业。1981年，我国开始把满足人民的物质文化需求摆在首位。

综上，党和国家事业的顺利发展，必须在社会条件的动态变化中，了解基本国情、把握社会主要矛盾，在此基础上制定正确的路线方针和政策。

1.4.1.2 国家制度的改革

我国的政治体制以及一切机构组织与活动的原则都是根据国家制度形成的，制度是掌握政权的统治阶级或政治集团为实现其统治而采取的治理方式、方法的总和。一系列体制和制度的改革是引起三线建设城市空间转型的主要标志，包括经济体制、财政体制、土地使用制度、住房制度以及企业体制的改革。

土地是影响城市发展的最重要因素，土地使用制度通过制度化的条文，对土地使用形式、条件、程序作出明确规定。土地使用的导向差异，直接影响城市空间的形成与发展。与经济体制改革相协调，我国住房制度亦经历从政府开发与福利分配过渡到商品房与福利住房协调，再到商品化住房与政府保障性住房共存的局面。不同阶段住房制度影响了不同阶段的城市空间生产。企业体制改革推动了市场经济的发展，唤醒了企业的活力，带动了地方的经济发展，尤其是依托企业成长发展的三线建设城市类型，这种效应在促进城市发展及空间演变过程中表现得更为明显。

综上，在我国城市空间演变过程中"生产关系的阶段性变迁"是影响三线建设城市空间生产的首要因素。

1.4.2 行为主体的多元性博弈

1.4.2.1 空间生产的行为主体类型

在城市的空间生产中，行为主体和利益主体二者是统一的，他们通过主观能动性的发挥，进行行动决策、表达需求和谋划发展。主体类型间的社会互动伴随利益冲突和博弈，互动关系形成的合力最终影响空间的生产。城市空间生产的行为主体为政府、企业、居民，在中国城市空间的发展过程中，尤其是在不同发展阶段的三线建设城市，三种力量所代表的立场和发展目标都是动态变化的。在三线建设城市进行空间生产的进程中，政府又被区分为中央政府和地方政府；企业在不同城市的发展过程中所处的位置和发挥的作用也有所区别，三线建设企业更具有显著的特殊性。因此，中央政府、地方政府、企业、居民是三线建设城市空间生产的主要行为主体。

1.4.2.2　行为主体间的关系发展历程

中央政府、地方政府、企业及居民四个行为主体之间的关系具体表现在城市空间生产与发展的每个阶段，因所触及的利益点不同而有所变化。这里主要从两个主要层次："中央—地方"及"政府—企业"对行为主体间关系的发展历程进行剖析。

（1）"中央—地方"关系发展

进入社会主义初级阶段，中央—地方关系在新的社会背景基础下进入新阶段。改革开放之后，央地关系调整，伴随的是权力的下放，新宪法明确地方主动性的发挥必须建立在中央的统一领导下；央地财税体制改革；通过撤县设市、地市合并等政策的落实，扩大企业经营管理自主权。以上的改革措施为我国的央地关系带来了全新的思路，为地方经济的繁荣和企业的发展带来了生机和活力。

（2）"政府—企业"关系发展

计划经济体制下，政府以行政命令的方式配置资源；市场经济体制下，企业和个人通过市场机制配置资源。如果企业获取利益是通过不平等占用本属于居民的资源，那么目标之间的冲突就不可避免，政府在此就需要在此扮演重要的"协调"与"平衡"的角色。此一阶段可划分为：1978—1986 年，传统体制时期的政企行政隶属关系；1987—1991 年，体制转轨时期的政企两权分离；1992 年至今，市场改革深化时期的政府监管和调控，企业进入市场。

综上，在我国城市空间演变过程中"生产主体的多元性博弈"关系的形成与当时的社会条件、国家政治路线和战略紧密联系，受不同阶段我国基本国情的影响。各行为主体在不同阶段的博弈都能引起社会和经济发展的转变，因而伴随着城市的发展和空间的演变，行为主体的多元性博弈是影响三线建设城市空间演变的又一因素。

1.4.3　空间表征的周期性构想

在城市发展过程中，社会关系中行为主体不断通过对精神空间的憧憬，来表达对未来城市空间或生活空间的构想和规划，并将其通过计划和蓝图来予以落实。

1.4.3.1　自下而上的空间构想

（1）群众路线是党的根本工作路线

群众路线是党的根本工作路线。列斐伏尔认为：社会运动的决定性角色是工人和农民，唯有联合工人和农民，与物质空间实践结合，与空间使用者结合，才能改变世界。国家计划和经济计划制定的过程，便是社会主义民主集中的过程展现。比较直观的是跟我国国民经济发展密切相关的"五年规划"（原称"五年计划"）[1] 编制过程的充分民主性。

---

[1]　全称为《中华人民共和国国民经济和社会发展五年规划纲要》，是中国国民经济计划的重要部分，属长期计划；主要是对国家重大建设项目、生产力分布和国民经济重要比例关系等作出规划，为国民经济发展远景规定目标和方向。

自下而上驱动的国家政策制定模式，不仅是具有中国特色的，也是世界规模最大的公共政策密集性、集体性、竞争性研究。

（2）公众参与是城市规划的重要内容

公众参与是协调社会多方利益、多样化需求的对策。强调公众自下而上参与管理和决策过程，与政府自上而下行政管理形成合力，促进社会发展[1]。各级政府在编制城市规划方案时均应遵循《城市规划法》，公众参与城市规划编制亦是宪法规定的行政公开，也是公民具有参与权和知情权的具体体现。公众参与城市规划是行政法赋予公民的基本权利，也是城市规划的重要内容。

1.4.3.2　国家主导的计划与动态调控

马克思主义城市理论对资本主义过度累积带来社会矛盾激化进行批判，认为在此基础上的政治干预和对集体消费的引导是资本主义社会和城市空间的良性发展方向，并且指出社会主义社会应在此基础上进一步改变生产关系，重视空间的按需取用、国家宏观调控及集体消费。在我国，国家的宏观调控主要表现是将"计划调控"作为最高层次的调控手段，具有极高的计划完成度，涵盖社会发展的方方面面，城市规划也是调控手段之一，以最高层次国家计划为依托。

（1）计划调控是高层次调控手段

中华人民共和国的计划制度是由国家制定，从宏观层面指导国家经济建设的制度，国家用计划指导国民经济和社会事业的发展。

① 我国的国家计划制定

国家计划在我国经济社会发展中作用显著。计划调控是一种高层次的调控，具备预测引导和政策协调功能，在引导未来发展方向的同时，指引各行为主体遵从并统一步调，是经济行动的指挥棒，为各级政府、企业提供政策指引。1953 年起我国开始制定"五年计划"[2]。

② 国家计划的类型划分

国家计划涵盖科学发展、基本建设、工业生产、农业生产等众多类别，涉及国民经济发展的方方面面。根据期限划分，计划是计划体系中最基本也是最重要的计划类型，分为长、中和短期计划，分别对应十年、五年和年度计划。经济体制改革要注重中长期计划，把"五年计划"作为实行宏观调控的基本形式，规范化制度化，融入国家管理的形式中。

（2）国家计划的完成度及推动作用

国家经济计划的稳步实施，提高了生产力，改善了人民的物质文化生活，巩固了国家安全[3]。对从 1953 年至 2012 年 60 年间 11 个"五年计划"，进行绩效评估，结果表明：虽然前期计划经历波折，但"五年计划"总体上越来越成功，并在"十一五"达到历史最高点（图 1.2）；我国国家战略体现在一路走来的每个"五年计划"中，全部"五年计划"

---

[1] 郭建，孙惠连. 城市规划中公众参与的法学思考 [J]. 城市规划，2004（1）：65-68.

[2] "十一五"起，"五年计划"改为"五年规划"（除 1949 年 10 月到 1952 年底为中国国民经济恢复时期和 1963 年至 1965 年为国民经济调整时期外）。

[3] 陆雄文. 管理学大辞典 [M]. 上海：上海辞书出版社，2013.

完成度均值能到达 100 以上[1]，超额完成阶段性目标，极大推动了经济发展。

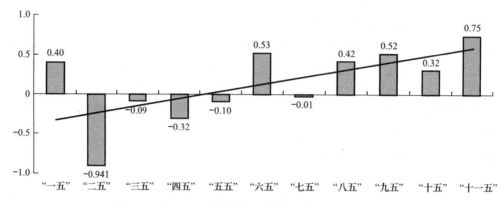

图 1.2　"五年计划"绩效指数（"一五"到"十一五"）

来源：国情报告第十三卷（2010 年下）[R]. 清华大学国情研究中心，2012：21.

（3）城市规划需以国家计划为依托

城市规划需与国家计划相协调。国家计划在国家的经济和社会发展中具有重要作用，其本身也是一种调控手段，可以与其他宏观调控相协调[2]。城市规划不仅能协调经济、社会和环境的发展，还能兼顾综合效益和空间公平，我国空间与资源的分配始终代表着最广大人民的利益。复杂的城市系统决定了城市规划是随着城市的运行发展而动态调整、不断修正、连续决策的过程，根据国家或地方各级政府行政层级的不同，规划期有 5 年或 10 年以上不等。

综上，在我国城市空间演变过程中，"空间表征的周期性构想"，不同于列斐伏尔研究的资本主义社会的空间生产过程。我国不仅是通过规划师、建筑师、工程师这些专家的知识转化去反映生产关系及其秩序，还把"人民"，即社会不同群体或广大人民群众作为空间构想的主体，希望人民形成"日常生活的批判"，找回自己的主观意识，重视需求和消费。将群众路线和公众参与贯穿到国家发展中，周期性征求人民意见，反馈到国家计划中，通过国家宏观调控得到高完成度的落实，是影响三线建设城市空间生产的第三个影响因素。

---

[1]　各指标都基于完成百分数，完成百分数系该指标的实际值与计划值之比；完成率指完成计划的指标数与指标总数的比值；基本完成率指完成 90% 及以上的指标数与指标总数的比值；完成百分数的均值则是计划所有指标完成百分数的算术平均值；预期准确率指完成 90%～130% 之间的指标占全部指标之比，反映实际值对计划预期的偏离程度；相对差异系数指计划所有指标完成百分数的相对差异系数，反映了计划指标完成情况的离散程度，"十一五"是根据 2006—2009 年数据推算。

[2]　胡鞍钢，鄢一龙，吕捷. 从经济指令计划到发展战略规划：中国五年计划转型之路（1953—2009）[J]. 中国软科学，2010（8）：14-24.

2 十堰市空间生产关系变迁研究

研究十堰市空间演变首先需要对影响空间演变的首要因素——"生产关系的阶段性变迁"进行研究。本章讨论了与十堰市空间生产方式变迁紧密相关的我国三线建设发展的历程及一系列制度改革，分析了背景制度变革对十堰城市建设的推动影响。分析了不同阶段的四种城市空间生产模式下十堰市城市空间生产及消费的转变；阶段背景、制度改革以及生产—消费的驱动，共同推动了十堰市空间生产关系的变迁。

2.1 三线建设发展历程

2.1.1 "一五计划"的西部开发

中华人民共和国成立以后，从国家角度对西部地区的第一次大规模、规划性开发，是国民经济"一五"计划时期的 1953—1957 年，以苏联援建的"156 项"工程为主干。据《中国固定资产投资统计年鉴 1950—1995》统计，"一五"计划时期中国中西部的建设，在总量上，西部七省区 1960 年社会总产值指数相当于 1949 年的 3.38～7.49 倍。在结构上，由于"一五"计划时期在西部七省区的大规模工业建设，使得这一地区的工农业总产值比例由 1949 年的 78%：22%，变为 1960 年的 36%：64%，西部地区的工业产值在中国发展史上首次大幅度超过农业产值。全国工业布局优化，人民生活水平极大提高，为三线建设打下了坚实的经济社会基础。

2.1.2 三线建设决策的确立

1964 年中央对关键部门和关键地区的建设行为作出了重要决议。依据"精心研究，逐步实施"原则，按计划和步骤搬迁，全局建设贯彻"分散、靠山、隐蔽"方针[1]。《1965 年计划纲要（草案）》提出"多快好省在纵深地区建立一个工农结合的、为国防与农业服务的战略后方基地"的三线建设总目标。1965 年三线建设的投资额上升至全年基建投资额度的 1/3，三线建设第一次在国家计划中占有空前重要的位置。

2.1.3 三线建设的前期成就与冲击

2.1.3.1 三线建设的奠基时期

1964—1966 年是三线建设的第一个阶段。全国通盘计划，各地区合作支援，集中优势资源开展攻坚战；军事化管理模式；在建设中把人民的利益放在重要位置；把战备需要列为主要矛盾的同时也要考虑今后经济发展需要；实行"边调查、边规划、边组织、边建设""先生产，后生活"方针。

---

[1] 六十年代三线建设决策文献 [J]. 党的文献，1995 (3).

（1）大三线重点项目调查、规划和建设

大三线深处国家腹地，是三线建设的重中之重。1965 年中央《关于集中力量在经济建设上打歼灭战的报告》要求"从准备打仗"出发抓紧实施，从中央各部选派的干部、技术管理人员、生产骨干、建筑安装队伍等，人数超过百万。1965 年 7 月川汉线建成通车，这一线路调整为建设十堰汽车工业基地创造了条件。

（2）小三线建设的启动和规划

小三线一般指一、二线各省、自治区、直辖市自己的后方腹地。1964 年，中央要求各地各自为战、建设小而全的后方基地[1]。1965 年 2 月，《关于安排一、二线省市后方建设的报告》指出以地方军工厂为主，贯彻"军民结合、和战结合"方针。大量建设内容纳入 1965 年的国民经济计划，至此小三线建设全面启动。

（3）国防工业布局的选址研究

1965 年 3 月 21 日，中央《关于国防工业在二、三线地区新建项目布局方案的报告》指出：国防工业是三线建设和一、二线搬迁的重点，要建立适应现代化战争要求的国防工业体系。我国国防工业的空间布局规划雏形初现。在四川、云南、贵州、湖北等地的 47 个专区内选定 682 个点作为国防工业建厂地址，建设要求贯彻小型化、专业化和"靠山、分散、隐蔽"的方针。

（4）一、二线向三线大搬迁

1964 年 8 月，建筑工程部组织召开一、二线企业搬迁工作会议，明确以"做好大打、早打的准备"为出发点。1971 年国家计委《关于内迁工作中的几个问题的报告》统计，全国近四百个项目，约四万台设备、十五万名职工，从沿海搬迁内地[2]。搬迁工作实行"大分散、小集中"的方针，响应"好人好马上三线"的号召。

2.1.3.2 三线建设的停滞缓建期

"文化大革命"开始，三线科研和建设工作进度停滞。1967—1968 年连续两年完成基建投资总额下降，分别仅占 1966 年的 66.9％和 50％。[3] 本应在 1970 年全部完成的"三五"计划三线建设任务，推迟到"四五"计划期间。

2.1.4 第二次建设高潮与配套收尾

1969 年全国紧急进入战备状态，三线建设随着战备的迫切需求进入第二个建设高潮期。1973 年，国际形势逐步缓和，建设重心转移到提高三线地区的经济效益上来，并重新提升了沿海地区建设的重要性，大规模的三线建设逐步收尾。

2.1.4.1 战备推动的第二次建设高潮

以战备需要为着力点，中共中央推出了三大措施，在全国范围全面重启三线建设。针对一批三线建设重点工程加快推进，解决了前期三线建设职工队伍建设中存在的一些问题。1969 年《关于支援内地建设的沿海建设力量问题的请示报告》及 1971 年《关于内迁工作中几个问题的报告》基本建设队伍及内迁职工家属进行安排。其中包括 1969 年 10 月

［1］中共中央文献研究室. 建国以来毛泽东文稿（第 11 册）［M］. 北京：中央文献出版社，1996：196.
［2］国务院、中央军委批转国家计委、国家建委关于内迁工作中的几个问题的报告附件［R］.（1971-07-14）.
［3］陈东林. 三线建设：备战时期的西部开发［M］. 北京：中共中央党校出版社，2003：180-198.

国务院《关于加速第二汽车厂建设的报告》，第二汽车厂（简称"二汽"）作为三线建设重点战备项目工程，经审核选址于湖北十堰，按照"以军为主，军民结合"的产品生产结构，于1972年按期完成成批生产军用越野汽车的任务。

2.1.4.2 "四五"计划的三线建设安排

1970年2月《1970年计划和第四个五年国民经济计划纲要（草案）》（简称《纲要》草案）针对体制改革、军工、基本建设等问题进行专题座谈。"四五"计划要求加快企业下放的步伐，初步在我国建立独立完善的工业体系和国民经济体系。要求全国一半以上的项目及资金计划用于三线建设。此外要求坚定三线建设为计划的主要任务和中心，全国有新的十大协作区战略布局；军事工业高于一切，通过抓战备促工业；针对"三北地区"（东北、西北、华北）由三线转为一线；要求一、二线支援三线和战备；要求各地区自给自足、各自为战，重点项目迅速建成投产，如中南地区重点建设鄂西、豫西、湘西战略基地。

2.1.4.3 "四五"计划调整和三线建设收尾

1973年1月全国计划工作会议提出：支持大力发展农业、基本建设战线收缩、减少国防支出的比重，缓解前一时期国防工业和三线建设规模和投资过大的问题。《纲要》（草案）提出：过去以备战和三线建设为中心的经济建设指导思想适当调整为把效益、品种、质量、配套放在第一位；提出三线建设不再搞新建，指出"续建增效、完善配套"是此阶段的发展重点。这标志着三线建设在一二次高潮后逐渐奏起尾声，是三线建设战略的发展转折点。

2.1.5 三线地区波动与调整改造期

2.1.5.1 三线地区的波动时期

在三线制造工业陆续建成至各个企业建设项目逐渐停止的过程中，因遵循"先工业，后民用；先生产，后生活"的原则，大量建设重点和资金都向工业倾斜，从而导致职工生活困难突出，住房供给不足，职工个人的职业发展、家属安置困难。1979—1983年四年间，中央减缩基建规模，投资向非国防和非工业转移，《关于解决国防科技工业三线和边远艰苦地区教育工作若干问题的报告》要求抓好三线地区的职工子女教育、入学的支持和优惠政策。1984年国务院《关于稳定和加强国防科技工业三线艰苦地区科技队伍的若干政策问题的报告》要求提高三线建设队伍的生活待遇，改善工作条件，解除后顾之忧，落实知识分子政策。三线地区人心思离的状况得到改善。

2.1.5.2 三线地区的调整改造期

20世纪80年代初，国际国内形势不再面临大的战争威胁。随着改革开放大潮的兴起，国家开始寻找三线建设企业的出路。1983年12月，国务院《关于建立三线建设调整改造规划办公室的通知》提出三线现有企业必须落实"军转民"策略。1984年1月国务院三线会议明确了三线企业调整应依托国民经济计划，调整企业、产业、产品结构，以"平战结合"为目标，逐步把三线地区建设成为国民经济和国防的战略大后方。1985年提出军队装备建设、三线国防军工建设要服从经济建设大局的要求。从1986年开始，为了适应三线地区不同企业的实际情况，"七五""八五""九五"计划分别针对布局、产业结构、产品方向、技术发展等作出调整改造。

2.2　十堰市制度改革

2.2.1　十堰政权机构沿革

中华人民共和国成立后，十堰地区政权建设、民主建设得到加强，各级政权机构不断完善，各级人民代表大会及其常务委员会决定辖内经济、文化、各项社会事业。湖北省政府在十堰境内设派出机构郧阳地区行政（专员）公署，期间市、县（市、区）、乡（镇）三级政权机构名称屡有更替（表2.1）。

十堰市各阶段政权机构及管辖范围　　　　　　　　　　　　　　　表 2.1

时间	行政机构	机构名称	二级机构	管辖范围
1967—1969 年	郧县十堰办事处	郧阳十堰办事处、郧阳十堰办事处革命委员会	十堰、黄龙两区和茶店区茅坪公社	经湖北省批准，由原郧县划出
1969 年 12 月—1970 年	设立十堰市（县级）	十堰市革命委员会 二汽革命委员会	人民公社（小）	辖 18 个人民公社，136 个生产大队，805 个生产队
1971—1974 年			人民公社（大）	18 个人民公社并为 8 个：十堰、茅箭、白浪、大川、东风、花果、黄龙、大峡
1975—1979 年		"政企合一"：中共十堰二汽委员会、十堰二汽革命委员会	居民委员会	居民委员会 51 个
1980—1982 年		十堰市人民政府和二汽"政企合一"（1982 年分开）	街道办事处（区政府派出机构）、居民委员会	设茅箭、五堰、张湾、花果 4 个街道办事处，辖 66 个居民委员会
1983 年 5 月—1985 年	十堰市（县级）		茅箭区、张湾区	街道办事处：茅箭区有武当路、五堰；张湾区有土门、头堰、车城路；郊区设置白浪、花果两个区公所
1986 年 9 月—1987 年			茅箭区、张湾区	郊区公所划归两区
1987—1994 年 9 月		十堰市人民政府	茅箭区、张湾区调整区划	辖 8 个街道办事处：五堰、二堰、白浪、红卫、花果、汉江路、车城路、武当路
1994 年 10 月				辖郧县、郧西县、竹溪县、竹山县、房县、茅箭区、张湾区，代管丹江口市
1994 年至今			郧阳地区和十堰市合并	十堰市有 3 个市辖区、1 个县级市、4 个县，即茅箭区、张湾区、郧阳区、丹江口市、郧西县、竹山县、竹溪县、房县

来源：根据十堰市志相关内容整理绘制。

1969 年建市后市政府工作分三个阶段：二汽建设初期（1969—1975 年），十堰市革命委员会和二汽革命委员会实行"市厂合一"体制，一套机构，两个牌子；政企（市厂）合一阶段（1975 年 1 月—1982 年 4 月），市厂共建，促进二汽投产能力，发展地方工业和商业、服务业；政企分设阶段（1982—1994 年），市政府确立和贯彻"两个依托"（依托二汽、依托郧阳地区）、"三个服务"（服务二汽、服务城乡人民、服务毗邻地区）的方针。随着不同阶段国家经济体制的改革、三线建设在十堰的逐步展开及城市发展转型需求的变化，十堰市各阶段政权机构的设置及管辖范围发生相应调整。

2.2.2　十堰土地征用和供应制度改革历程

20 世纪 60 年代后期起，郧阳地区机关及直属单位先后由郧县城关迁至十堰，郧阳地区设立江南建设地区土地征用委员会。1970 年，第二汽车制造厂建设进入高潮，市政建设开始。1971 年初，修建襄渝铁路，征用土地较多。1973 年底，十堰市革命委员会提出，征用土地"为第二汽车制造厂建设服务，为市政建设服务"。1980 年 6 月，十堰市政府规定各建设单位征用土地的建设项目用地，必须服从城市规划的要求，不准"多征少用"或"征而不用"。政策施行后，土地征用数量锐减。1982 年十堰市政府为加强城镇建设用地管理，促进综合开发建设的发展，批准十堰市建设项目审批程序方案。1986 年，十堰市人民政府成立土地房产管理局，政府依托《十堰市建设用地及管理暂行办法》，依法、全面、统一、科学管理土地[1]。这个阶段伴随城市的建设发展，土地征用数值出现大规模增长（图 2.1）。

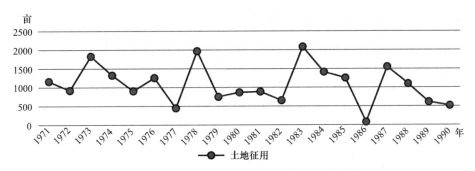

图 2.1　十堰市 1969 年以前至 1990 年土地出让情况

来源：十堰市建设志编纂委员会. 十堰市建设志［Z］. 十堰市建设管理委员会，1999：145.

1992 年 12 月 12 日，十堰市推行土地有偿使用（出让土地使用权）制度。2007 年，市区采用招标、拍卖、挂牌出让方式，工业用地有偿出让。2008 年 2 月，市国土资源局下发《城市规划区经营性建设用地供应管理办法》，对市区用地全部采取招标、拍卖、挂牌出让方式有偿出让，实行统一规划、统一储备、统一开发、统一供应、统一管理，禁止多头供地。土地出让数量增长达到历史高峰（图 2.2）。

2.2.3　十堰住房制度改革历程

住房制度改革改变了传统的福利性实物分房、低租金制度，改变了单位和企业包揽职工住房建设、分配、维修、管理的模式。

---

[1]《中国城市综合实力五十强丛书·中国汽车城——十堰市》编委会. 中国汽车城：十堰市［M］. 北京：中国城市出版社，1994：105.

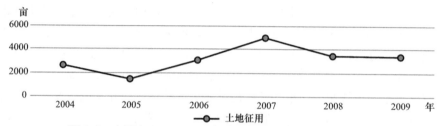

图 2.2　十堰市 2004—2009 年建设用地划拨及有偿出让情况

来源：十堰市志（中册）卷十七：经济综合管理 [Z]. 2014：1326.

2.2.3.1　十堰住房制度改革

按照国务院及湖北省人民政府要求，城市住房制度改革工作于 1988 年 3 月开始准备，本着国家、集体、个人共同负担，积极稳妥，因地制宜，逐步推进的原则进行房改工作：第一轮，1993—1995 年，将国有房产及单位房产以优惠价，60％产权出售给职工。到 1995 年底，核发市直十堰市住宅有限产权证 2.9 万套，392.6 万 m²。第二轮，1999—2003 年，将第一轮房改时出售房屋的另外 40％产权售给职工，即以成本价对职工出售房屋全部产权；停止实物分房。1999—2005 年，城区市直属各单位出售成本价房 4.73 万套，建筑面积 400 万 m²。第三轮，对城区无房职工和购房面积人均 10m² 以下的职工进行货币补偿。

2.2.3.2　第二汽车制造厂住房制度改革

因第二汽车制造厂建设在先，十堰市成立在后，市政建设先天严重不足，二汽具有"大企业小社会"的典型特征，成为推行十堰住房改革的重要一环。二汽实行住房制度改革的另一个原因是其为国家建在鄂西北山区的重点"三线"企业，故将其作为改革试点先行单位（表 2.2）。

十堰二汽住房制度改革进程　　　　　　　　　　　　　　　表 2.2

时间	改革进程	具体内容
1987 年 12 月 18 日—1988 年 3 月 8 日	二汽住房情况调查	以住房为主体，以户口为依据的方法，对全厂 8 万余名职工、12 万住户状况全面调查，建立起"两卡三表"，即住房卡、住户卡、职工住宅与住户成员状况统计表、单身职住宅状况统计表和职工住宅统计汇总表
1987 年 12 月	改革试点	湖北省政府批准二汽为湖北省房改试点单位
1988 年 7 月 20 日	推进住房制度改革	房产开发公司制定住房制度改革试点模拟运转方案，选择有代表性的"六厂三处"（设备修造厂、钢板弹簧厂、传动轴厂、标准件厂、热电厂、车桥厂、教委、配套处、技术中心）作为房改模拟运转的试点单位
1993 年 12 月	全国第三次房改工作会议	全面推行住房公积金制度，1995 年 1 月 1 日，东风公司建立住房公积金制度
1996 年 12 月 4 日	深化住房制度改革方案通过	东风公司第七届职代会第十九次团组长联席会议通过《东风汽车公司深化住房制度改革实施方案》
1999 年 12 月	住房货币化分配改革	制定东风公司住房货币化实施方案及配套政策
2001 年 1 月	实行货币化分配	停止以房改成本价及相关折扣和优惠政策出售公房

来源：东风汽车房地产有限公司史志办公室. 东风汽车房地产有限公司志 1984—2003 [Z]. 2004；东风汽车公司史志办公室. 第二汽车制造厂志，1969—2003 [Z]. 1986.

1996 年 12 月 4 日，东风公司第七届职代会通过《东风汽车公司深化住房制度改革实施方案》。东风公司住房形态多种多样，住户结构十分复杂，住房布局比较分散。方案既加大房改力度，又切实照顾职工利益，体现在三个方面：第一，对低收入家庭给予减、免租金待遇，保障其最低住房需求；第二，以成本价购房提供政策性抵押贷款，保障一般收入家庭购房不拮据；第三，补缴成本价差额，给予一定优惠政策，鼓励已购房职工买断住房，拥有完全产权[1]。

总之，十堰的住房制度改革取得了显著成果：①职工住房商品化观念逐步树立。租金提高后，职工享受住房补贴，产生了购房的愿望。到 1996 年底，二汽全公司 52257 户中有 39797 户购买住房。②改变了职工消费结构。住房恢复商品属性后，家庭住房条件凭经济支付能力，职工将积蓄投向住房。③抑制住房不合理需求，减轻了企业建房的压力。④节约住房修缮费用。⑤增加住房建设资金。出售住房收回的房款促进了职工住房建设。

2.2.4　十堰金融制度改革历程

与空间生产密切相关的金融制度改革随着经济体制的改变作出相应调整，国有银行作为主要的金融机构，逐步往商业化趋势发展，项目的投资效益决定银行的资金贷款方向，金融管制逐步取消[2]，资金的流向影响城市空间发展的方向。

2.2.4.1　信贷管理体制改革

1979 年前，信贷主要依靠行政手段管理，实行统收统支、统存统贷。1981 年国家压缩基本建设投资。1983 年起实行"以销定贷"，定额贷款全面取消，通过考察企业的销售、利润及资金周转方面的指标控制贷款，将支持二汽、东风轮胎厂的扩大生产作为信贷重点。1985 年，建设银行全面推行拨款改贷款。1994 年，根据中国人民银行总行《信贷资金管理暂行办法》，确定信贷资金管理的基本原则为"总量控制、比例管理、分类指导、市场融通"，将信贷资金管理扩大为人民银行对货币信贷总量的控制和信贷资金的调节。1995 年后，市人民银行对辖区内商业银行信贷活动进行间接调控，促进地区、产业、产品结构的调整。从十堰市的信贷管理体制改革的历程不难发现，信贷的行政管制随着改革的进程被逐步取消，逐步走向市场，由直接干预发展为间接调控。

2.2.4.2　金融机构职能和资金情况

1967 年 1 月，成立中国人民建设银行十堰专业分行，主办二汽、十堰及均县老营的基本建设拨款业务；至 1985 年，建行全面推行拨款改贷款，建设银行郧阳（十堰）支行的阶段职能逐步转向支持和促进地方企业发展，市场融通引领资金流动（表 2.3）。从趋势图可以看出（图 2.3），十堰市每阶段制度改革节点之后都能引起贷款总量的变化，资金投入数值随着市场经济的开放和繁荣稳步上涨。

建设银行郧阳（十堰）支行的阶段职能　　　　　　　　　　　　表 2.3

年份	业务类别	阶段职能
1978 前	拨款	建行预算内拨款主要对象是二汽、省属企事业单位
1979—1985 年	存款	基本建设存款、施工企业存款、地方财政自筹资金存款等

[1] 东风汽车房地产有限公司史志办公室. 东风汽车房地产有限公司志 1984—2003 [Z]. 2004：47-60.
[2] 余琪. 转型期上海城市居住空间的生产及形态演进 [D]. 上海：同济大学，2010.

续表

年份	业务类别	阶段职能
1985 年	推行拨款改贷款	由供给关系改为借贷关系
1990 年前	贷款	贷款投放主要是二汽及地方重点工程
1990 年后	信贷业务	扶优限劣保重点，重点支持东风汽车公司、东风轮胎厂、车架厂、第二水厂等23个"龙头"企业
1994—2008 年	对公贷款、对公存款	东风汽车公司销售款是建行对公存款的重点；为东风汽车公司生产经营，累计投入流动资金贷款 25 亿元

来源：十堰市地方志编纂委员会. 十堰市志（1866—2008）（中册）[M]. 北京：中国文史出版社，2014：1183-1190.

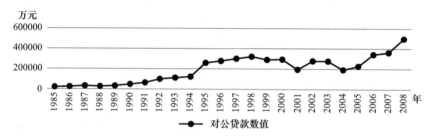

图 2.3　十堰市建行 1985—2008 年对公贷款变动趋势

来源：十堰市地方志编纂委员会. 十堰市志 1866—2008（中册）[M].

北京：中国文史出版社，2014：1193-1194.

综上，随着国家经济体制的转型及其他多方面的制度改革，十堰市地方政权机构的变迁，带动了土地使用和供应制度以及金融、住房等一系列制度的变革，从"生产—消费"方面引起城市空间生产方式的大转变。

2.3　十堰市的空间生产与消费转变

研究十堰城市空间生产方式的转变必须从研究城市空间生产过程中生产与消费在不同阶段的特征入手。不同经济体制下城市空间具有不同的典型"生产—消费"过程及"生产—消费"关系，从而形成不同的空间生产模式。

2.3.1　1964—1977 年计划经济前期：国家导向的计划性生产和消费

十堰市地方政府成立晚于第二汽车制造厂的兴办，二汽作为央企，属中央直管。在计划经济前期，十堰地区的发展主线是基于三线建设，二汽的发展即为十堰的发展。二汽建设初期（1969—1975 年）完全由国家主导，按照"六统一"原则指导建设，包含投资、管理、规划、设计、施工、分配六个方面的统一，遵循"边征地，边规划，边建设"的原则。

2.3.1.1　资金统一拨款

1965 年成立第二汽车制造厂筹备处，1967 年开始，二汽处于生产准备时期的基本建设，全部人员、费用都由基建支出，通称"吃基建饭"。1969 年国务院批准一机部和武汉军区在十堰成立第二汽车制造厂建设总指挥部。1970 年十堰建市后，中央政府全力支持发展二汽，贯彻"一保吃饭，二保建设"以及"量入为出"的财政支出原则。1971 年，根据十堰市建行的财政统计，中央企业所得基建拨款额占十堰全盘额度的 98.9%，地方的投入仅占 1.1%。随着二汽两吨半越野车生产线建成投产，1975 年 6 月以后，二汽的基建中央拨款逐年降低（表 2.4）。

1968—1980 年预算内二汽的拨款、支出情况表（单位：万元）   表 2.4

年度	中央级		省级		市级	
	拨款额	支出额	拨款额	支出额	拨款额	支出额
1968	2029	2029	—	—	—	—
1969	8595	8595	—	—	—	—
1970	23481	23481	—	—	—	—
1971	35167	34787	—	—	380	380
1972	27018	25656	767	767	595	595
1973	20956	20890	27	24	264	253
1974	21875	21821	154	144	191	191
1975	18476	18474	125	125	110	110
1976	15472	15470	132	132	91	91
1977	9115	9115	111	111	87	86
1978	8962	8962	107	107	233	210
1979	4180	4180	116	116	460	211
1980	615	615	280	280	262	260

来源：根据《十堰市志》1866—2008（中册）相关数据整理。

2.3.1.2　项目统一设计

二汽的大规模施工建设，是在边设计、边施工、边安装、边生产（简称"四边"）的思想指导下进行的，历经不同时期的规划设计及建设，指标几经变更，设计指标均由国家批准。1969 年 5 月至 6 月，经国务院批准，由武汉军区和一机部主持在二汽建设现场召开关于二汽新设备试制生产部署和工厂设计会议。全国 22 个省、市 180 多个厂（所）的代表到会。会议落实了所需新设备的试制和生产任务。审定了二汽各专业厂工艺设计及总平面布置；确定了工厂设计中的一些原则。会议后大规模施工建设开始[1]。1973 年至 1983 年底，依据国家批准的四大指标（表 2.5），完成度极高。

国家批准的设计四大指标（1973—1983 年）   表 2.5

发文单位	文号	内容	人数	设备/台	投资/万元	面积/m²	
						工业	民用
国建	〔73〕建革设字 433 号	二汽初步设计（13.4 亿元）	52400	19554	134004	1208794	950704
一机部	〔74〕一机计字 548 号	二汽增加设备	—	135	286	—	—
国务院		水库加固、河道整治	—	—	5000	—	—
湖北省机械局	〔77〕鄂革机设字 311 号	二汽配件接收站			580	17237	4000
机械工业部	〔81〕一机汽字 1002 号	二汽底盘零件厂三泵车间		21	178.88	6078	—

---

[1] 同时开工的工程项目有通用铸锻厂、设备修造厂、设备制造厂、刃量具厂、冲模厂、铸造一厂、锻造厂、化油器厂、仪表厂、机动处等单位的公路、专业厂际供电、供水及支农工程。

续表

发文单位	文号	内容	人数	设备/台	投资/万元	面积/m²	
						工业	民用
中汽公司	〔82〕中汽规字 037 号	二汽分期续建项目 （3.3 亿元）	—	1678	14423.45	156288	238800
国家计委	〔83〕计机 1794 号	铸造一厂三车间	—	76	529.72	7770	
……	……	……	……	……	……	……	……
	合计		55879	24457	205128	163388	1594707

来源：东风汽车公司史志办公室. 第二汽车制造厂志 1969—1983 [Z]. 东风汽车公司，2001：77.

2.3.1.3　工程统一建造

1966 年起，国家在十堰开始建设第二汽车制造厂，组建"102"工程指挥部，专门负责二汽工厂建设，并在十堰建设相应的配套城市设施（表 2.6），归国家建委管辖。1967 年 4 月第二汽车制造厂建设动工，建设二汽的主力军是国家建委"102"工程指挥部，施工人员随二汽筹建人员一起进入十堰地区。1971 年，主力施工人数 3.3 万，建设力度达到高峰期。1969 年至 1972 年底，先后参加二汽 23 个专业厂、590 个栋号建设。1974 年，市属和地属建筑施工队伍开始迅速发展，逐渐改变了建厂初期依靠主力施工队伍统一生产的局面。

"102"工程指挥部 1969—1972 年下属单位及其建筑工程一览表　　　表 2.6

单位名称	单位驻地	完成主要建筑工程、业务
第一工程团	张湾	二汽标准件厂、水箱厂、钢板弹簧厂、底盘零件厂、二汽冲模厂
第二工程团	张湾镜 谭沟口	二汽总装配厂、车架厂、车身厂、动力厂、刃量具厂、设备修造厂、通用铸锻厂
第三工程团	红卫	二汽设备制造厂、车轮厂、车箱厂、传动轴厂
第四工程团	花果	二汽铸造一厂、发动机厂、化油器厂、轴瓦厂、变速箱厂、冲模厂、底盘零件厂、钢板弹簧厂、水箱厂、标准件厂、刃量具厂、十堰流芳大厦
第五工程团	茅箭	二汽木材加工厂、车桥厂、锻造厂
第六工程团	白浪	二汽铸造二厂、水厂、设备制造厂、车轮厂、车箱厂、传动轴厂、二汽科技中心、二汽电厂、东风轮胎厂扩建、市东风剧院、商贸大楼、金融大厦、太和医院住院部大楼等
第七工程团	土门	东风轮胎厂、二汽通用铸锻厂、设备修造厂、刃量具厂、动力厂、车身厂、车架厂、总装配厂、十堰市冷库、张湾百货大楼、六堰电影院及土门、六堰、张湾、狗陪等地住宅小区

来源：十堰文史（第十五辑）三线建设"102"卷（上册）[M]. 武汉：长江出版社，2016：7.

2.3.1.4　产品统一消费

统一消费的产品最具代表性的就是住房。从 1969 年到 1973 年，二汽职工住房由基建人员分配，职工宿舍七零八落，不成区域，设施简陋，未能对房产实施正规的管理，没有成文的管理制度和专门的管理机构。1972 年 12 月正式成立二汽生活福利支农办公室，各专业厂领导为解决职工住房问题，1973 年，各专业厂（处）逐渐形成家属区，职工宿舍也开始标准化。1974 年，二汽制定第一个房产管理办法（〔74〕厂字 205 号），房产管理工作有了合理章程及具体分配管理方案（表 2.7）。职工宿舍的分配按工龄、厂龄及人口的结构排队。

二汽房屋等级划分及收费标准　　　　　　　　　　表 2.7

等级	功能情况	按居住面积收费
一等房	厨房、上下水道、厕所、阳台齐全的住宅	每平方米月收费 7 分
二等房	不带阳台、其他设施齐全	每平方米月收费 5 分
三等房	平房、干打垒楼房以及设施不全的宿舍	每平方米月收费 3 分
住最高层和一楼的住房按其房屋的等级标准		每平方米减收 1 分

注：10m² 以下的室内走廊和厨房按使用面积的 1/3 收费；10m² 以上的按 1/2 收费，阳台均免费。
来源：东风汽车公司史志办公室．第二汽车制造厂志 1969—1983［Z］．东风汽车公司，2001：489.

1974 年，十堰市成立房屋管理所；1975 年，十堰市基本建设委员会印发《关于十堰市房屋产权管理的通知》，规范了公房管理的收费标准。据资料统计，1980 年以前十堰市所在地房产以私产为主，占 97%。1971—1980 年，十堰市国有房产占新建公房的 91.54%、集体产权和私产占 7.76%、房管部门直管占 0.7%（表 2.8）。到 1980 年，私有房产数量没有增加，仅占总房屋的 0.4%。计划经济体制下十堰建设主要依靠国家单一投资渠道。

1980 年以前十堰市房产情况　　　　　　　　　　表 2.8

年份	1949 年以前	1950—1970 年	1971—1980 年
房管部门直管房面积/m²	2344	—	21793
全民单位自管房面积/m²	1281	224824	3633379
集体单位自管房面积/m²	1358	7633	154042
私有房产面积/m²	161968	11425	159698
合计面积/m²	166951	243882	3968912

来源：十堰市建设志编纂委员会．十堰市建设志［Z］．十堰市建设管理委员会，1999：222.

综上，十堰市在计划经济前期，空间生产和消费的方式具有国家导向的计划性特征，在当时国家以备战安全为首要任务的阶段背景下，依据当时国家三线建设的总体布局，十堰所承担的三线建设任务，是从国家层面制定符合国民经济和社会发展的计划，具有国家导向的计划性生产和消费的特点。

2.3.2　1978—1985 年计划经济后期：地方导向的计划性生产和消费

1975 年十堰政企（市厂）合一，工作重点是市厂共建，促进二汽投产能力，发展地方工业和商业、服务业。十堰的发展起因是"因厂设市"，地方政府起步晚于企业发展，地方的发展依托于二汽，按此阶段计划经济背景下大型三线建设项目建设模式，二汽自然形成"企业办社会"特点，承担了相当一部分政府社会职能，因此，此阶段地方导向的发展力量是十堰地方政府和二汽形成的合力。

2.3.2.1　二汽自筹经费"办社会"

二汽的固定资产在 1980 年以前，主要来源都是国家基建投资，1980 年后，二汽的行政隶属和财政关系由湖北省划归一机部。按照当时投融资体制，二汽建设项目资金来源有两个方面，一是企业自有资金（利润留成、折旧资金等），二是国家"拨改贷"资金（国家通过银行转贷的资金）。国务院批准"自筹资金，量入为出，分期续建二汽"方案。

1982 年 11 月，国务院《关于第二汽车制造厂实行利润递增包干试点问题的会议纪要》批准二汽实行利润递增包干上交超额留用的经济责任制，根据扩权试点企业利润留成及生产技术经营发展规划，从 1980 年到 1985 年间，共自筹资金 3.3 亿元[1]。1983 年起，国务院批准二汽实行利润递增包干。超利润部分可由各专业厂在总厂的统筹规划下自行安排自己的改造和发展任务。二汽发展盈利含三方面来源：第一，在销售盈利方面，1984 年销售汽车完成计划的 105%，资金回笼 7.31 亿元，完成率 100.1%。1985 年，二汽在全厂推行厂长负责制，全年销售汽车完成率 106.21%；销售收入 20.15 亿元，完成率 100.7%。第二，联营公司连年盈利（图 2.4）。到 1984 年，全公司 108 个联营厂总盈利占全国汽车行业当年产值、利润的 1/3。第三，集体企业兴盛。1975 年前后，二汽集体企业除开办小型生活服务网点外，主要开展农副业生产，兴办商业、服务业，开辟副食品生产基地，生产水平及利润逐年提高（图 2.5），并转向发展汽车工业零部件产品和配套件产品，以适应二汽生产发展的需要。

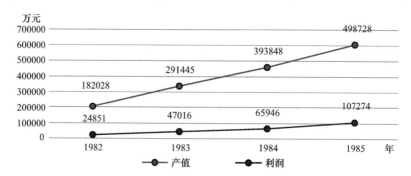

图 2.4　东风联营公司 1982—1985 年产值及利润情况
来源：根据《十堰市志 1866—2008（中册）》整理绘制。

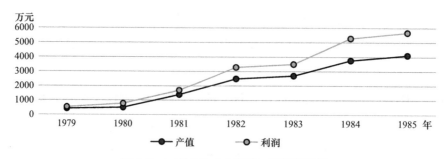

图 2.5　二汽集体企业产值、利润情况表
来源：根据《东风实业公司分卷》整理绘制。

　　总之，除去上交国家和用于生产的利润部分，有相当的资金用于生活设施的建设。二汽与国家是"八二"分成的比例。在生产发展基金上，总厂与专业厂按"七三"分配，30% 用于专业厂自身的发展和改造。政策极大地激发了工作热情，各厂盈利的额度投入住宅和生活福利设施的建设，改善了职工生活，此阶段形成"企业办社会"的局面。

---

　　[1]　自筹资金来源：除保证上交国家利润、税金、折旧费用外，还包括留成企业的利润、折旧、大修基金等。

2.3.2.2   十堰筹措资金推动城市建设

20世纪五六十年代，郧阳地区、十堰市地方基本建设资金来源于国家补助，1970年2月，成立十堰市基本建设委员会，建设实行统建、统配、统管，由国家统一投资。到1973年后，十堰市财政体制由省核定，建设资金主要来自地方财政预算拨款。"四五""五五"时期，十堰发展重点是二汽建设及与之配套的工业、交通、商业等社会事业项目。1984年，《关于国家预算内基本建设投资全部由拨款改为贷款的暂行规定的通知》要求拨款预算全额改为贷款。全市自筹基建拨款额度急剧上涨，在1985年达到1978年的65.5倍[1]（图2.6）。1982年4月，十堰二汽"政企合一"管理体制分开，十堰开始新一轮的城市建设。1984年，十堰政府为加快城市住宅建设，组建房屋开发公司，对城市中心区实行综合开发建设，对旧城区拆迁改造建设。

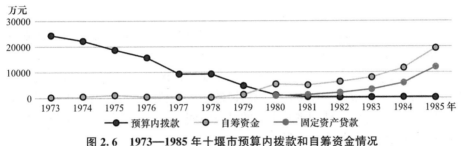

图2.6   1973—1985年十堰市预算内拨款和自筹资金情况

来源：根据《十堰市志1866—2008（中册）》整理绘制。

总之，此阶段十堰市的建设资金拨款由中央级、省级和市级共同承担，其中占拨款大比重的中央级拨款急剧缩减，自筹金额和贷款金额逐年攀升，改变了建设资金长期以来依靠国家投资的状况，并在此阶段开始改变前期基础设施投入不足的情况，推动新一轮的城市开发、改造和建设。

2.3.2.3   二汽住房福利分配

1978年，二汽成立房产管理处，房产管理工作逐步正规化。1982年发布《第二汽车制造厂房屋产权管理暂行规定》（房管字〔1982〕293号），对职工宿舍的分配、管理、收费方法等作出规定，职工宿舍分配按工龄、厂龄及人口结构排队。规定先解决职工住房达到二室一厅（60～70m²/套），住房分配民主化管理，做到分房的政策、房源、工龄排队"三公开""三榜公布"定案[2]。二汽房产管理采取两级体制，总厂制定分配及管理的统一标准，各基层单位定各具体分配及管理方案。到1983年底，全厂共有57个基层单位建立了房产管理机构。此时，二汽宿舍的分配标准得到规范和统一，但住房等级的划分和收费标准并没有比上阶段有明显提高，住房分配依然是福利范畴。

2.3.2.4   十堰市住房福利分配

1978年成立十堰二汽房地产管理局。1982年8月，《十堰市房地产管理暂行办法》规定：市房地产管理部门统一管理城市公有房产，统一编制新房分配方案，租用公房的单位或个人，严禁转让、出租及擅自改变房屋用途等。一户不得同时占住两处公房。1982年

---

[1] 十堰市金融志编纂委员会. 十堰市金融志 [M]. 北京：中国文史出版社，1991：121.

[2] 十堰文史（第十四辑）三线建设二汽卷（上）[M]. 武汉：长江出版社，2015：292.

至 1992 年 12 月，全市干部职工租住公房实行分配制，分配原则见表 2.9。

1982—1992 年公房租住分配标准　　　　　　　　　　　表 2.9

干部职工级别	家庭人数	分配面积/m²
一般职工	2～4	40
	4～5	56
县（团）级及行政 13 级以上干部	2～4	58
	5 口人以上	72
地、市级及行政 10 级以上人员	2～3	82
	4 口人以上	93
知名专家、教授、学者和外籍华人	2～3	98
	4 口人以上	110

来源：根据《十堰市建设志》整理绘制。

　　综上，十堰市此阶段地方导向的计划性生产和消费与上阶段国家导向的计划性生产和消费虽然同属于计划经济时期，但情况不同。国家权力下放后，十堰市政府和二汽在此阶段拥有更多的自主权，极大调动了地方政府和企业的积极性，十堰政府财政增加、二汽利润提高，有意识提升城市人居环境，重视居民的需求，利用自筹资金、少量国家资金以及无偿划拨土地，按地方政府计划进行十堰的城市空间生产，改善城市基础设施和公共服务设施，成为地方空间生产的主导力量。

2.3.3　1986—1993 年商品经济时期：政企导向的半市场化生产和消费

2.3.3.1　政企联合力促城市开发

　　1986 年后，十堰市预算内拨款（含中央拨款）日趋减少，自筹数额逐年增大，用于基建和固定资产的贷款力度也逐年增大（图 2.7）。1990 年中央拨款下降为 1986 年拨款额的 26.5%，自筹基建总额相比 1986 年却翻了一番。

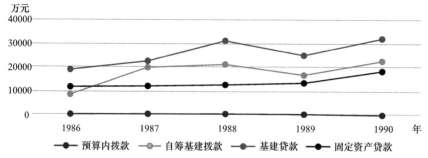

图 2.7　1973—1985 年十堰市预算内拨款、自筹资金及贷款情况
来源：根据《十堰市志 1866—2008（中册）》整理绘制。

　　（1）政府制定城市发展框架

　　在基本建设投资使用上，1990 年前十堰市政府着重安排汽车工业、城市基础设施、工商业发展。1990 年后，开发区和房地产开发等建设投资规模迅速扩大。1994 年，地市合并后执行宏观调控政策，控制不合理占用土地，禁止建设污染严重、产销不对路项目。城市建设在政府制定的发展框架下实行。

（2）国营房地产企业参与城市建设

1984年，国家计委颁布《城市建设综合开发公司暂行办法》，要求城市建设综合开发公司应尽快脱离行政主体实行企业化，参与城市建设与开发和房地产资源配置。1984年，十堰市政府组建房屋开发公司，统一规划、统一投资、办理征地，组织住宅小区和建筑设计的发包建设，以金融体制市场化推动国营房地产开发企业发展，成立二汽房地产开发公司。1985年，建行全面推行拨款改贷款，项目建设期内的全部工程占用资金由施工企业向建行贷款，建行将所收利息的80％返给建设单位。这些措施调整了十堰住宅建设的投资结构，额度急速提升（图2.8）。金融体制逐步市场化的趋势进一步推动了国营房地产开发企业的发展。

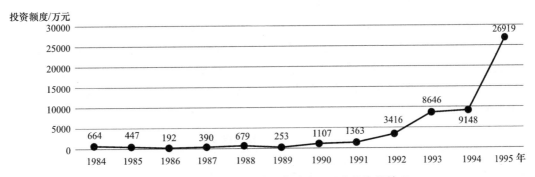

图2.8　1984—1995年十堰市房地产业固定投资额情况

来源：根据《十堰市统计年鉴》整理绘制。

总之，此时的国营企业由于其自身原因，拥有了既能参与市场行为，同时还承担机关、企事业单位职能的一种特殊身份。以国营房地产开发企业为主的经济组织，沿着地方政府制定的城市发展方向对城市空间进行开发建设，但是各机关企事业单位内部福利分房形式还同时存在。在过渡阶段形成了政府和企业导向下的半市场化空间生产和消费形式。

2.3.3.2　二汽转轨迎来新发展

1984年《关于发展汽车工业问题会议纪要的通知》发布，国家计划委员会同意二汽集团在国家计划中单独立户。1987年，二汽投资管理实行国家决策、企业自主实施的管理模式，二汽开始了商品经济体制下的新一轮发展。

（1）二汽企业体制转轨取得经济效益

此阶段的企业建设重点为建立适应有计划的商品经济体制要求的经营开发型的管理结构及组织形式。1988—1992年，二汽采取"以销定产，产需结合"的策略，针对不确定的市场情况变化调整销售模式，顺应市场积极研发新品种（表2.10），做到了中央对二汽的要求："军用民用相结合，从长远和根本看还是要以民用为主"。

东风商用车公司1984—1991年汽车生产情况统计表　　表2.10

| 年份 | 生产汽车 | | 其中 | | | | 其中新品/种 |
| | | | 军车 | | 出口车 | | |
	品种/种	数量/辆	品种/种	数量/辆	品种/种	数量/辆	
1987	62	113723	4	1096	—	200	12

续表

年份	生产汽车		其中				其中 新品/种
			军车		出口车		
	品种/种	数量/辆	品种/种	数量/辆	品种/种	数量/辆	
1988	65	126299	2	1696	—	213	7
1989	83	135055	5	1696	19	362	19
1990	58	118717	5	2923	—	194	11
1991	50	135400	6	9137	—	254	14

来源：根据《销售部分卷（1984—1998）》整理绘制。

（2）集体企业兴盛促进城市发展

在"轻工军转民""农转非"政策影响下，根据"城乡结合，工农结合，有利生产，方便生活"原则，引导家属参与后勤生产。为规范管理，摆脱"企业办社会"的沉重负担，成立东风实业公司归口管理集体企业。"八五"规划要求发展集体工业企业、生活服务、卫生医疗、商业发展多项内容，吸引投资额逐年增大（表2.11），促进了二汽专业厂及十堰的发展。

集体企业"八五"期间投资情况　　　　　　　　　　　　表2.11

年份		项目数/个			总投资/万元		
		公司直接投资	分公司投资	合计	公司直接投资	分公司投资	合计
"八五" 期间	1991	3	15	18	702.67	1257.46	1960.13
	1992	18	17	35	1409.78	2973.38	4383.16
	1993	47	33	80	9253.31	9153.15	18406.46
	1994	33	10	43	6442.61	4438.23	10880.84
	1995	22	44	66	7410.63	8140.43	15551.06

来源：根据《东风实业公司分卷（1969—1999）》整理绘制。

（3）二汽房地产公司形成两项职责

二汽的自有房地产开发公司既对外开展房地产开发经营业务，承担商品经济体制下的十堰市开发建设，还承担二汽企业内部生活服务部的职责，负责改善职工生活福利设施。首先是内部生活服务部职责。1986—1995年，二汽后勤保障部门，将抓好十堰基地生活福利设施的完善配套作为目标，协调土地资源紧张和用房紧缺的矛盾。"七五"规划包括民用住房新建、福利设施、供暖工程、机关食堂、实验餐厅、东岳市场、热水交换站、液化气库、冷饮生产基地。"八五"规划期间职工住宅大幅改善，完成文体福利设施建设及合理布[1]。其次是十堰市的房地产开发情况：二汽房地产公司以"服务二汽，面向社会"为宗旨，积极深化改革，融入市场，参与城市的开发建设，住宅建设投资量逐年升高（表2.12）。

1989—1995年二汽房地产公司住宅建设情况统计　　　　　　表2.12

年份	当年投资/万元	在建面积/m²	竣工面积/m²	竣工套数
1989	3218	186356	106258	1839

---

[1] 东风汽车房地产有限公司史志编委会. 东风汽车房地产有限公司志 1984—2003 [M]. 东风汽车房地产有限公司，2004：82-83.

年份	当年投资/万元	在建面积/m²	竣工面积/m²	竣工套数
1990	2308	200736	116344	1880
1991	3103	311531	112937	1966
1992	5520	377486	167868	2796
1993	6180	410116	153503	2711
1994	14548	479655	192424	2955
1995	9020	455337	191345	2903

来源：东风汽车房地产有限公司史志编委会. 东风汽车房地产有限公司志 1984—2003 [Z]. 东风汽车房地产有限公司史志办，2004：89.

2.3.3.3　住房消费租售并举

住房体制改革的施行缓解了住房紧张的局面，但住房商品化长时间在提租和售房中举棋不定，供需体制尚未形成。实行商品经济体制十多年来，投资渠道和建设方式多样，消费方式多元，有商品房试点、补贴售房、福利分房等。

（1）十堰市住房消费

1989 年底，经反复研究论证并结合十堰市实际情况，拟制三套房改方案：一是提租补贴、实转起步、租售并举、逐步深化。即把公有住房租金提到准成本租金水平，按职工工资和补贴系数发给住房补贴，采取优惠政策鼓励职工购房。二是适当提租、优惠售房、不予补贴。对职工购买公有住房给予优惠。三是分步提租、优惠售房、实转起步、逐步到位、优惠售房。方案经湖北省人民政府批准后全市实行[1]。同时制定了十堰市公房出售的办法，类、级别不同，售价不同，旧住房按折扣、地段、朝向、楼层、设施等因素以质论价。

（2）二汽住房消费

二汽在此阶段实行住房制度改革是十堰市政府的重要决策。鉴于工业企业职工占全市职工比重较大，且二汽具有较强的经济实力，在二汽内部作出以下住房消费的改革：提高公有住房租金；对离退休职工、特殊困难家庭，分别制定减、免、补政策；发放住房补贴，对参加房改的职工，以其 1988 年 12 月末基本工资为基数，按 23％比例核定住房补贴；经省房改办、物价局批准，以标准价、准商品价、商品价出售公有住房，付清全部购房款后，领取有限产权证。

总之，在有计划的商品经济体制下，城市住房紧缺的局面因投资渠道的多元化而得到缓解，但居民购买商品房意愿不强。一方面造成福利房源分配局面紧张，居民生活得不到改善；另一方面造成 20 世纪 90 年代中期有房无市，商品房空置堆积，无法售出。试点行动给"国家分配住房"的老观念带来了冲击，为住房商品化与市场化积累了经验，为后续住房制度改革奠定了基础。

综上，商品经济时期的十堰，市政府联合国有企业或者民营企业，以组建开发公司的形式，对城市空间的发展方向进行了有力控制，政企合设，企业辅助政府意图的贯彻落实，二汽承担了地方政府的部分职能，积极参与城市发展，落实政府城市发展战略。此阶段城市空间的生产和消费形式是政企联合下采用多方集资和金融信贷的方式筹措资金，但

---

[1]　住房制度改革文件汇编 [Z]. 十堰市住房资金管理中心，1995：256-277.

拨款与集资贷款形式并存；土地逐渐以出让的形式参与市场，土地划拨与出让形式并存；住房逐步走向商品化，福利分房、补贴出售和商品房多形式并存。政府和企业成为此阶段空间生产的主导力量。

2.3.4　1994年—21世纪初市场经济时期：多重博弈的市场化生产和消费

社会主义市场经济时期的生产和消费形式，以政府、企业、居民的多方利益博弈为主体。随着中央与地方事权分工的不断明晰，此阶段地方政府的财政收入中土地财政占有一定地位，缓解了城市基础建设带来的收支不平衡。企业利用土地资源开发城市，将房屋变成商品推向市场赚取利润，同时受规划开发指标限制，在此过程中政府和企业都需要以居民多元需求为准。三者在追求各自利益的过程中，彼此制衡、彼此协调，不断寻求平衡点发展城市空间。

2.3.4.1　十堰土地财政推动城市化

1994年1月起，财政体系实行分税制，改革中央和地方财政分配关系，根据中央和地方的事权划分范围，分级别确定财政预算和支出范围，税种改革划分为中央税、地方税、中央与地方共享税，按国税和地税两套体系征管[1]。分税制增强了国家的财政汲取能力，使得集中力量办大事和转移性支付成为可能，但地方却要通过推行土地财政提高税收，缓解财权事权不平衡的局面[2]。土地"交换和使用"价值带来"级差效应"，推动了土地市场完善，城市化迅速发展。十堰地处山区，大量基础设施的投入需要依靠地方税收，土地出让所带来的收入是其中重要的部分。1992年12月，十堰市颁布《城镇国有土地使用权出让和转让暂行办法》，逐步推行土地有偿使用。2006年，国家颁布《全国工业用地出让最低价标准》，2007年1月十堰市施行[3]。十堰市有偿出让土地成交总价逐年攀升（图2.9）。

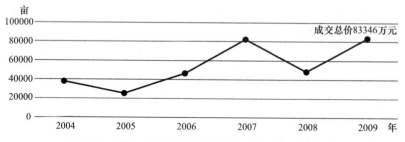

图2.9　2004—2009年十堰市有偿出让土地成交总价

来源：十堰市地方志编纂委员会. 十堰市志1866—2008（中册）[M]. 北京：中国文史出版社，2014：1327-1328.

此阶段出让的土地聚集在十堰中心城区，较高比例用于建设基础设施及公共服务设施，中心城区的宜居性和可达性大幅提高。但开山平地以及山沟散布的工业厂房，在城市发展的同时，一定程度上破坏了山城风貌和生态环境。此外，政府对城市发展方向的把控和土地总量的调控是维持市场稳定发展的重要手段。

---

[1]　唐婧，张富泉. 分税制改革与完善社会主义市场经济体制研究[J]. 政治经济学评论，2021，12（2）：119-152.
[2]　李成强. 分税制改革对地方税收的重要影响研究[J]. 纳税，2020，14（31）：5-6.
[3]　十堰市地方志编纂委员会. 十堰市志（1866—2008）（中册）[M]. 北京：中国文史出版社，2014：1325.

2.3.4.2　企业带动资本参与生产

伴随着资本积累和金融信贷的改革，各类资本均以企业的方式进入市场，类型包括民营、国有、集体、外资等，不同类资本参与市场化生产所面临的环境和竞争条件是公平统一的，各投资主体在保证社会效益的同时谋求空间生产的利润。各类企业参与市场化生产发展蓬勃，是在1992年社会主义市场经济体制确立以来，尤其是福利分房在1998年停止后，占据城市空间建设的主流地位，房地产业投资逐年扩大，新增房屋面积逐年上涨（表2.13），市场竞争促进企业对住宅产品的开发和创新，带来了城市空间的多样化发展。

1997—2007年十堰市房地产开发投资及建成情况　　表2.13

年份	房地产业投资/万元	新增房屋建设面积/万 m²	竣工住宅面积/万 m²
1997	14696	9614	6.28
1998	17120	11273	9.52
1999	25016	15106	16.36
2000	28351	28047	25.2
2001	36765	14639	19.5
2002	62717	40935	33.0
2003	94681	52175	41.9
2004	117484	58315	40.95
2005	209528	134051	103.1
2006	238251	149673	91.6
2007	260485	165357	94.7

来源：根据十堰市历年统计年鉴相关资料整理绘制。

总之，受政府政绩考核的驱动，企业投资进入市场成为城市空间生产的核心力量，受制于政府划定的城市发展框架，迎合不断增长的居民住房消费需求，三方博弈下进行的城市开发建设持续影响城市空间形态的发展。如果说政府的蓝图"拟定"了城市未来形态，那么开发商所掌握的用地开发许可及指标则大致确定了该地块的空间形态。

2.3.4.3　多样化的社会住房保障

1996年，十堰市政府提出"深化住房制度改革规划"，主要措施包括提租和公房出售，成本价对职工出售房屋全部产权。到2021年，十堰市全面实行住房分配的货币化补贴。自此，十堰已初步完成了住宅发展市场化转变，形成了以商品房为主体、政府保障性住房为辅助的多样化社会住房保障体系。

住房制度改革成果：①转换住房的投资与建设模式，从国家大包大揽，变为国家、单位及个人共同承担，个人成为解决住房问题的主体责任人。②改变住房分配制度。用货币化分配、按劳分配、自助购买房屋的模式代替传统的福利分房。③住房信贷体系的建立，在全国范围内推广个人住房信用贷款业务。④职工买断已购住房的产权。截至1997年底，买断住房产权共有四万多户，占总户数的75.84%。⑤深化房改，盘活住房存量，推动了住房建设。新增住房近两万套，成套率达到82%。⑥建立了涵盖经济适用房、安居工程、廉租房等多层次的住房保障体系。政府通过建立公积金制度（1995年1月实施）、住房建设基金及各类政策优惠的商业贷款予以支持，承担社会层面的保障用房建设（如安居房）（表2.14）。

总之，市场化阶段的住房生产和消费是由国家、单位和个人共同承担，住房商品化走向市场，而在实现住房商品化、社会化的住房制度改革过程中，为改善中低收入家庭的居住条件，解决住房困难，通过限定土地与住房价格，推进建设以经济适用房为主体的政府保障性住房而提供的限定标准、限定价格或租金的住房，对改善民生、促进社会和谐稳定具有重要意义。

1996—2001 年十堰市社会保障性住房建设及投资情况

表 2.14

年份	类目	项目	投资额
1996	十堰市安居工程	住房 6 万 m^2	3300 万元
1997	十堰市安居工程	住房 7 万 m^2	5000 万元
1998	十堰市第一批经济适用住房	住房 45.58 万 m^2	36890 万元
1998	十堰市第一批经济适用住房	—	—
1998	十堰市第三批经济适用住房（安居工程）	10548.86 万 m^2	805.8 亿元
2001	十堰市第一批安居工程	危房、水、电	26.5 万元
2001	十堰市第二批安居工程	管理站、水电	17.5 万元

来源：根据十堰市档案馆相关历史文件整理绘制。

综上，多重利益博弈的市场化生产和消费时期，十堰政府和国有企业在此阶段完全分离，回归各自职能，政府不再包揽城市开发建设，成为"管理者"或"调控者"，企业利用资本积累或金融信贷以及政府出让的空间资源进行城市开发。政府、企业和居民三方各有诉求：居民消费和使用需求高涨；政府受政绩驱动追求"增长"；市场经济下，各种类型的开发企业迅猛发展，承担城市开发的具体工作，赚取利润。虽然发展更加关注人民需求，但利益博弈下动态的市场会出现失衡，政府会通过城市发展规划、土地供应等方法进行总量调控，建立多层次的住房保障体系以保证社会稳定，在市场经济体制下又带有"计划经济体制色彩"。十堰政府、各类企业、居民三个利益博弈方共同推动空间生产。

2.4 小结

本章从三线建设发展历程、经济体制及一些具体制度的改革研究入手，探索十堰市空间生产方式转变的具体表现，依据前面划分的四类生产模式及四个时间段对十堰市空间生产与消费的转变展开研究。

首先，对三线建设发展历程进行研究，并将国家三线建设的发展与十堰三线建设进行关联，梳理出发展脉络：从中华人民共和国成立初期的西部开发将工业发展从东北和沿海调整为发展西北、西南、中南地区；三线建设决策的确立，确定了三线建设的建设范围和方针政策；三线建设的前期成就与冲击阶段，汉川线线路调整为建设十堰汽车工业基地创造了条件，同时地方的医院、学校后方基地同步建设；第二次建设高潮与配套收尾阶段，三线建设的重新崛起将停滞发展的国民经济向有序建设转化，其中包括关于加速第二汽车制造厂建设；三线地区波动与调整改造期，三线企业调整了产业结构、布局、产品方向和技术改造方向，产品生产朝着关联国民生活相关的民用和军用方向，增强了三线建设企业的市场竞争力。十堰市的三线建设调整和城市发展与国家政策转向同步。

其次，研究了三线建设城市十堰市的制度改革。厘清十堰市各阶段政权机构的调整分为二汽建设初期（1969—1975 年）、政企（市厂）合一阶段（1975 年 1 月至 1982 年 4月）、政企分设阶段（1982—1994 年）三个阶段；分析十堰土地征用和供应制度从按计划统一划拨到土地出让使用的改革历程，分析十堰和二汽从福利分房到国家、集体、个人共同负担住房的住房改革历程以及金融制度改革历程，也正是由于一系列制度的变革，从生产和消费两个方面引起城市空间生产方式的转变。

最后，将十堰市的空间生产和消费的转变划分为四个阶段。第一阶段是 1964—1977年计划经济前期，以指令性下达计划，对生产、资源分配以及产品消费进行事先安排，包括资金、项目设计、工程建造以及住房安排都是具有国家导向的计划性生产和消费方式。第二阶段是 1978—1985 年计划经济后期，国家权力下放，十堰市政府和二汽获得自主权，政府财政增加、二汽利润提高，重视居民需求，利用自筹资金、少量国家资金以及无偿划拨土地，按地方政府计划进行十堰的城市空间生产，地方成为城市空间生产的主导力量。第三阶段是 1986—1993 年商品经济时期，政企导向的半市场化生产和消费形式，拨款与集资贷款形式并存，土地划拨与出让形式并存，福利分房、补贴出售和商品房多形式并存，政府和企业成为此阶段空间生产的主导力量。第四阶段是 1994 年—21 世纪初市场经济时期，多重利益博弈的市场化生产和消费时期，十堰政府为"管理者"或"调控者"，企业利用资本积累或金融信贷以及政府出让的空间资源进行城市开发，居民消费和使用需求日益高涨，政府受政绩驱动追求"增长"，开发企业承担城市开发的具体工作、赚取利润，十堰政府、各类企业、居民三个利益博弈方共同推动空间生产（表 2.15）。

十堰市不同空间生产阶段的城市空间生产七要素的差异　　　　　　　　表 2.15

要素	计划经济前期 1964—1977 年	计划经济后期 1978—1985 年	商品经济时期 1986—1993 年	市场经济时期 1994 年—21 世纪初
	国家导向	地方导向	政企导向	多重博弈
内在动力	备战备荒，"先生产，后生活"	扩权试点，"双全面"承包责任制，"多搞小城镇"，厂市合一，福利性分房	政企分离，"厂区与居民点组群"建设，住房制度改革，社区管理制度	"区域性中心城市""生态文化旅游城市"，住房分配货币化，经济效益驱使
开发主体	国家建委	十堰政府、国有企业、企事业单位	国有企业房产公司，十堰市政府	各类内资企业
建设资金	国家财政拨款	自筹资金，少量划拨	金融信贷以及政府、单位、个人共同出资	资本积累、金融信贷
土地获取	政府划拨的单位自建土地	政府划拨的单位自建土地	政府限价或无偿出让给开发企业、协议出让共存	协议出让、拍卖
分配方式	按计划分配	按计划分配	按计划限人均面积、限价购买	商品房按市场价购买、提供保障性住房
得房人群	单位职工	单位职工	单位职工、社会居民	商品房购买不限人群，保障住房面向中低收入人群
技术力量	本土	本土	本土	本土或外来

3 十堰市空间生产行为主体关系及空间影响

本章主要分析三线建设城市十堰城市空间生产过程中的行为主体，即中央政府、地方政府、企业、居民四个城市空间生产角色的影响力在不同阶段的消长，追求利益的互动过程中各方力量对城市空间演变的影响。四种力量在十堰市空间生产过程中经历四个阶段。下面以"背景政策—主体关系—空间影响"的逻辑关系对各阶段主体关系及对空间的影响进行分析。

3.1　1964—1977年计划经济前期：中央计划主导、多方配合服从

计划经济时期，中央进行社会和经济管理依靠行政手段及指令性计划，政府是生产者、监督者，更是控制者。计划经济前期，在以备战安全为首要任务的国家背景下，十堰是中央三线建设汽车生产基地，在紧迫备战形势下火速上马，第二汽车制造厂作为央企，受中央部门直接主导，地方、二汽和参与建设人员完全服从中央安排，短期在十堰山沟中空投植入汽车生产厂房，落实国家生产计划。

3.1.1　背景政策：以备战安全为首要任务

3.1.1.1　"三五"计划，安全形势严峻

20世纪60年代，我国工业过于集中在东北及东南沿海；国家计委1965年《关于第三个五年计划安排情况的汇报提纲（草稿）》指出，着重加强国防战备工作，积极推进三线建设，调整国内工业发展布局，包含六个方面：国防工业、机械制造、铁道、燃料动力、原材料工业及其他，其中机械制造项目中就包含十堰的第二汽车制造厂。《1966年国民经济计划纲要》指出，加快国防工业建设，全力推进大小三线建设，同时坚持做好农业、工业生产工作。在进行三线建设规划时，遵从"备战备荒为人民"和"从国力出发，不能搞得太紧张"原则。

3.1.1.2　建设高潮，兴起工业生产

1969年5月，三线建设委员会指导各地制定三线建设发展规划，做好整体层面的平衡与协作；监督各地实施三线建设工作，组织施工、设备等建设内容，统一调度三线地区的各类事项；重点建设项目的选厂定点按照"靠山、分散、隐蔽"的方针；样板先行，以示范带动三线地区的建设发展。在国际和国内形势推动下，三线建设进入第二次高潮阶段。极大部分的三线建设国防工业及其配套民用工业项目新建或建成，包含十堰第二汽车制造厂。1969年10月，国务院《关于加速第二汽车厂建设的报告》以"军工为主，军民结合"为原则，强调各级单位要大力配合，紧密协作，保证成批生产军用越野汽车的任务按期完成。到1970年底，工农业生产增幅极大，各项经济指标均已超额完成计划，《人民日报》评论：在全国范围内兴起工业生产的新浪潮。

3.1.2 主体关系：中央主导下的多方服从

20 世纪 60 年代初，在中央计划主导下强调"全国一盘棋"，遵循"三老带三新"[1] 的工作方法，全国集中力量打歼灭战，支援三线。国家公共性事务高度中央集权，地方政府仅作为执行机关，在国家行政治理结构中不具备法律上的主体资格，中央是计划及生产的主导力量，地方服从中央的统一领导和指挥，三线企业以"单位"的形式参与生产。

3.1.2.1 中央主导下的企业服从

1952 年底，中央指示"要建设第二汽车厂"。1953 年 1 月 8 日，《第二汽车厂建设说明》由一机部上报，二汽筹建工作启动。1960 年 4 月 19 日，一机部报请国家计委和建委，请求审批第二汽车制造厂厂址。1965 年 11 月，中央同意根据关于川汉铁路改在长江北岸建设的决定，二汽在襄渝沿线选址，选厂工作转入鄂西北。1966 年 5 月，正式确定二汽厂址为湖北郧县十堰到陕西旬阳一带。1967 年，国家在郧县十堰地区建设第二汽车制造厂，认为二汽建在十堰符合中央"小型分散、靠山隐蔽"的备战建厂方针。

中央确定二汽的厂址、建设规模、建厂指导思想。1966 年 8 月 3 日，一机部部长来二汽基地视察，指出各专业厂建设应根据大规模生产的特点考虑，不宜过于分散，认为二汽在产品上要以军带民，先上军品再上民品。12 月 4 日，国家计委、国家建委通过二汽年生产 10 万辆汽车的建设方案。

3.1.2.2 中央主导下的地方服从

这个阶段国家在生产、建设、流通和社会事业各个领域，逐步形成包括经济、社会各个基本方面集中统一的计划管理体制。在集中统一的计划管理体制下，地、市计委编制的计划草案经湖北省人民委员会批准上报国务院，经国务院批准后形成正式计划，由省政府按"块块"和"条条"统一下达到各县（市）和各企业、事业单位执行。

郧阳地区服从中央支持二汽建设。1967 年 6 月，为支援国家第二汽车制造厂的建设，在郧阳地区建立十堰办事处，管辖十堰、黄龙与茶店的茅坪公社。

十堰市服从中央建设新兴汽车工业城市要求。1969 年 12 月 1 日，十堰市（县级市）成立。十堰市城市建设遵循国家要求，以新兴的汽车工业城市为发展目标纳入城市规划范畴，实行统一规划建设，城市建设要为汽车产业发展创造条件。因此以二汽总指挥部提供的总图规划和总体建设发展规划为依据，作首次城市总体规划和中心区详细规划，充分考虑在二汽已建成各专业厂布局的基础上规划城市格局，城市建设按二汽各专业厂布局分 6 大片区进行建设，形成"一市多镇"格局。二汽建设在 1969—1975 年的初期阶段，十堰市的工作重点是做好征地搬迁、供水、供电、公路建设等，支持二汽建设，提出"一切服从二汽需要"的方针，组织好移民搬迁，让地让房，及时为二汽提供土地总计 1334 万 m²。

3.1.2.3 中央主导下的人员服从

在计划经济体制下，二汽按国家下达的计划指标招收职工，全国范围内调配"好人好马上三线"（表 3.1）。1969 年 10 月，国家建委和一机部在北京召开"工厂设计审定会"，一机部领导要求二汽建成投产后全员劳动生产率达到每人每年两辆汽车的新水平，按年产 11 万

---

[1] 中央和国务院要求：在三线建设中，要采取老基地带新基地、老厂矿带新厂矿、老工人带新工人的"三老带三新"办法，以加快三线新厂矿的建设速度。

辆汽车计算，职工总数为 55000 人。国务院 1966 年和 1967 年发文规定：调入二汽的职工，高于二汽职工工资标准者，保留原工资；低于二汽职工工资标准者，升级执行二汽工资标准。

总之，完全以中央为主导的结构方式在中华人民共和国成立初期及战备时期发挥了极大作用。十堰市作为典型的三线建设城市，为维护国家安全，践行国家"备战、备荒、为人民"的号召，中央的高度集权以其极强的动员能力有效地汇聚多方力量建设汽车工业基地，以备战安全为首要任务在全国范围内调动资源，在十堰实现有效整合，也因此直接带来了第二汽车制造厂在十堰山区的空投植入。

3.1.3　空间影响：汽车工业厂区的空投植入

3.1.3.1　第二汽车制造厂专业厂建设

十堰工业的发展史也是汽车工业基地的发展史，党中央、国务院决定在十堰建立第二汽车制造厂，它不仅是三线建设重点工程，也是具有高度战略意义的地区事务。

厂址选定后，将工厂设计建设革命化，总结一汽"包建"经验，即包设计、包生产准备、包人员培训、包生产调试（表 3.1）。提出"聚宝"方针，移植长春、上海等地工厂的"四新"成果，即新工艺、新技术、新设备、新材料[1]。由中央各相关部门以行政命令的形式全权包办，在全国范围调配技术人员和物资，克服贫困山区的交通运输障碍，"空投"建设二汽，为十堰工业发展奠定良好的物质技术基础[2]。第二汽车制造厂最初设计 26 个专业厂（含水厂），其中 25 个建在十堰市区内，二汽生活区结合工厂，依据"有利生产，方便生活"原则就近布置。

第二汽车制造厂各专业厂的包建安排　　　　　　　　　　表 3.1

名称		包建厂	名称		包建厂
总装 冲压片	总装配厂	长春汽车分公司	底盘片	车桥厂	长春汽车分公司
	车身厂	长春汽车分公司		减速器厂	北京汽车分公司
	车架厂	长春汽车分公司		传动轴厂	上海农机公司
	车轮厂	长春汽车分公司		铸造二厂	长春汽车分公司
	冲压厂	长春汽车分公司		锻造二厂	长春汽车分公司
	标准件厂	上海机电一局	后方片	汽车设备厂	长春汽车分公司
	冲模厂	长春汽车分公司		设备修造厂	长春汽车分公司
	水箱厂	上海农机公司		专用刃量具厂	长春汽车分公司
	仪表厂	上海仪表局		通用铸锻厂	长春汽车分公司
发动 机片	发动机厂	长春汽车分公司	全厂 系统	动力厂	长春汽车分公司
	传动箱厂	北京汽车分公司		运输系统	长春汽车分公司
	化油器厂	北京汽车分公司		仓库系统	长春汽车分公司
	铸造一厂	长春汽车分公司 南京汽车分公司	增	钢板弹簧厂	待定
	锻造一厂	长春汽车分公司			

来源：工厂设计筹备处. 第二汽车制造厂设计纲要 [Z]//二汽建厂重要文件汇编（1965—1983）. 1984：54-56.

---

[1] 东风汽车公司史志办. 第二汽车制造厂志 1969—1983 [Z]. 1986.

[2]《中国城市综合实力五十强丛书·中国汽车城——十堰市》编委会. 中国汽车城：十堰 [M]. 北京：中国城市出版社，1994：9.

3.1.3.2 相关汽车配套工业厂建设

1967 年，十堰市与二汽同步建设配套厂，十堰地区其他工业厂区建设包括中央燃化部直属企业、郧阳地区工业和十堰市属地方工业（表 3.2），按性质不同，分类规划布局。机电、橡胶综合工业区布局火炉沟和土门；市属轻纺工业选点在十堰老街附近；郧阳地区机电工业沿茅箭公路沿线；化工工业布局在黄龙大峡。

十堰地区其他工业厂建设情况　　　　　　　表 3.2

部门	厂名		
中央燃化部	轮胎厂		
	钢丝厂		
郧阳地区	通用机械厂		轴承厂
	刃量具厂		标准件厂
	铸造厂		设备维修厂
	造型机械厂		冶炼厂
	油泵油嘴厂		纤维棉纺厂
市属工业	综合电机厂	陶瓷厂	小五金厂
	半导体厂	玻璃厂	纸厂
	篷布厂	塑料制品厂	电线厂
	塑料厂	小钢铁厂	汽门嘴厂
	橡胶厂	水泥制品厂	轴承厂
	机床厂	机床附件厂	电器仪表厂
	电子元件二厂	标准件厂	劳保用品厂
	市砖瓦厂	拖拉机厂	农机修造厂

来源：十堰市档案馆（全宗 24，目录 24，卷号 92）中《关于十堰市城市建设规划的报告》。

综上，十堰地区在计划经济前期阶段，在以备战安全为首要任务的背景下，中央为主导的第二汽车制造厂工业基地建设的行为主体包括三线建设企业、地区或地方行政机构、参与建设员工，各方完全服从中央计划，造成的空间影响是二汽系列汽车工业厂区及配套厂在短期空投植入十堰山沟中，并完成国家预定生产计划。中华人民共和国成立初期，处于计划经济阶段前期，工农业基础差，国际形势不明朗，高度的中央集权管理对全国上下渡过经济难关、集中力量打歼灭战具有非常积极的作用，也是历史的客观必然。

3.2　1978—1985 年计划经济后期：地方计划承担、中央扶持协管

计划经济后期，国际形势和平，中央决定对上一阶段的大量基础建设决策进行调整改造，调整中央和地方及企业的利益分配，激发经济活力，三线企业和地方政府在放权的过程中获得经济自主权。

三线建设城市因工业而兴，受国家政策倾斜及地方政策扶持，逐步形成"国企单位办社会"现象，对城市空间影响显著。

3.2.1　背景政策：以调整改造为重大战略

3.2.1.1　国际形势逐渐和缓

与初期相比，20世纪80年代初的国际、国内形势变化巨大，到1980年，和中国建交的国家已经达110多个。三线建设的迫切性极大地降低，这种转变引起国家防御战略的调整。1985年，中央指出军队建设的现代化及三线地区的工业建设要服务经济建设的发展大局[1]。"三线"成为一个战备时代的代名词，不再具有军事战略意义。

3.2.1.2　三线建设初步调整

如何转型发展是三线地区的关键性问题，涉及国家经济战略和经济体制改革。1978年党的十一届三中全会提出"调整、改革、整顿、提高"八字方针，旨在缩减建设规模，优化投资方向。同时要求沿海地区利用地缘优势先期发展经济，带动中西部地区共同发展。1979—1983年，三线建设改变投资方向，停建或缓建一批建设项目；建设方向转向技术研发与升级，改善职工生活配套设施。产能严重不足的军工企业转行生产民用产品；关、停、并、转、迁少数经济效益低或选址不当，遭受灾害破坏的企事业单位。1980年，国家支持组建跨省、区联合公司，要求打破小而全的企业发展格局，产品研发要军民结合[2]。1984年1月国务院确定三线企业的调整思想为：立足国民经济发展需要，配合国家计划，调整产业和企业结构，加强企业间合作，并发挥自身优势，解决布局分散、交通闭塞、信息不畅等问题，把三线地区建成国防现代化和国民经济建设的战略大后方。这为二汽的建设指出了新思路。

3.2.2　主体关系：中央放权下的地方承担

三线建设城市空间生产行为主体间的关系随着国家战略的调整而变化，中央和地方、政府和企业的关系调整随着权力的下放进入新阶段。由上阶段的国家完全主导，转向激发地方和企业的活力。此阶段"政企合一"，三线企业因起步早形成"大国企"局势，与政府共同承担城市发展职责。

3.2.2.1　中央放权下的企业承担

20世纪70年代以前，二汽隶属原第一机械工业部（简称一机部），由国家相关部委实施计划管理。1978年经济体制改革，国家和企业的利益分配调整，扩大企业经营和管理自主权。党的十一届三中全会指出我国经济管理体制高度集中的权力应有领导有计划地实施下放，在国家组织下扩大企业自主权。次年7月，国务院发布《关于国营工业企业实行利润留成的规定》《关于扩大国营工业企业经营管理权的若干规定》等企业体制改革文件。1980年，全国实行企业改革试点。

第一次扩权试点。1979年2月7日，一机部通知：经国务院批准，二汽改为湖北省和一机部双重领导。7月二汽提出《关于"以厂建厂、自滚雪球"，加速建成二汽的报告》，成为全省第一批扩大企业自主权的企业。1980年国家停止对二汽的基本建设投资，二汽的产品实施"以民为主，军民结合，平战结合，以民带军"转变，即向民用车生产转移。3月11日，《关于自筹资金，量入为出，分期续建二汽的请示报告》由国务院批准下发；

---

[1] 邓小平论国防和军队建设 [M]. 北京：军事科学出版社，1992：145-147.
[2] 邓小平思想年谱（1975—1997）[M]. 北京：中央文献出版社，1998：161.

1980—1985 年，二汽自筹资金，开始形成以内涵资金扩大再生产的新途径。

扩大各专业厂生产经营自主权。1984 年，二汽成立企业改革领导小组，统筹规划改革当时的干部、劳动、人事、工资等管理制度，下发《关于进一步扩大专业厂生产经营自主权的暂行规定》，在十个方面[1]实行专业厂的放权与扩权管理。以总厂为轴心，上对国家、下对各专业厂（处室）签订承包合同，确认了专业厂也是一个相对独立的经营开发单位，形成总厂与专业厂联动经营、共同开发、互促争先的局面。

总之，制度改革探索实施数年，明显释放了企业经营发展潜能，促进企业扩权，成为后期企业制度改革、政企分开的出发点。

3.2.2.2 中央放权下的地方承担

自 1978 年实行改革开放政策以来，全能型政府是我国经济体制改革的主要对象，地方政府掌握更多自主权，计划编制、土地改革、收入分配政策加速权力下放，在城市管理和发展中逐步扮演重要角色，提高了城市建设和经济发展效率。

计划编制与监督权下放。1978 年后，在计划经济向市场经济转变过程中，各项计划，特别是生产经营单位的计划，逐渐以市场需求为主导。1979 年起，地、市计划部门逐步压缩传统计划指标，充分发挥市场调节机制在生产要素配置方面的基础作用；计划部门工作重点转移到编制中、长期计划和研究经济发展战略。20 世纪 80 年代后期取消统购和派购制，以合同定购替代指令性计划，产品生产与销售由市场调节。郧阳地区计委原管理指令性生产的 64 种工业产品减少到 2 种，实行指导性生产计划的 22 种，其他产品根据市场情况自行安排。自行安排还包含地方预算内统筹拨款改贷款投资、市自建资金基建计划指标。

财税权的下放。为充分调动地方的主动性和积极性，1980 年开始，实行"划分收支、分级包干"的预算管理体制，开始"分灶吃饭"。

（1）"定收定支，收支挂钩，总额分成，一年一定"体制（1976—1979 年）

1976 年，十堰市实行总额分成，收入总额按规定比例上缴。1978 年，财政部规定五种地方税（车辆使用牌照税、城市房地产税、屠宰税、牲畜交易税、集市贸易税）留作地区财政，不作为总额分成和超收分成收入，在省、县、公社三级进行分成（交省 10%、留县 60%、公社 30%）。

（2）实行"划分收支，分级包干"的管理体制（1980—1984 年）

1981 年，中央决定向地方财政借款，向各地下达财政收入任务，按地方留用收入借款 20%，省对地市县借款。1984 年，十堰市征收的增值税按单位类型划分更为详细，属中央企业的上解比例为 89.09%，留成比例 10.91%；省属的收入比例 36.5%，留成 63.5%；属市直的收入均上解省 89.9%，留成 10.1%；省下放企业权限的收入净超部分收缴 85%，留成 15%。

总之，中央在明确了央地政府双方财权与事权范围的基础上，放权地方，在收入方面，按分类分成的方法，根据各类财政收入的性质及企事业单位的行政隶属关系划分；在支出方面，划分为中央管理的事务由中央财政支出，划分为地方事务的由地方财政支出。合理确定调剂分成比例以及收入、支出基数。在保证中央财政收入的基础上加大地方发展自主权，调动地方积极性。

---

[1] 包括生产经营计划，流动资金，专项基金，成本，固定资产，干部调配，任免，工资基金，基本建设等。

3.2.2.3 政企合一管理体制形成

（1）建立市厂合一管理体制

为加强二汽和十堰市的一元化领导，建立市厂合一管理体制。1975年11月《关于市、厂合一的请示报告》通过，十堰市、二汽实行市、厂合一，改为"十堰二汽革命委员会"，或称"第二汽车制造厂革命委员会"，一个班子[1]，一个牌子。1978年12月，十堰市与二汽名称各自恢复使用原机构名称，体制仍然"政企合一"，一套班子合署办公。1979年，黄正夏任中共十堰市委、第二汽车制造厂党委第二书记同时担任十堰市市长，1980年12月转为十堰市和二汽的第一书记[2]。

（2）"厂市共建"为工作重点

1975年至1982年政企合一阶段以"厂市共建"为工作重点，增强二汽投产能力，带动发展地方工商业、服务业，为生产经营创造良好环境。1980年，十堰市地方工业企业发展到127个，汽车配套协作及相关工业，轮胎、塑料、开关、喇叭、篷布、橡胶等企业迅速发展。20世纪80年代初期，扩大企业自主权，外引内联，立足汽车主导优势，辅助地方工业生产，重点为汽车零部件生产，到1985年全市建成以汽车轮胎、配件、橡胶制品等14个工业类目的工业体系，总产值比1969年增长103倍。十堰地方工业积极调整化工业结构，转向配套二汽生产，全市到1985年形成汽车配套工厂12个，极大推动了汽车产业发展。

综上，中央放权以地方承担为主导、中央扶持为辅助的空间生产行为主体关系出现在计划经济后期，三线建设由第一阶段为了备战安全转向调整改造，国家以激活地方和企业的活力为首要目标，逐步改善人民生活条件。十堰市依靠三线建设工业立市，地方政府和三线企业在中央放权后激发自身活力，地方开始掌握更多自主权，在城市管理和城市发展中逐步扮演重要角色，地方政府和三线工业积极调整转型，转变发展大局，也因此影响城市空间，带动"集镇"发展。

3.2.3 空间影响："国企单位办社会"带动"集镇"发展

在市厂合一阶段，十堰政府遵循"服务大企业、服务人民生活"的原则，推出各类政策举措支持二汽生产发展的同时，依托汽车主导工业建立地方工业体系。随着企业自主权逐步增大带动企业效益增长，职工生活水平逐步改善，教育体系、卫生系统等同步完善，形成"企业办社会"的局面，厂区由封闭走向"集镇"。

3.2.3.1 地方工业依托二汽发展

（1）地方工业的发展

十堰地方工业随着二汽建设而发展，将"依托二汽，服务二汽，发展十堰"作为工业发展战略，以汽车配套工业为重点。这一阶段十堰提出发展地方工业要树立"大配套，小巨人"的思想，发展"小、乡、集、轻"企业，改变"小而全，大而全"的发展方向[3]。汽车制造业是十堰工业主导产业，全市工业总产值约95%由汽车及配件贡献。

---

[1] 由第二汽车制造厂饶斌同志任十堰市革命委员会、二汽革命委员会委员、常委、主任；白洛等27位同志为十堰市革命委员会、第二汽车制造厂革命委员会委员、常委、副主任。

[2]《中国城市综合实力五十强丛书·中国汽车城——十堰市》编委会. 中国汽车城：十堰市[M]. 北京：中国城市出版社，1994：9.

[3] 十堰市经济科技社会发展战略论证会专辑[Z]. 十堰市经济研究中心，1987.

地方工业"在现有汽车专业厂附近作部分拓展","地方工业,均匀分布,以利于就近利用汽车生产的边角余料和方便职工生活"[1],依托二汽各专业厂成组式就近布局发展(图3.1)。1975—1980年是十堰工业"打基础"阶段,汽车配套业占17%。到1985年,地方工业企业达173个,占市属工业总产值的70.53%[2]。到1987年,以汽车及其配套工业为主的机械业占全市工业总产值的84%(图3.2)。地方工业"立足二汽、面向国际"。

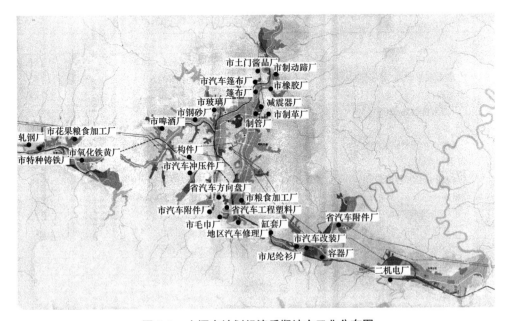

图3.1　十堰市计划经济后期地方工业分布图

来源:根据《十堰市总体规划1987年城市建设现状图》绘制。

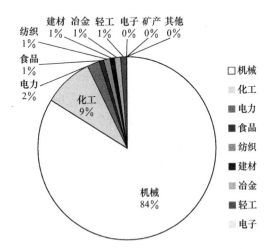

图3.2　十堰市1987年全市工业产值构成

来源:十堰市规划局. 十堰市城市总体规划专题研究报告1990—2010 [R]. 1989:45.

[1] 十堰市规划处. 关于十堰市总体规划1981年执行情况汇报 [R]. 十堰市档案馆,1986.

[2] 十堰市规划局. 十堰市城市总体规划专题研究报告1990—2010 [R]. 1989:45.

（2）汽车工业联营发展

1978年，汽车工业改组座谈会提出以二汽为主体，使地方厂在二汽的支持、扶植下发展的联营方案。1980年中央指出像二汽这样的大厂应当成为联合的中心，力争打破"小而全"，组成汽车生产专业化公司。东风汽车工业联营公司自1981年成立以来，吸收全国21个省、市117家企业参与。十堰城区发展多种联营形式的协作、配件生产联营厂家17家企业，为地方企业增添了活力（表3.3）[1]。

十堰中心城区汽车工业联营公司协作、配件生产厂　　　　表3.3

厂名	地址	联营形式
十堰车桥轮毂厂	湖北省十堰市茅箭区顾家岗	合资
十堰市汽车配件二厂	湖北省十堰市车城南路	合资
十堰市汽车制动蹄厂	湖北省十堰市汉江路54号	合资
十堰市特种铸铁厂	湖北省十堰市花果	松散
十堰市汽车缸套厂	湖北省十堰市茅箭区武当路89号	松散
十堰市汽车配件铸造厂	湖北省十堰市汉江路火炉沟8号	松散
郧阳地区汽车拨叉厂	湖北省郧县柳坡莫家沟	松散
郧阳地区汽车容器厂	湖北省十堰市武当路7号	松散
十堰市汽车零件厂	湖北省十堰市张湾区车城西路48号	定点
十堰市汽车工具厂	湖北省十堰市车城路53号	定点
十堰市车身附件厂	湖北省十堰市镜潭沟	定点
第二机电安装公司工具箱厂	湖北省十堰市白浪	定点
十堰市汽车配件四厂	湖北省十堰市张湾区花园沟	定点
十堰市铸锻模具厂	湖北省十堰市茅箭区柳林沟	定点

来源：销售技术服务公司. 东风汽车系列产品常用配件手册［Z］. 第二汽车制造厂，1988：271-283.

（3）集体企业生产发展

1980年4月，二汽成立集体企业管理处，整顿集体企业，按照全民帮集体、大厂办小厂的精神，采取"就地取材，就地生产，就地销售，使集体企业为生产服务，为生活服务，为职工服务，为社会服务"的"三就四为"经营方针，利用工厂生产的边角余料发展集体生产，工业生产项目达68项，80％以上产品直接为二汽汽车生产采用。到1984年，集体企业的产品达150种，为汽车生产服务的产品为85种。

总之，为适应二汽发展，集体企业从偏重农副业生产向集体小型企业转轨，积极开办为汽车生产配套服务的工厂，不断开发产品，提升生产设施设备的投资（表3.4），为二汽集体企业的产品开发和十堰市第三产业的发展奠定基础。

二汽集体企业历年数据统计　　　　表3.4

年份	建筑面积		设备/台	集体企业固定资产/万元	集体企业人数
	总建筑/m²	工业建筑/m²			
1979	9639	8669	253	—	3359
1980	18473	17503	—	261	5167
1981	19701	10735	—	373	6743
1982	30469	21503	—	655	7621
1983	49296	15846	498	976	8198

---

［1］　东风汽车公司史志办. 第二汽车制造厂志 1969—1983［Z］. 1986：85-127.

年份	建筑面积		设备/台	集体企业固定资产/万元	集体企业人数
	总建筑/m²	工业建筑/m²			
1984	67964	34514	818	1250	11006
1985	85879	52429	1367	1863	13815

来源：东风汽车公司史志办. 第二汽车制造厂志1969—1983 [Z]. 1986.

3.2.3.2　企业办学，完善教育体系

20世纪80年代初期以前，是二汽艰苦建厂、十堰市艰苦创业的时期，师资严重不足，随着二汽的发展，人口增长导致上学难矛盾突出。教育部门办起企业子弟学校，缓解十堰教育资源短缺的压力，补充与完善市教育体系。到1985年，小学企业办学承担全市小学生近一半数量的学生就读（表3.5），在地方教育系统完善中发挥了极大的作用，也承担了重要的社会职责。至90年代初期，学校数量逐年上升，到1983年，二汽有中、小学36所。1980年10月，教育处提出"高中相对集中办、初中分片办、小学专业厂办"的办学原则，每个片区均结合片区二汽厂办学校均衡布点（表3.6）。适龄儿童入学率为99.7%[1]，形成了二汽中、小学教育体系（图3.3）。

1970—1985年十堰小学教育基本情况　　　　　　　　　　表3.5

年份	校数/个			学生人数/人			教职工人数/人		
	合计	其中部门办学		合计	其中部门办学		合计	其中部门办学	
		教育部门	其他部门		教育部门	其他部门		教育部门	其他部门
1970	236	234	2	19347	19347	—	683	683	—
1973	274	234	40	35840	25774	10066	1317	846	471
1976	168	155	13	41272	27322	13950	1821	1132	689
1979	263	216	47	42311	26218	16093	2098	1304	794
1982	240	194	46	44006	27154	16852	2248	1310	938
1985	223	176	47	49248	26768	22480	2561	1298	1263

来源：十堰市教育志 [Z]. 北京：中国地质大学出版社，1996：56.

二汽小学、中学片区分布情况　　　　　　　　　　表3.6

片区	二汽小学	二汽普通中学
张湾	二汽机关学校、61厂学校、25厂学校	第一中学、第六中学、第七中学、第八中学、25厂学校
茅箭	47厂学校、51厂学校、52厂学校	第二中学、47厂学校、51厂学校
花果	48厂学校、49厂学校、62厂学校、64厂学校	第三中学、48厂学校、62厂学校、64厂学校
红卫	20厂学校、21厂学校、23厂学校、24厂学校、60厂学校、热电厂学校	60厂学校、20厂学校、21厂学校、23厂学校、24厂学校
三堰六堰	44厂学校、54厂学校、22厂学校、42厂学校、运输公司小学	54厂学校、44厂学校
白浪	50厂学校、铁路处学校、二机电学校	50厂学校、铁路处学校、二机电学校
茍培	40厂学校、41厂学校、43厂学校	40厂学校、41厂学校、43厂学校

来源：第二汽车制造厂教育处志编委会. 教育处志 [Z]. 第二汽车制造厂教育处，1985，附表.

[1]　第二汽车制造厂教育处志编委会. 教育处志 [Z]. 第二汽车制造厂教育处，1985.

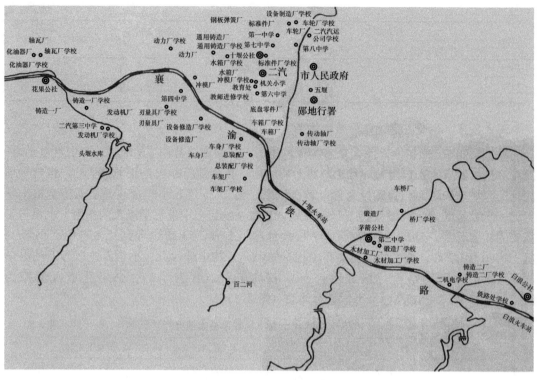

图3.3　二汽中小学分布图

来源：第二汽车制造厂教育处志编委会. 教育处志［Z］. 第二汽车制造厂教育处，1985.

3.2.3.3　关注医疗，发展卫生系统

十堰原隶属郧县，医疗资源仅有十堰老街的一个卫生院，卫生设施匮乏。随着建厂形势的发展，总指挥部要求二汽的医疗卫生机构要直接为生产服务，方便职工就近就医、防治结合、床位相对集中。分片区在张湾、茅箭、红卫、花果配置医院（表3.7），并确定各片区医院的规模和编制。到1983年，结合各专业厂做到人员、设备、房屋三配套，建成42所卫生室。基本形成了以第一职工医院为医疗技术中心、各生产片医院、各专业厂卫生所等三级医疗卫生系统，二汽医疗卫生系统的人员占比十堰城区医疗人员超过六成[1]（表3.8），完善十堰地区的医疗卫生服务设施（图3.4），承担了社会职责。

医院与疗养院建设情况　　　　　　　　　　　　　　　　　　　　　　　　表3.7

医院	张湾医院 第一职工医院	茅箭医院 第二职工医院	红卫医院 第三职工医院	花果医院 第四职工医院	职工疗养院
职能 范围	张湾片专业厂及职能处室	茅箭、白浪生产片专业厂	红卫片专业厂及处室、学校	花果生产片专业厂	结核病和慢性病
位置	大岭沟口，厂区铁路北侧	茅箭公社陈家岗，北邻马家河	小刘家沟	犟河南	黄龙公社长岭
建筑 面积/m²	35885	16174	13917	10172	20829

---

［1］第二汽车制造厂厂志编委会. 医疗卫生志［Z］. 第二汽车制造厂，1986：5.

续表

张湾医院住院部	茅箭医院主楼
红卫医院主楼	花果医院主楼

来源：第二汽车制造厂厂志编委会. 医疗卫生志［Z］. 第二汽车制造厂，1986：4-30.

1983 年二汽与十堰城区医疗卫生系统人员情况统计　　表 3.8

区域范围	卫生机构技术人员	医院卫生技术人员	卫生机构
十堰城区	3809 人	2783 人	118 个
二汽医疗系统	2381 人	1806 人	47 个
二汽占比	62.5%	64.9%	39.8%

来源：第二汽车制造厂厂志编委会. 医疗卫生志［Z］. 第二汽车制造厂，1986：47；十堰市统计局. 辉煌十八年：十堰市统计年鉴 1996（特刊）［M］. 北京：中国统计出版社，1996：354-355.

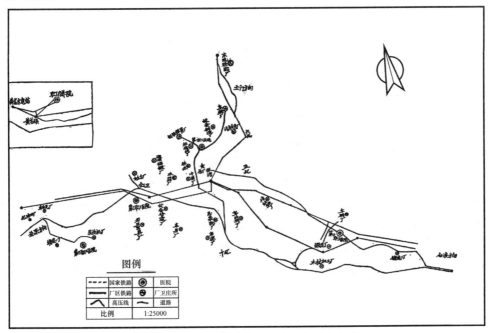

图 3.4　第二汽车制造厂医疗卫生网示意图

来源：第二汽车制造厂厂志编委会. 医疗卫生志［Z］. 第二汽车制造厂，1986.

3.2.3.4　供需矛盾加速市政建设

（1）道路系统建设

二汽建厂初期交通条件艰苦，道路坎坷，为了保证汽车生产运输畅通无阻，成立了第二修建处，担负二汽道路等基本工程建设，到1984年，记载共修建公路35km，达33万m²，其中包括厂区道路及与地方合用道路。老白公路两侧布局的专业厂道路与老白公路连接，十堰和二汽的公路主干道、各专业厂区、生活区道路逐渐完善，形成运输公路网，构成了十堰市此阶段的道路系统（图3.5）。

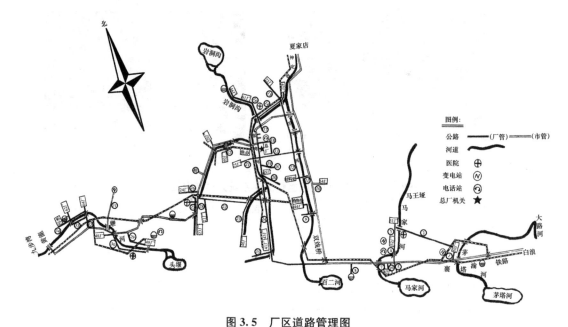

图3.5　厂区道路管理图

来源：第二汽车制造厂厂志编委会. 二修志 [Z]. 1984.

（2）供水系统建设

十堰市城镇供水系统建设贯彻"转轨变型，全面服务"方针。1967年，二汽决定在十堰地区建厂，确保二汽及十堰地区生产、生活用水。在"政企合一"时期（1975—1982年），二汽、市直和地直机关用水主要由二汽水厂供应。1983年起，市中心片的供水由市水厂和二汽吴家沟、花果水厂联供[1]（表3.9）。随着二汽各专业厂和地方工业基建施工，十堰市人口逐渐增加，供水矛盾日趋突出，严重影响汽车生产。1976年1月，二汽加快水系统建设速度，先后建立花果、头堰、吴家沟、白浪、岩洞沟五个水厂及管网建设，大型网状管网供水系统形成（图3.6），安全供水能力保证率达到95%～98%。十堰二汽"政企"解体，1981年市政府利用百二河水库在十堰修建一座日产万吨的水厂[2]。从1983年起，彻底扭转年年闹水荒的被动局面，满足二汽和十堰市生产发展和人民生活用水的需要。

---

[1]　十堰市水利志编委会. 十堰市水利志 [Z]. 十堰市水利水电局，2002：273.

[2]　水厂志编委会. 水厂志 1966—1983 [Z]. 第二汽车制造厂，1984：1-11.

二汽及十堰市水厂供水范围及管理情况　　　　　　　　　　表 3.9

名称	供应范围	修建年份	供应单位
吴家沟水厂	低压供水茅箭片，高压供水城市中部片	1980	二汽
岩洞沟水厂	张湾片	1971	二汽
头堰水厂	低压供水花果片，高压供水中部片区	1976	二汽
白浪水厂	供水白浪片	1972	二汽
花果水厂	低压供水花果片，高压供水城区中部片汽车生产和居民生活，也可输送东部片	1977	二汽
百二河水厂	市直、地直单位用水	1981	二汽
市水厂、吴家沟、花果水厂	市中心片区	1983	二汽、十堰市水厂

来源：十堰市水利志编委会. 十堰市水利志 [Z]. 十堰市水利水电局，2002：274-275；水厂志编委会. 水厂志 1966—1983 [Z]. 第二汽车制造厂，1984：28-60.

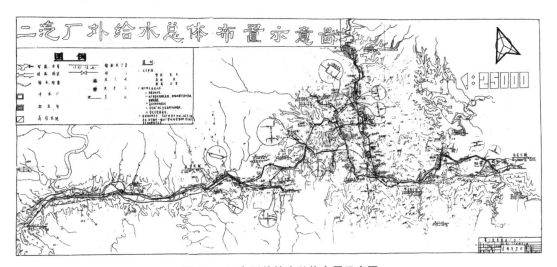

图 3.6　二汽厂外给水总体布置示意图

来源：水厂志编委会. 水厂志 1966—1983 [Z]. 第二汽车制造厂，1984.

（3）供电系统建设

二汽在十堰大规模建设之初相应建设配套工程电网。1984 年以前，二汽负责供电和维护管理，电力覆盖区域是十堰城区核心区域[1]（表 3.10）。根据二汽各专业厂在山区分散的布局，按片在张湾、花果、茅箭、白浪、土门共设 5 座变电站，配电所 26 座（含二汽专用 24 座，地方专用 2 座）。丹江口水电站和黄龙滩水电站以架空线路送往各专业厂配电所或专供线路，各配电所向各专业厂和地方工农业生产并转供附近驻军、军工企业、郧县、十堰市工农业生产和人民生活用电[2]。截至 1984 年底，形成完整又相对集中的电力网络系统（图 3.7）。1984 年 6 月 15 日成立十堰供电局，二汽除管理所属各厂用电外，不再经营向地方转供销电力业务，彻底转变了历年来二汽的供用电身份。

[1]　十堰电力工业志 1954—2008 [M]. 武汉：湖北人民出版社，2012：31.
[2]　电力处志编委会. 电力处志 [Z]. 第二汽车制造厂，1985：58-60.

1984 年之前二汽变电站供电情况　　　　表 3. 10

变电站	电路类型	供电范围
张湾	32 回 10kV 输电线路（含地方）	二汽总厂机关处室、技术中心、通用铸锻厂、设备修造厂、动力厂、冲模厂、车身厂、车架厂、车轮厂、总装配厂、车箱厂、钢板弹簧厂、水箱厂、标准件厂、底盘零件厂及三堰配电所（市地方用电）等
花果	24 回 10kV 输电线路（含地方）	二汽铸造一厂、发动机厂、化油器厂、轴瓦厂、刃量具厂、水厂及一、二级泵站、花果新水厂、方山加压泵站以及花果片地方单位
茅箭	28 回 10（6）kV 输电线路（含联络线）	分别向二汽锻造厂，车桥厂，木材加工厂，传动轴厂，车箱厂，吴家沟水厂和十堰市汽车缸套厂，以及茅箭片其他地方单位
土门	8 回 10kV 输电线路	二汽车轮厂、二汽设备制造厂、东风轮胎厂以及土门片的地方单位、郧县地方工农业用电
白浪	11 回 10kV 输电线路	二汽铸造二厂、白浪水厂、铁路运输处机务段以及白浪片地方单位

来源：电力处志编委会. 电力处志［Z］. 第二汽车制造厂，1985：58-60.

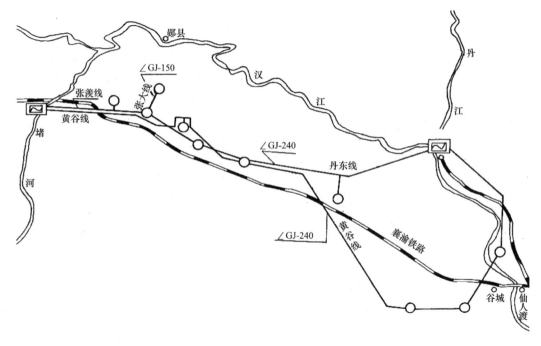

图 3.7　二汽 110kV 电力系统片区分布与接线图

来源：电力处志编委会. 电力处志［Z］. 第二汽车制造厂，1985.

综上，在计划经济后期阶段，三线建设调整改造为重大战略的背景下，十堰地区以地方为主导形成"国企单位办社会"的局面，带动了"集镇"的发展。此阶段参与空间生产的行为主体中三线地区地方政府、企业在中央放权的趋势下激发经济活力，企业效益及企业自主权逐步增大，部分留成资金用于建设公共服务设施，厂房、生产设备、职工住宿得到建设和扩展，形成"企业办社会"局面。

3.3　1986—1993 年商品经济时期：政企互助双轨、协调居民需求

商品经济时期，是计划经济向市场经济发展的过渡时期，具有计划和市场的双重特征，十堰政府和企业职能在此阶段完全分离，由"政企合一"进入"双轨发展"，同时协

调居民需求。此阶段十堰市牵头郧阳地区、十堰市和二汽的统一规划，由二汽和政府分工，共同保障城市建设，城市发展侧重及投资差异导致城市形成"单位化"与"去单位化"共存的过渡期空间特点。

3.3.1 背景政策：以经济建设为大局中心

3.3.1.1 企业调查，逐步摸清困境

此阶段企业调查结论分三类：一是符合国家战略，效益好、贡献大，多为大中型企业和科研院所，占比 48%；二是产品方向及经济效益一般，生产受到交通、原料等限制，占比 45%；三是选址有缺陷，发展停滞且依靠补贴，占比 7%[1]。1984 年 8 月，国务院提出关、停、并、转、迁的方式对三线企业展开调整[2]。1985 年 5 月，国家计委批准《关于三线地区企事业单位调整方案的报告》[3]。1986 年，各省市自治区陆续发布指导小三线企业的调整政策。首先，由接收地、市或省主管厅负责管理原省属小三线企（事）业单位；其次，利用小三线企业的技术优势，将迁建计划和技术改造与本地区、本部门同类企业的发展相结合[4]。

通过对三线企业的全盘调查，摸清发展困境，三线企业调整改造所需资金，小部分由国家资助，其余大部分脱离国有投资，由企业或各部门通过贷款等方式获得。这些政策与三线建设时完全靠国家投资相比有了根本区别。

3.3.1.2 发挥作用，调整结构方向

三线企业搬迁只是空间的物理迁移，和早年一、二线的搬迁类似，更多保留原地的三线企业则面临从产品方向到产业结构的结构性更新换代，即"军转民"，由军工产品转向生产国家和市场急需的民用品。1978 年 4 月，中央《关于加快工业发展若干问题的决定》指出：各地的军工企业充分发挥企业产能做到"军民结合、平战结合、军品优先、以军养民"，并要求机械工业部门把生产民用品提升至枪支弹药、坦克军舰的军用品同等地位[5]。1988 年 7 月，国务院三线办公室《关于发挥三线企业优势，进一步开发重大民品的报告》将生产汽车配件等重大民品项目列入"七五"计划。随着三线企业生产民用产品的规模化，企业的结构也亟待转型。总之，突破既有三线企业"分散""小而全""各自为战""大而全"的组织结构和产业结构，转而进入社会化大生产和专业联合协作的轨道，从自我服务转向服务社会，形成融入市场、紧密联系、优势互补的协作配套网络，基于传统产业结构派生出有竞争力的第三产业，才是以经济建设为中心的三线建设企业调整的方向。

3.3.2 主体关系：需求协调下的政企双轨

商品经济时期，三线建设城市空间生产行为主体间的关系随着以经济建设为中心的国家战略的实施，地方政府和企业从"政企合一"走向"政企分离"，从"一套班子"走向"依托共生"，二者完成职能归位，协调城市居民的生活需求，促进城市空间发展。

[1] 向嘉贵. 略论大三线的调整 [J]. 开发研究，1987 (1)：22-25.
[2] 吴传钧. 调整布局促进三线建设 [J]. 开发研究，1987 (3)：17-19.
[3] 中国军转民大事记 [M]. 北京：国防工业出版社，1999：67.
[4] 关于省属小三线企（事）业单位下放调整中有关政策问题的报告，1986 年 8 月 14 日.
[5] 中国军转民大事记 [M]. 北京：国防工业出版社，1999：65.

3.3.2.1　财权重塑下的地方自主

（1）财税放权提高地方经济自主性

在十堰市的财政自主权实现过程中，税收作为地方财政制度改革随经济体制改革的深化不断加强。自1986年以来，财政收入每年递增7.1%，财政收支由"吃饭型"财政向"建设型"财政转变。1986—1992年，是十堰的飞跃发展阶段，财政收支贯彻放权让利和保证政策性改革措施出台的原则，"七五"期间（1986—1990年），实际预算收入比上一时期增长346.8%。1988年，房产税、城镇土地使用税、城市维护建设税等税种的收入划为地方财政收入。全市工商税收以年均净增3500多万元的规模递增[1]。十堰市自1985年财政制度改革后，调入资金自1982年后基本归零，本级收入显著增长，合计总收入持续增长（图3.8）。

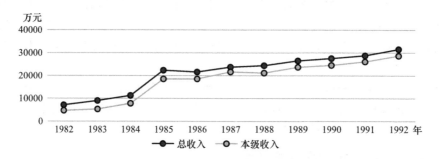

图3.8　1982—1992年十堰市财政收入情况

来源：根据《十堰市志（1866—2008）（中册）》整理绘制。

（2）项目管理审批权扩大促进城市更新

1984年，十堰市计委审批基本建设计划的审批权限还比较受限，只能审批投资5万元以下零星建设项目，1985年起，1000万元以下项目按管理权限分别报市、区、计委审批。集体所有制单位的基本建设和城乡个人建房的规模由各区计委审批，小型建设项目（单项工程投资5万元以下）、企业自筹资金，由企业自行安排。1988年，清理在建项目、压缩投资规模，在基本建设投资使用方向上，着重安排汽车工业、农业和教育部门的重要项目、城市基础设施的建设。

总之，依托财税体制改革，中央和地方的财政关系得以调整，中央政府进一步对地方政府放权让利。中央政府回归调控监管的位置，地方经济话语权不断提升。项目管理审批权的扩大使地方发展有了直接抓手，此阶段十堰地方汽车配套工业和城市基础设施建设快速发展。20世纪90年代后，投资规模迅速扩大，开发区和房地产开发等建设带来城市空间的变迁。

3.3.2.2　简政放权下的企业自主

通过国有企业改革实现政府对企业的放权让利进行综合改革试点[2]。中心是简政放权，政企分离，增强国有企业活力。市政府及计划、财政等部门下放管理权，着重抓企业领导体制、分配、人事管理制度的改革，完善经济责任制。

---

[1]《中国城市综合实力五十强丛书·中国汽车城——十堰市》编委会. 中国汽车城：十堰市 [M]. 北京：中国城市出版社，1993.

[2] 胡书东. 加入WTO对中国中央与地方财政关系的影响 [J]. 世界经济，2002（3）：65-67.

（1）政企分离，政府放权

1982年，十堰市和二汽政企分离。1985年6月，十堰政府各部门放宽政策，下放权力，以增强企业活力为中心，政府职能由直接控制向间接控制转移，综合性经济管理部门和监督性管理部门发挥调节和监督职能，由原来的决策性机构变为参谋性机构。到1986年底，政府基本把生产计划安排权、原材料自行采购权等10项权力下放到企业。企业内部配套改革，扩大企业自主权，企业承包经营责任制。从1984年到1989年，两轮企业承包责任制改革后经营的市属企业为98户，占比93%，利润比上年增长1.09倍，比承包任务增长1.38倍。

（2）二汽公司化体制改革

初步实现工厂型向公司型转变。1986年6月，二汽调整机构和职能，建立适应经济体制改革和有计划的商品经济要求的经营开发型的管理结构及组织形式。1992年2月，专业厂体制的15个零部件厂陆续改制为有限责任公司，从单一为二汽配套到独立面对企业内外两个市场。1992年3月20日，"第二汽车制造厂"更名为"东风汽车公司"（或称"东风公司"）。1999年6月17日，全面推出体制改革的总体方案，建构三层次公司体制（图3.9）：第一层次为负责宏观调控、战略决策、生产和资产经营的集团公司；第二层次为承担产品研发、成本控制、利润协调的生产经营主体；第三层次是负责具体利润及成本控制，但同时承担销售推广、市场反馈的经营基础单位，主要包括各专业生产厂[1]。

3.3.2.3　政企分离下的依托共生

（1）十堰政府服务并依托二汽

1982年4月19日，中共十堰市委和中共二汽委员会分别成立，十堰地方政府正式确立。十堰市政府认清自身优势，制定了在政企分设阶段（1982—1994年），依托二汽及郧阳地区贯彻"两个依托"，服务二汽、服务城乡人民、服务毗邻地区的"三个服务"方针[2]。十堰市委、市政府在"七五"到"八五"期间，继续把"服务、依托、振兴"战略的实施工作引向深入。1988年，提出十堰汽车产业开发开放试验区方案，通过为二汽全方位多领域的服务，帮助企业推向市场，大力发展地方汽车配套工业，积极将服务对象从单一的东风公司扩大到全社会层面及进出口贸易，使十堰市的汽车工业大踏步地向市场经济迈进。

（2）二汽支持地方工业发展

十堰与东风公司同处一个地区，行业信息获取便捷、产品运输便利、工程技术专家数量众多。同时依托东风公司，产品质量有保障，因此，与东风公司密切合作发展产品协作配套是十堰市产业发展的重要方向。包括合资办企，共同经营——在全市范围内围绕东风公司的上下游合资企业，密切协作；技术协助，地方自主经营——东风公司将数百种汽车专业零部件的制造交付地方，按统一标梯次制造；配套产业、自主建厂——汽车配套件由地方自主设厂生产，产品直供东风公司，年产值占十堰汽车总产值的60%，拉动地方经济，提供就业岗位；工艺合作——东风公司各厂主动开放自己的工艺生产流程，边产边教，带动地方生产力量发展；来料加工——将劳务加工性质的协作设置在乡镇企业。

---

[1]　东风汽车公司志编委会. 东风汽车公司志1984—2007上卷［Z］. 东风汽车公司，2012：14-32.
［2］　十堰市经济科技社会发展战略论证会专辑［Z］. 十堰市经济研究中心，1987.

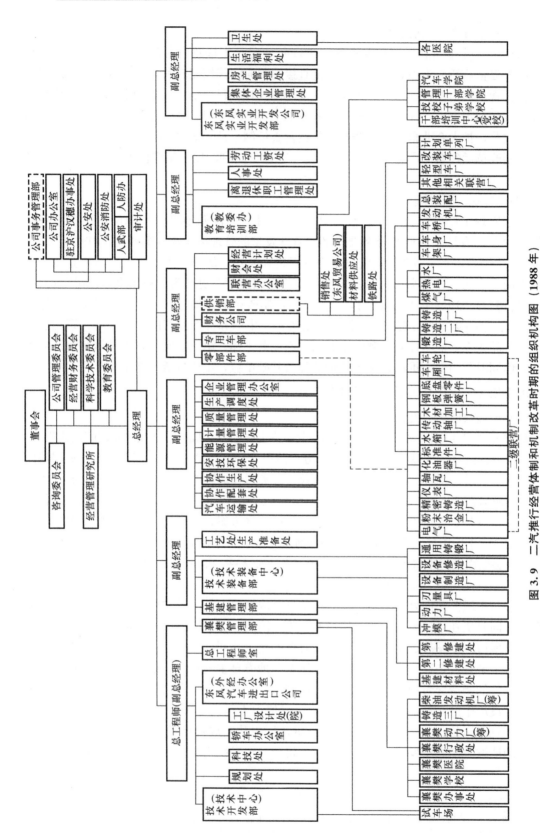

图 3.9　二汽推行经营体制和机制改革时期的组织机构图（1988 年）

来源：东风汽车公司志编委会. 东风汽车公司志 1984—2007 上卷 [Z]. 东风汽车公司，2012：15.

总之，十堰市在互利互惠的共同合作中逐渐清晰认识到，服务东风公司，提高自身经济实力，才能利用东风公司的优势，跟上产业变化，加速经济发展。十堰地方工业的发展在东风公司的帮助下，形成了一种从产品协作配套到新产品开发，从一般机械加工产品配套到原、辅材料产品配套的质变，打开了从产品生产到人才技术深度合作的产业新格局。

综上，商品经济时期的空间生产主体关系，是中央放权地方，政府放权企业下的地方政企双轨发展、互利共生。中央主导的市场化改革条件下，经济上相对自主，地方与中央财权重塑，地方有更大的经济自主权，政策扶持地方国企；改革的起步使得企业"办社会"职能剥离，企业发展轻装上阵，在地方政府的扶持下自主发展的同时助力地方配套工业体系发展，地方政府和企业互利共生发展。

3.3.3 空间影响："单位化"与"去单位化"共存

"单位化"和"去单位化"并存的空间现象存在于十堰从计划经济体制到市场经济体制的制度变迁过程中。过渡时期十堰不同区域的基础建设与社会公共服务水平发展不同步，城市呈现"单位化"与"去单位化"的共生格局。原因在于进入商品经济阶段，二汽"国企单位办社会"的"单位化"供给模式缺乏效率，"政府—单位"公共物品供给体系不能满足转型时期人民日益增长的多元需求[1]，转向与相邻企业共享社会资源提高供给效率的"去单位化"[2]。

3.3.3.1 十堰"去单位化"统一规划

十堰市"去单位化"统一规划符合新阶段经济体制，能有效解决十堰城市发展中存在的问题：其一，分割的行政体制与统一的城市管理存在矛盾。二汽经济管制权隶属中央，财政税收由中央和湖北省管制，而1986年起直属驻市企业的税收归郧阳行署，导致十堰形成二汽、十堰、郧阳三块分立的行政体制[3]，与政府统一管理城市经济、规划、建设存在矛盾。其二，新兴工业城市经济基础及基础设施建设不完善，有限的地方财政无法负担城市的发展需求。

（1）城市统一规划

1980年12月，《国务院批转全国城市规划工作会议纪要》指出当前城市规划废弛，同年发布《城市规划编制审批暂行办法》和《城市规划定额指标暂行规定》，1985年修订《十堰市城市规划暂行办法》使城市规划管理纳入法治轨道，统一规划真正起步[4]。1990年的城市总体规划由十堰市委、市政府牵头，第一次组织十堰市、二汽和郧阳地区共同成立规划修订领导小组，"在城市规划区范围内的各项建设应由市一级城市规划行政主管部门实施集中统一规划管理，城市总体规划实施过程中的原则性变更须报经省人民政府批准"。十堰市最早在1981年的总体规划中提出要求"汽车工业的建设和发展应纳入城市总

[1] 郝彦辉，刘威. 制度变迁与社区公共物品生产从"单位制"到"社区制"[J]. 城市发展研究，2006（5）：64-70.

[2] "去单位化"是基于市场是"公共产品社会化提供手段与方式"，存在"用单位化的办法解决市场化之不足"，也存在"用市场化的办法解决单位化之沉疴"，这就是"去单位化"。随着"单位化"的条件解除，市场的作用应该进一步发挥，而"单位化"的作用应逐渐弱化直到最后退出。

[3] 1987—2000年十堰市经济科技社会发展战略纲要[R]. 十堰市经济科技社会发展战略论证会专辑，十堰市经济研究中心，1987：143.

[4] 十堰市规划处. 关于十堰市总体规划1981年执行情况汇报[R]. 十堰市档案馆，1986.

体规划，做到统一规划，统一建设"[1]。相比之下 1990 年总规关于城市规划管理的责权划定更加明确。

（2）发展地方工业体系

十堰统一规划还包括制订地方工业体系发展战略（表 3.11），以经营体制和企业内部经营机制改革为重点，做好配套，大力发展"小、乡、集、轻"企业。在工业结构上，发挥汽车主导产业优势，抓住与二汽配套发展的时机，完善地方汽车工业配套工业建设。依托二汽等大工业，以横向经济联合为突破口，建立十堰地方汽车配套工业体系。汽车及汽车配件厂占全市工业总产值的 95%，二汽带动十堰地方工业特别是汽车配套工业的大发展。

1987—2000 年十堰市地方工业体系发展规划　　　　　　　　表 3.11

产业类型		发展目标
支柱产业	汽车轮胎及橡胶、化工、塑料制品	改造扩大东风轮胎厂，发展一批市属橡胶、化工、塑料制品厂
	汽车原材料辅料生产	以钢砂、铁合金厂为骨干，发展原材料、辅料生产厂
	汽车刹车制动产品	以市车桥轮毂厂、制动蹄厂、汽车配件铸造厂为基础，改造形成一整套汽车制动系列产品
	改装车生产系列	以汽车改装厂为基础，发展新企业
	汽车电子产品配套	以半导体厂为基础进行技术改造，开发汽车电子新产品
	汽车零配件系列	以缸套厂，市汽车配件一厂、二厂为基础做好二汽扩散零件生产及零配件的生产
配套产业	棉纺业	将棉、服、纺织、印染业形成产业链，并与轮胎和篷布生产配套，主攻方向是汽车、轮船、飞机等工业用布
	食品加工业	重点在粮食、内联、果品、饮料和酒类加工厂
	制药业	以市制药厂为基础，近期内建立皂素、输液和保健医药骨干厂
	皮革业	建立一批皮革、皮件、皮鞋、猪鬃加工厂
	包装装潢和日用机械产品	建立一批包装、日用机械工厂
	地材加工业	利用十堰市大理石、黏土、砂石多和工业废渣开发新型建材产品

来源：十堰市经济研究中心. 1987—2000 年十堰市地方工业发展战略［R］//十堰市经济科技社会发展战略论证会专辑，1987：159-166.

（3）发展商业服务业系统

此阶段，十堰市、郧阳地区、二汽三家相对独立的商业服务业系统未能按经济区域组织商品流通，导致机构重叠，"企业单位办社会"现象突出，市场分割，难以统一组织商品市场。全市 30 万人口，16 个民族，13.5 万职工来自全国，城市移民的人口及民族构成复杂，习俗爱好各异，对商业服务业的要求高。十堰市地处鄂、豫、川、陕"四边"地区的中心，形成"四边"区域的商品流通中心是十堰商业服务业的阶段目标。因此需要进一步调整零售商业、饮食业、服务业行业结构；将大型网点建设纳入城市建设的重点，鼓励集体、个体多层次联合的办法投资兴办网点[2]，形成多层级城市商业服务业系统。

3.3.3.2　城市基础设施市厂共建

地理条件导致的分散式城市布局带来高额的基建投资，制约了城市发展进程。为了加

［1］十堰市建设志编纂委员会. 十堰市建设志［Z］. 十堰市建设管理委员会，1999：20-21.
［2］十堰市经济研究中心. 1987—2000 年十堰市商业服务业发展战略［R］. 十堰经济科技社会发展战略论证会专辑，1987：84-192.

快推进基础设施建设，国家、二汽与地方财政在重大基础设施建设与管理方面共同出资，统一管理运行十堰和二汽基础设施。

(1) 共建防洪工程

二汽和政府共同构建十堰城区防洪基本框架，为城区防洪打下基础[1]。二汽的 25 个专业厂布置在沿老白公路自白浪至花果 30 余里的"四河"支流和干流沿岸（表 3.12），8 个专业厂分布在四河两侧冲积带，其余分布在老白沿线的 17 条岔沟内，厂房紧贴河沟。在防洪上，茅塔河、马家河、神定河、犟河"四河"总流域面积为市区面积的 78.1%，上游建水库 5 座，沟岔 16 座，犹如"头顶 21 盆水"，洪水威胁严重。1984 年，国家计委、水电部《关于二汽和十堰市防洪工程可行性报告和设计任务书的批复》指出二汽及十堰市防洪设施标准偏低。1985 年的二汽二期防洪工程由二汽总厂自筹资金 5000 万元安排设计施工。城区河沟防洪工程，1986—1992 年由国家和市自筹 2700 万元。二汽承担河道主干整治工作 35km（表 3.13），政府担负支沟及雨水道的修筑。1990 年所有防洪工程全面完成。

十堰市四河支、干流与城市组团间的分布关系 表 3.12

城市组团	对应四河支流和干流
东部组团	茅塔河，马家河下游的白浪、陈罗、顾家岗
中部组团	神定河主要支流河干流旁的界碑垭、火车站、轮胎厂
西部组团	犟河及部分支流区域的花果—柏林

来源：十堰市水利志编委会. 十堰市水利志［Z］. 十堰市水利水电局，2002：203.

二汽（十堰）一、二期河道防洪工程规划范围、保护对象（四河八段） 表 3.13

河段	保护对象	整治长度/km	衔接支沟
茅塔河	铸二厂及白浪开发区	6.34	青岩洞沟、胡家沟
马家河	木材、锻造、车桥等厂及东片区	5.13	车站沟、韩家沟、纸坊沟、战马沟、徐家沟、窑沟、黄腊沟、七里沟
犟河	发动机、铸造一厂、变速箱厂及花果生活区	5.70	三堰沟、方山沟、大路沟、花园沟、张家沟、安沟
百二河	车箱厂及市区中心	11.72	彭家沟、柳林沟、杨家沟、老虎沟、家具沟、毛巾沟、报社沟等
岩洞河	钢板弹簧、标准件及生活区	1.84	大岑沟
红卫河	电厂及红卫王家湾生活区	4.57	吕家沟、何家沟、炉子沟、袁家沟、周家沟、瓶子沟、秦家沟、王家沟
张湾河茶树沟	底盘零件、厂部及市中心车身、总装配厂	7.53	茶树沟、镜潭沟、蚊香沟、龚爱沟、寺沟、田沟、公园沟、赵家沟
神定河	车轮厂及生活区，轮胎厂及生活区	5.96	孟家沟、清潭沟、火炉沟、蔡家沟

来源：十堰市水利志编委会. 十堰市水利志［Z］. 十堰市水利水电局，2002：210.

(2) 共建供水系统

十堰市的供水干管工程由二汽负担，市政府负责建设市区上水支管。1990 年全市形成供水网（包括支管网和进户管线），满足全面供水要求[2]。随着汽车产量增加，生产生

---

［1］ 十堰市水利志编委会. 十堰市水利志［Z］. 十堰市水利水电局，2002：202-213.

［2］ 十堰市建委. 十堰市 1980—1990 年城市建设规划［Z］. 十堰市档案馆，1985.

活用水以每年 7%～10% 的速度增长，实际用水量超过规划用水量，供水系统建设严重滞后问题日渐突出。1991 年二汽根据《关于"八五"生产辅助系统初步设计的批复》加速水厂建设[1]，到 1998 年，二汽的供水系统已基本覆盖中心城区。

（3）二汽供气工程建设

1990 年十堰市城市总体规划表明："二汽煤气厂是近期城市供气的唯一气源，供气管网线分高压、低压两级，供应人口 16 万。"[2] 建设目的是解决公司职工和十堰市部分居民的生活用气。二汽根据城市总体规划要求，扩大企业生产能力，1984 年 11 月 2 日，国家计委批复二汽煤气厂设计任务书[3]。1990 年二汽煤气厂工程竣工，其环线走向全长 90km[4]。到 1999 年，二汽煤气厂管道网覆盖十堰中心城区主要范围，为城市供气。

（4）二汽供热工程建设

热电厂是东风公司的自备电厂，到 1998 年投产发电 15 年，为汽车生产、支援地方建设发挥重要作用。1981 年 12 月，国家计委批准二汽热电厂自筹资金开建。1985 年 9 月，供热管网投入运行，向各专业厂和十堰地区、单位供气。二汽自备电厂供热范围为中部片各专业厂（包括总厂机关）及西部片发动机厂（图 3.10），基本分布在红卫、张湾、六堰和苟培区域[5]。热电厂可为二汽 10 万辆汽车生产提供 60% 的电能，保证二汽的能源供应。对二汽 19 个单位集中供热，极大缓解了十堰地区的供热压力。

3.3.3.3 二汽后勤保障仍"单位化"

此阶段，十堰虽然对全市的基础设施和公共服务设施统一配置、统一规划，但配置的重点侧重市中心片区，东、西片区以二汽专业生产厂区为核心发展而成的城市组团，居民的服务设施需求还是以依靠单位的配套为主。

（1）福利设施建设

二汽的福利设施包含职工俱乐部、职工活动室（含离退休）、体育馆、游泳池、小游园、舞厅、少儿游乐场等，随着企业的建设与生产经营发展逐步建成。二汽建设初期，只有简易的篮球场 10 个、足球场 3 个和总厂大型露天电影放映场 1 处。1983—1994 年，福利设施建设全面展开（表 3.14）。福利设施建设为丰富二汽员工的业余文化生活、增强员工体质发挥了积极作用[6]。

（2）生活后勤服务

生活系统管理机构是随着职工食堂、托幼园所、生活物资供应的建立和发展，由单个管理到逐步归并形成系统管理。"七五"期间，二汽共新建、改扩建职工食堂 25 个、大中型冷冻库 39 个、液化气站 30 个、浴室 8 个、副食仓库 6 个、理发室 21 个，为稳定二汽职工队伍，促进全面完成生产经营任务作出了贡献。1994 年，为解决住房难，子女

[1] 东风汽车公司水厂分卷编委会. 水厂分卷 1984—1998 [Z]. 东风汽车公司水厂史志办，1999：96-99.
[2] 中国城市规划设计研究院. 十堰市城市总体规划 1990—2010 [Z]. 十堰市规划局，1990：38.
[3] 东风汽车公司煤气厂分卷编委会. 煤气厂分卷 1983—1999 [Z]. 东风汽车公司煤气厂史志办，2001：3-7.
[4] 十堰市建设志编纂委员会. 十堰市建设志 [Z]. 十堰市建设志管理委员，1999.
[5] 东风汽车公司热电厂志编委会. 热电厂分卷 1978—1998 [Z]. 热电厂史志办，1999：47.
[6] 东风汽车房地产有限公司史志编委会. 东风汽车房地产有限公司志 1984—2003 [Z]. 东风汽车房地产有限公司史志办，2004：1，125-127.

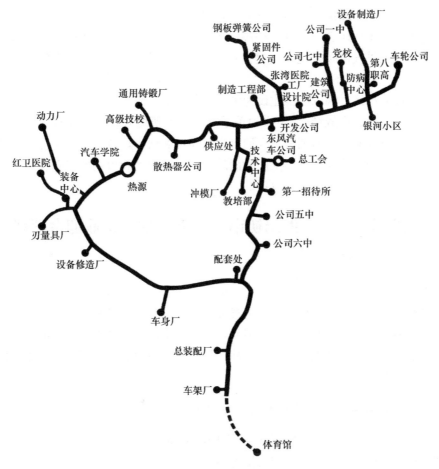

图 3.10 热电厂供热示意图

来源：东风汽车公司热电厂志编委会. 热电厂分卷 1978—1998 [Z]. 东风汽车公司热电厂史志办, 1999.

1983—1994 年二汽福利设施建设及分布情况 表 3.14

福利设施	数量/个	总建筑面积/m²	总投资/万元	分布情况
职工俱乐部	14	19700	2364	通用铸锻厂、模具公司、公司总部机关、车身厂、车架厂、总装配厂、车箱厂、泵业公司、悬架弹簧公司、铸造一厂、铸造二厂、锻造厂、化油器公司、轴瓦公司
职工活动室	13	14000	1400	公司总部机关、设备制造厂、刃量具厂、动力设备厂、车轮公司、总装配厂、发动机厂、车桥公司、传动轴公司、紧固件公司、铁路处、花果医院等单位
独立歌舞厅	5	6530	980	铸造一厂、铸造二厂、公司总部、轴瓦公司等
体育馆	4	15000	950	总厂机关、专用设备厂、车箱厂、化油器公司
游泳池	9	16000	320	专用设备厂、车身厂、车箱厂、泵业公司、发动机厂、锻造厂、紧固件公司、轴瓦公司等
小游园	6	22000	730	总厂机关、车轮公司、总装配厂、铸造一厂、发动机厂、轴瓦公司等

来源：根据东风汽车房地产有限公司史志编委会. 东风汽车房地产有限公司志 1984—2003 [Z]. 东风汽车房地产有限公司史志办, 2004：125-127. 整理绘制。

入托难，水、电、气、暖供应难的"三难"问题，二汽在十堰基地住房由零散地建设到集中开发住宅小区，先后建起 21 栋单身宿舍（公寓）、14 栋高层住宅楼、20 多个住宅小区，大力改造供水供电供气供暖设施，兴建扩建改造托幼园所[1]。职工生活环境得到根本性改善。

综上，在商品经济时期以经济建设为中心的背景下，政府回归调控职能，三线建设调整改造为"军民结合、平战结合"。央地关系调整，重塑地方政府财政权，企业改革成为微观经济体，地方政府和企业拥有更大的自主权和发展动力，政府支持企业，企业带动地方，政企互助促进城市建设，城市空间受商品经济时期计划和市场同时存在的影响，呈现"单位化"和"去单位化"共生的特点。

3.4　1994 年至 21 世纪初市场经济时期：企业迎合消费、政府调控引领

社会主义市场经济是"社会主义"与"市场经济"的首次结合，也是计划经济体制的跃变。中央通过指令性计划和行政手段配置资源的方式在此阶段被市场调配取代，企业改革后走入市场迎合消费，产业发展日趋多元，政府的调控职能在市场失灵的情况下负责引领方向和社会基础保障，城市发展战略以社会和经济效益的极大发挥、多元主体的利益博弈为导向，影响空间发展。

3.4.1　背景政策：市场经济体制框架构建

1987 年，党的十三大提出"国家调节市场，市场引导企业"原则，利用市场的无形大手来调整经济运行机制。党的十四大报告中提出我国经济体制改革的目标是建立社会主义市场经济，关键在于改变国有企业经营机制，发展市场体系，建立现代企业制度等。1992 年国务院《关于 1992 年经济体制改革要点》指出企业制度改革是经济体制改革的重点，要求国营大中型企业完善经营机制，建立与企业改革相适应的住房制度、金融体制等。2002 年 10 月，我国社会主义市场经济体制初步建立，以行政审批和指令性计划配置资源的方式转向以市场配置资源为主。2011 年，百姓消费从"吃穿"为重点转向以"住行"为重点。在市场经济下，政府、企业、民众的需求更为多样，引起复杂的多方互动与博弈，影响资源配置及城市空间发展。

3.4.2　主体关系：政府调控下的市场引领

市场经济时期，三线建设城市空间生产行为主体间的关系随着市场经济体制框架的构建发生变化，"政企分离"后政府职能转变，从微观管理者变为宏观调控角色。社会主义市场经济的体制建构，市场直接调节经济活动，政府不再过多地干预企业而转向有限政府，通过市场作用，为企业经营生产创造良好环境，承担社会综合服务职能，引导产业发展，提升城市综合效益。

---

[1] 东风汽车房地产有限公司史志编委会. 房地产有限公司志 1984—2003 [Z]. 东风汽车房地产有限公司史志办，2004：127-129.

3.4.2.1 中央调控下的地方职能转变

市场经济时期的地方政府由计划经济时期的"全能型政府"向"服务型政府"转变，受以"增长"为目的的政绩考核或区域性城市竞争等影响，出现"政府企业化"倾向[1]，十堰政府在这个阶段也不例外。1992年起，国家参与地方发展的方式由计划性指令干预转变为宏观调控引领与区域协调等政策性建议[2]。

（1）计划工作转向宏观管理

市场经济阶段，十堰市地方计划部门工作的重心转移到国民经济和社会事业发展的宏观管理上来，主要检查经济与社会各项综合指标的完成情况。计划的制定与下达，只反映对地方经济与社会各项综合指标计划的指导，不再对农业、工业、物资分配、内贸工业品购销、劳动工资、文教、卫生等下达指令性计划。

（2）中央—十堰财税职能划分明确

十堰与中央的税种和收入种类及分配明确划分，按行政区划、预算次级和属地原则，界定并理顺收支范围，明确市与区、区与区之间的收支范围[3]。从种类和分配明确看出，地方政府占有全部的土地使用相关和房屋建设相关税收种类（表3.15），为后期地方政府"土地财政"的实施埋下伏笔。1993年，十堰市和郧阳地区根据《关于税制改革的实施方案》要求，将个人所得税、企业所得税和企业流转税制统一。

中央—十堰税种和收入种类及分配　　　　　　　　表3.15

税种和收入类别	中央—十堰税种及收入种类
中央政府	关税、消费税、进口环节增值税等
地方政府	城镇土地使用税、土地增值税、房产税、城市房地产税、耕地占用税等
中央、地方共享	增值税、企业所得税、资源税、个人所得税、城市维护建设税

来源：十堰市地方志编纂委员会. 十堰市志（1866—2008）（中册）[M]. 北京：中国文史出版社，2014：1086.

（3）土地供应调控

基于土地而来的税收和各种收入，以土地（主要是住宅和商业用地）作为抵押获得银行贷款的土地金融是一个"比土地财政更加庞大的资金体系"，激励土地征用、开发、出让、税收的循环，促进城市化发展[4]。1992年12月，十堰出台《城镇国有土地使用权出让和转让暂行办法》，以土地出让为主要形式的土地有偿使用政策实行。2007年11月，市政府开展大规模山地整理试点"以贷造地、以地生币、币再造地"，平整出"人造平原""工业梯田"（普林工业园）、"改河增地"。2007年底，全市集中连片新开出土地近4万亩[5]。到2008年，十堰全部土地类别采用招标、拍卖、挂牌出让方式。此阶段土地走向市场，在十堰市的城市规划策略和"以地生币"的土地财政推动下，土地出让数量增长达到历史高峰（表3.16）。此阶段土地增长绝大多数位于中心组团，政府对城市发展的把控和土地总量的调控是维持市场稳定发展的重要手段。

［1］张京祥，罗震东，何建颐. 体制转型与中国城市空间重构 [M]. 南京：东南大学出版社，2007：141-144.

［2］杨海蛟，杨小云. 新中国中央与地方关系沿革 [M]. 北京：世界知识出版社，2011：3.

［3］十堰市地方志编纂委员会. 十堰市志（1866—2008）（中册）[M]. 北京：中国文史出版社，2014：1086.

［4］高培勇. 将分税制进行到底：我国中央和地方财政关系格局的现状与走向分析 [J]. 财贸经济，2023，44（1）：5-17.

［5］一亩约等于 $666.67m^2$，文中不再标注。

十堰市 2004—2009 年划拨及有偿出让建设用地统计表（单位：亩）　　　　表 3.16

出让方式	2004 年	2005 年	2006 年	2007 年	2008 年	2009 年
划拨	269.4	251.37	278.4	1168.29	556.86	416.48
协议出让	1759.65	530.73	2308.5	1327.77	60.59	166.22
招拍挂	630.6	705.2	522.6	2517.24	2871.4	2844.7
合计	2659.65	1487.3	3109.5	5013.3	3488.85	3427.4

注：招拍挂，即采取招标、拍卖、挂牌等方式有偿出让（卖出）土地使用权。
来源：十堰市地方志编纂委员会. 十堰市志（1866—2008）（中册）[M]. 北京：中国文史出版社，2014：1326.

3.4.2.2　中央调控下的企业体制改革

1992 年，《中华人民共和国全民所有制工业企业法》将全民所有制企业作为经济体制改革的着力点推向市场。1992 年 3 月《政府工作报告》指出，抓紧调整国营大中型企业结构，提高企业效益。

（1）中央调控为"国企解困"

20 世纪 90 年代，社会主义市场经济体制的建立显著改变了企业的经营环境。二汽因产品单一、包袱沉重、体制僵化、应变力不强等原因，与市场经济不适应的问题和矛盾集中显现。90 年代后期，国家经济体制改革将"国企解困"作为宏观调控的重要任务之一。1999 年，2 万辆军车订单和 16 亿元的购车款，使东风公司暂时摆脱资金短缺的严重困扰。"东风汽车股份有限公司"A 股上市帮助东风公司在资本结构调整方面取得突破。国家调控帮扶，东风公司抓住良机，确立"以改革总揽全局"的脱困振兴思路，力促改革，调整产品结构，推动企业走出困境。

（2）分离"企业办社会"职能

企业改制的核心是制度创新和经济机制转轨，目的是转变生产关系，与生产力发展相协调。2002 年，全市 35 家国有大中型企业的现代企业制度初步建立，最具代表性的是二汽改制。1998 年 12 月，根据国务院《关于深化大型企业集团试点工作意见的通知》，《东风汽车公司深化企业集团试点方案》提出构建集团公司体制，推进人事等制度改革，尤其是推进精干主业、分离辅业和社会职能改革[1]，"企业办社会"职能开始剥离。《国务院办公厅关于中央企业分离办社会职能试点工作有关问题的通知》要求加快推进社会职能移交。2002 年 4 月，十堰市政府、东风公司联合建立十堰市政企共建办，制定《关于加快东风公司社会职能移交工作的方案》，按教育、公安、卫生和居委会成立专项工作组。移交包含：东风公司所属中小学 31 所、教育机关 1 个和公安机构 1 个；75 条厂际道路及相关设施、46 个居委会；黄龙疗养院及其所属的 11 个外设医疗点和院办工厂；东风公司卫生处公司、卫生监督所、职业病防治所、疾病预防控制所。

（3）民营化改制重组

1998 年，民营企业进入市场。国有及国有控股企业数在 1998—2003 年期间降低 40%，企业所有制结构产生剧变。十堰此阶段推进市属企业重组，实现生产要素的优化配置，十堰基于国家重点建设投资增长，国有经济成分在全市经济结构中占比较高，到 2005 年，952 家企业改制任务基本完成，此阶段非公有制经济发展很快。小型企业、非国有企

---

[1] 东风汽车公司志编委会. 东风汽车公司志 1984—2007 下卷 [Z]. 东风汽车公司，2008.

业发展迅速，2000—2009 年，国有企业从 160 个锐减到 27 个，产值增长率为－32.4％，而非公有企业数从 76 个猛增到 782 个，产值增长 14 倍多（表 3.17）。在全部工业总产值中，国有及国有控股企业从 79.3％下降到 58.3％。中小型企业增长很快，企业个数和产值均有大幅增长，相比大型企业，表现出强劲的增长势头（表 3.18）。国有经济单位从业人员比例从 1997 年的 67％下降到 2009 年的 26％，私营及个体从业人员从 13％上升到65％。全社会固定资产对国有单位的投资比重从 66％下降到 36％；非公有制经济单位的投资比重从 15％上升到 60％。

按经济类型划分的企业发展比较   表 3.17

类型	企业个数			企业产值/万元		
	2000 年	2009 年	变化幅度/％	2000 年	2009 年	变化幅度/％
国有企业	160	27	－83.1	1529167	1033079	－32.4
集体企业	32	20	－37.5	343995	70664	－79.5
其他企业	76	782	928.9	432181	7220209	1570.6

来源：十堰市产业发展专题 [Z]. 2011：13.

按规模划分的企业发展比较   表 3.18

类型	企业个数			企业产值/万元		
	2000 年	2009 年	变化幅度/％	2000 年	2009 年	变化幅度/％
大型企业	25	7	－72.0	1817798	3753863	106.5
中型企业	43	56	30.2	243093	2155899	786.9
小型企业	200	766	283.0	244452	2414190	887.6

来源：十堰市产业发展专题 [Z]. 2011：13.

因此，随着中央调控带来企业体制改革，中小企业发展活跃，劳动力就业及经济投资方向显示出十堰市经济所有制结构的巨大变化，国有、集体企业比重下降，私营个体等其他经济类型比重上升。地方经济发展展现无限潜力与活力。

3.4.2.3 市场转型引导产业多元发展

企业生产经营活动以市场为中心，同时是自主经营、自负盈亏的市场主体。市场经济的春雷，不仅"激活"了国有企业，还为民营经济创造了巨大空间，到 2011 年，全国企业中的 99％为民营经济为主的中小企业，创造了国内 60％的生产总值[1]，80％的城镇就业岗位，50％的上缴税收。

（1）十堰建筑业与房地产业发展

自分税制改革规定营业税全部归地方之后，营业税主要来自建筑业和第三产业（含房地产业）。十堰因车而兴，虽然制造业中的机械工业是建市以来的支柱产业，但此阶段建筑业和房地产业则是增速较快的产业类别（图 3.11），制造业、建筑业和房地产业是产业税收排名前三的税收来源[2]。20 世纪 90 年代以来，金融体制对房地产市场大力支持，房地产开发蓬勃发展[3]。2000—2008 年，十堰市房地产业快速成为市国民经济发展

[1] 李宏瑾，唐黎阳. 各类所有制企业对高质量发展的贡献分析：基于资本回报率的视角 [J]. 财经问题研究，2022（1）：63-71.

[2] 十堰市地方志编纂委员会. 十堰市志（1866—2008）（中册）[M]. 北京：中国文史出版社，2014：1118-1119.

[3] 十堰市建设志编纂委员会. 十堰市建设志 [Z]. 十堰市建设管理委员会，1998：226.

的支柱产业之一。1998 年以来，全市建成配套设施齐全，规模超过 3 万 m² 的住宅小区 122 个。1995—2008 年，十堰城区的建筑、安装、装饰施工企业从 49 家发展到 265 家。全市房产规模逐年扩大，商品房开发面积从 1988 年的 2.07 万 m² 提高到 137.7 万 m²[1]（表 3.19）。市区人均居住面积逐年提升，从 1995 年的 10.82m² 上升到 2008 年的 22.6m²，市民居住环境得到显著改善。

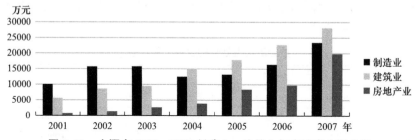

图 3.11　十堰市 2001—2007 制造业、建筑业与房地产业税收图

来源：十堰市地方志编纂委员会. 十堰市志（1866—2008）（中册）[M]. 北京：中国文史出版社，2014：1119.

1995—2008 年十堰市住宅建设投资、建造及市区人均居住面积情况　　　　表 3.19

年份	住宅投资额/万元	全社会固定资产投资总额	占全社会固定资产投资总额比重/%	住宅施工面积/万 m²	住宅竣工面积/万 m²	市区人均居住面积/m²
1995	—	303307	—	—	—	10.82
1996	—	353480	—	—	—	10.21
1997	18092	302412	6.0	40.7	16.4	11.56
1998	18427	330943	5.6	43.5	18.3	12.51
1999	18762	301919	6.2	45.3	20.7	13.94
2000	19105	348107	5.5	47.5	25.2	14.65
2001	19159	421727	4.5	52.0	19.5	15.03
2002	38781	507022	7.6	69.7	33.0	23.90
2003	57251	626766	9.1	130.0	41.9	18.18
2004	82271	775302	10.6	188.5	41.0	18.51
2005	161860	1036268	15.6	225.5	103.1	21.20
2006	163675	1166098	14.0	312.4	109.3	21.21
2007	166116	1416617	11.7	374.9	114.4	21.80
2008	194107	1854439	10.5	407.8	170.7	22.60

来源：十堰市地方志编纂委员会. 十堰市志（1866—2008）（上册）[M]. 北京：中国文史出版社，2014.

（2）十堰机械工业发展

市机械工业总产值逐年攀高，企业数日渐增多，汽车制造业是全市机械工业最主要的产业，总产值占全市工业的 70%～80%（图 3.12）。2008 年全市汽车规模制造企业 290 家，比 1998 年增长 245%，占全市规模工业的 46.3%；制造各类汽车 30.11 万辆，其中市属企业汽车产量 15.38 万辆，占全市汽车总产量的 51.08%。有汽车零部件制造企业 300 余家，其中销售额 500 万元以上的 167 家。汽车制造企业总资产逾 1000 亿元，从业人员 11 万多。汽车工业总产值 479.8 亿元，占全市工业总产值的 75.7%。其中地方汽车工业产值 188.2 亿元，占全市汽车工业产值的 39.2%。

---

[1]　十堰市地方志编纂委员会. 十堰市志（1866—2008）（上册）[M]. 北京：中国文史出版社，2014：330.

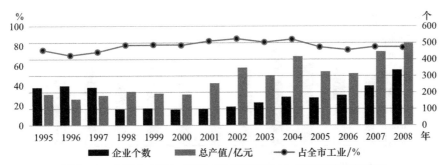

图 3.12 十堰市 1995—2008 年规模机械工业主要经济指标情况

来源：十堰市地方志编纂委员会. 十堰市志（1866—2008）（上册）[M]. 北京：中国文史出版社，2014：633.

（3）十堰第三产业发展

国家投资建设下的"三线"建设项目的直接"嵌入"奠定了十堰工业的基础，依工业而建致使第二产业特别是工业长期居于主导地位（图 3.13）。十堰发展依赖二汽，多年来城市经济随汽车市场，特别是二汽经营情况的跌宕起伏，明确了城市产业多元化的必要性，随着二汽迁出十堰，城市积极寻求新的产业支点。2000 年以来第三产业持续发展，为 GDP 的增长作出了极大贡献（图 3.14），多元化的产业发展为提高城市经济运行的稳定性发挥了成效。2000—2008 年，全市工业增加值年平均增长率为 12%，而第三产业增长率高于工业，达到 14%。近十年的十堰市产业结构调整进程加快，第一产业比重降低，第二、三产业占比持续上升。第三产业的固定资产投资比重不断加大，从 1997 年的 44%上升到 2010 年的 51%，这是近年来第三产业得到迅速提升的重要原因。第三产业的发展对于城市经济的全面繁荣和区域中心地位的培育都有重大意义。

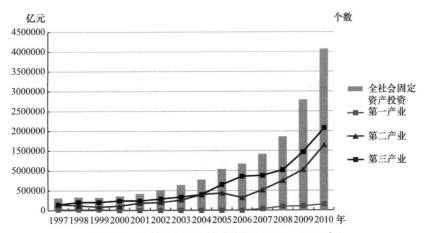

图 3.13 固定资产投资情况变化（1997—2010 年）

来源：十堰市产业发展专题 [Z]. 2011：9.

综上，市场经济时期的空间生产主体关系，是企业迎合市场与消费，政府宏观调控引领发展方向。此阶段的市场化改革与计划经济时期不同，由中央向下放权转向中央主导的国有企业改革，中央发挥宏观调控职能，地方政府转变为公共管理部门服务市场，企业是微观经济主体，在市场转型及"国退民进"的政策引导下，多种所有制企业百花齐放、产业多元发展，十堰第三产业发展进入快车道，带来产业结构调整的同时，极大促进了区域性城市综合服务职能的提升。

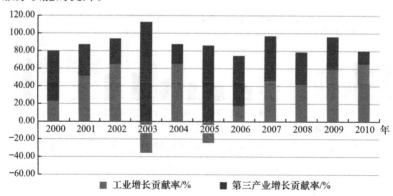

图 3.14　工业与第三产业的经济增长贡献率（2000—2007 年）

来源：十堰市产业发展专题 [Z]. 2011：6.

3.4.3　空间影响：建设安排响应发展战略

在区域竞争压力下优先保障战略重点的建设安排，在中心城区范围内推进用地整合、提升城市综合服务功能以及战略性发展城市新城区。这一时期的城市总体规划将城市有限资源优先投入最具战略意义的方面，挖掘用地潜能、提升城市综合服务功能，将部分旧城功能疏散到新城建设中。

3.4.3.1　整合用地推进"退二进三"

十堰工业用地散布于山沟之中（图 3.15），且工业用地类型主要是三类工业用地，破坏山水风貌的同时，水、气、固污染问题突出。起源于三线建设时期的厂区分布于市区的几十条山沟中，因生产需要，厂区均选择临水发展，这些临水厂区绝大多数分布于张湾河和百二河沿线，侵占水系和生态廊道，生态环境受工业生产影响较大，不利于生态发展。且中心城区工业用地分散，厂区多而不强，起源于三线时期的生产模式不适用

图 3.15　十堰市中心城区工业用地分布（1997 年）

来源：根据《1997 年版城市总体规划用地现状图》整理绘制。

于新时代发展理念，旧厂房生产转换力不强，单一的产业类型不能激发商业活力和城市经济。此外，工业生产的运输、噪声、废气等消极因素影响周边土地价值，不利于城市整体开发。

十堰市此阶段城市生活空间与产业布局错综交错，影响了城市环境，限制了土地效益，制约了基础设施的配置。为改善城市综合服务职能，促进第三产业的发展，在此阶段的规划论证提出，未来城市中部地区分散的工业企业应逐步迁出，空间发展实行"退二进三"。尤其是中心区工厂考虑搬迁，中部地区（老城地区）的发展原则上不安排新的工业，对部分工业和居住进行调整，以整合优化为主，综合效益较低的工业项目尽快实施搬迁，在 1997 年的规划中，中部工业区用地由现状的 841.2hm² 调整到规划的 835.6hm²。

此阶段的决策在 2010 年"退二进三"规划的工业用地评价中得到了充分验证（表 3.20）。从经济、社会、环境三方面，根据土地市场情况分析住宅、商业、公共服务用地和工业用地地租差，将地价区位因子作为工业地块评价标准之一，再通过 9 个因子综合分析，对十堰中心城区工业用地进行评价，可以看出，中部组团的改造需求最大，按照生态修复的策略，对占用水体、库区、河流、绿地及生态廊道范围的工业用地优先退出，最终确定中心城区工业用地退出分布情况（表 3.21、图 3.16）。

十堰市中心城区工业用地评价指标　　　　　　　　　表 3.20

准则层	分目标层	指标层	模型
经济效益	土地投入产出效益	地均利税	√
		地均产值	√
		地均投入	√
	土地开发利用效益	容积率	√
		建筑密度	√
社会效益	就业	地均就业人数	√
		就业人口受教育程度	—
环境效益	能耗	用电、用水量	√
		用气量	—
	污染	废水、废气量	√
	风貌	绿地率	—
		建筑风貌（纪念建筑）	—

来源：根据《十堰市中心城区"退二进三"空间调整规划（2019—2035）》整理绘制。

十堰市中心城区工业园区及用地分布　　　　　　　　表 3.21

行政区	工业园区	工业用地面积/hm²	搬迁面积/hm²
张湾区	西城工业园	1182	489
	生物产业园		
	张湾其他		
茅箭区	东城工业园	980	98
	茅箭其他		
开发区	十堰经济工业园	663	59

来源：根据十堰市自然资源与规划局相关资料整理绘制。

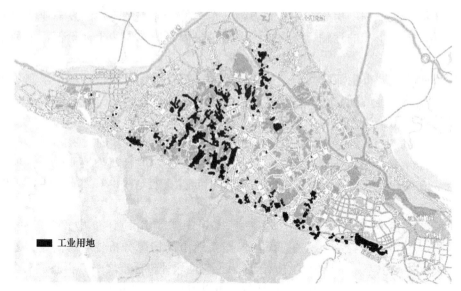

■ 工业用地

图 3.16　十堰市中心城区工业退出用地分布图
来源：根据《十堰市中心城区"退二进三"工业用地分布图》整理绘制。

3.4.3.2　提升城市综合服务功能

随着城市主导职能由汽车生产转向生态旅游，公共服务的布局策略上体现出对城市战略的响应，如中心城区空间环境的完善优化、在集中产业区配套建设专业化服务以及配置工业博览展示等文化设施，区际交通的建设重点从打造货运干线转向客运枢纽建设。自 1997 年版城市总体规划实施以来，中心城区的综合服务功能不断完善。商业设施分布于五堰、六堰、张湾、火车站片区，文体、医疗、教育科研设施建设水平同步提高。十堰市区三次产业结构比例由 1995 年的 2.2：71.3：26.6 发展至 2010 年的 0.97：62.83：36.22，旅游接待人数由 1998 年的 241 万人次跃升至 2010 年的 1477.1 万人次，此阶段近 15 年的城市产业结构变化及旅游接待人次的激增能清晰反映十堰城市综合服务功能的提升。

但此阶段城市的综合服务职能发展还是继续 20 世纪 90 年代城市发展空间结构，五堰、六堰地区作为中心城区的核心发展区域，政治、商业娱乐、文化等核心服务功能聚集（图 3.17）。根据土地管理部门的批地情况可看出，近些年居住和公共服务设施建设主要集中在中心组团，用地多来自存量土地，旧城改造项目居多，中心组团的密度和开发强度不断攀升。城市核心区域因各项服务设施齐全，集聚吸引大量人口，建筑密度接续攀升，但由于用地局促，公共服务功能发展仍然受限，群众调研满意度不高。且外围组团因发展动力不足和缺乏有效引导，发展迟缓。因此十堰通过"退二进三"规划进行空间调整，提升城市产业功能，优化生态环境，完善城市服务设施配备。在2010 年现状基础上利用工业拟退出的土地，结合国土空间规划和专项规划，按 2011版总体规划要求，利用工业退出用地补足配置各类设施，并对设施用地的面积进一步落实（表 3.22）。包括利用工业腾退的土地，疏通修补城市蓝绿廊道、修补山水格局、补齐公共服务设施和市政设施、疏通城市综合交通、强化干支体系有效提升城市综合服务功能。

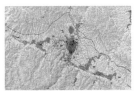

现状大型宾馆分布

现状大型商场分布

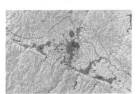

现状体育馆场分布

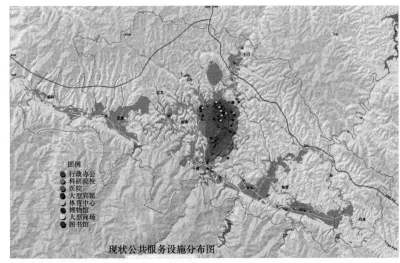

图例
● 行政办公
● 科研院校
● 医院
● 大型宾馆
● 体育中心
● 博物馆
● 大型商场
● 图书馆

现状公共服务设施分布图

现状行政办公分布

现状科研院校分布

现状医院分布

图 3.17　2011 年十堰公共服务设施现状布局图

来源：根据《十堰市城市总体规划 2011—2030 说明书》整理绘制。

工业退出用地的城市各类设施配置　　　　　　　表 3.22

设施名称		配置数量	预留工业用地/hm²
蓝线	库区缓冲区	百二河水库（4 处），岩洞沟水库（3 处）	23.4
	河道/廊道	一级（3 处）、二级（6 处）、三级（13 处）	31.45
绿线	公园、绿地	综合公园 2 处、社区公园 5 处、滨水带状公园 9 处、街旁绿地 16 处、专类公园 1 处	22.5
紫线	25、27、40、41、43、44、46*	分类型详细设计	83.6
道路交通设施	主干路	13645m	32
	次干路	46788m	83
	支路	39745m	28
	枢纽站点、路外停车场	17 处	50.4
市政设施	供热设施（热交换站）	3 处	0.3
	电力设施（变电站）	9 处	12.6
	环卫设施（垃圾转运站）	15 处	9
	通信设施（汇聚机房）	6 外	0.36
公共服务设施	消防设施（消防站）	11 处	5.3
	文化设施（区级文化中心）	3 处	3
	体育设施（区级体育中心）	3 处	3
	医疗设施	3 处	9.98

续表

设施名称		配置数量	预留工业用地/hm²
公共服务设施	教育设施（小学、中学、汽院）	14处	32.26
	社会福利设施	9处	14.6
居住区	居住区公共服务中心	文化活动、社区服务、街道综合服务共9处	9
总计	各类设施预留工业用地	—	453.75
	战略留白工业用地	—	213.25
	可退出工业用地	含郧阳区21hm²	667

*：第二汽车制造厂各厂编号。
来源：根据十堰市中心城区"退二进三"空间调整规划相关资料整理绘制。

随着湖北千里（武汉、襄阳、十堰）汽车工业走廊建设、二汽百万辆汽车发展战略实施及十堰地方汽车产业发展，东部片区成为十堰最具发展前景的区域。在大力推进旧区改造和功能提升的同时，加快新区建设，提高城市整体运行效率。城市发展以向东为主，东部发展区主要发展汽车产业、科研和文教。进一步西延、北扩白浪与茅箭的发展空间。茅箭的马家河谷南部作为生活服务区，北部为集中的工业园区，涉及的工厂逐步搬迁至北部的工业区或城区内的其他工业园区。白浪地处十堰东大门，是三组团中优先扶植的重点地区，重点发展以汽车产业为龙头的大型工业，主要包括东汽铸造二厂、车桥厂、锻造厂等专业厂及以医药为主的地方工业，工业向白浪城区东部沿茅塔河谷发展和北部已平整山地集中发展。

因此，依托老城区实施"退二进三"的发展策略，中心城区中部组团的工业厂区及新增的一般制造业和仓储用地向东、西城区工业产业区集中，形成"一区三园"的城市工业布局，中心城区为一区两园：十堰经济开发区、东城工业园、西城工业园（表3.23、图3.18）。承担旧区搬迁的工业企业的安置，强化居住和公共服务职能发展并承担旧区疏解人口的安置任务。

十堰市中心城区 2008 年工业园区情况　　　　　　表 3.23

工业园	开发单位	开建年份	地理位置	规划面积/hm²	基础设施投入/千万元	企业/个	年产值		产业范围
							金额/千万元	占全市工业园区/%	
十堰经济开发区	国家发改委	1991	茅箭区白浪	4950	—	243	900	46.9	综合性工业园区：高新企业孵化器，重点培育电子信息、生物医药、环保及新能源等战略性新兴产业
东城工业园	国家发改委	1992	茅箭区	452	80	140	352	18.3	都市型工业综合性园区：发展汽车零部件制造、食品加工、生物医药、化工建材等产业
西城工业园区	国家发改委	1992	张湾区	556	14.8	77	147	7.7	围绕汽车及其相关产业，重点开发机电、冶金、化工、汽车内饰、电子等工业项目

来源：十堰市地方志编纂委员会. 十堰市志 1866—2008（上册）[M]. 北京：中国文史出版社，2014：715.

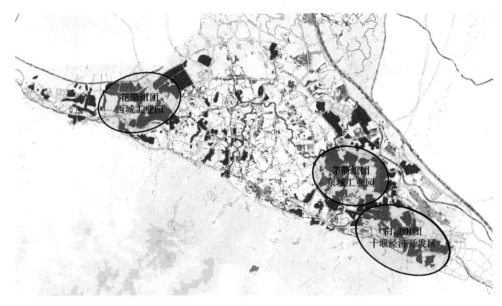

图 3.18　中心城区"一区两园"工业结构图

3.5　小结

本章主要分析十堰市空间生产行为主体，中央政府、地方政府、企业、居民影响力的阶段性消长及对空间产生的影响。不同的历史阶段背景下行为主体有着各自不同的立场和目标，在实践中追求实现生活空间构想的过程，也就是行为主体扮演不同的角色参与空间生产、持续发挥作用影响空间演变的过程。三线建设城市空间生产过程受四者的影响力阶段性消长。政府以经济增长和环境提升为目标，企业以追求经济利益为根本动力，居民关注日常生活相关，表面来看三者之间没有明显冲突，但现实需分阶段考虑基本国情和社会矛盾，各阶段人民生活物质需求和消费能力，央地关系所处的阶段以及政企关系的发展进程。

考察十堰市城市空间生产过程中四个行为主体地位及作用的变化过程：以中央政府绝对主导的第一阶段；以地方主导、中央辅助协调的第二阶段；以政府及企业为主导，居民有一定影响的第三阶段；以市场消费为主导，政府调控的第四阶段。四个阶段面临的是不同的空间生产模式下不同生产主体间关系的博弈和消长，以及对不同阶段城市空间的影响。

1978 年之前的计划经济前期，是中央计划主导、多方配合服从的第一阶段。中央政府是计划及生产的主导力量；地方政府初步成立，地方气候尚未形成；企业以"单位"的形式参与生产；个人完全服从计划的安排。十堰的汽车工业厂区在国家计划下如期空投植入，开始生产。

1978—1985 年的计划经济后期，是地方计划承担，中央扶持协管的第二阶段。此时中央和地方关系发生转变，中央从完全主导变为辅助地方，地方政府与三线企业"政企合一"发展，也是"大国企、小政府"，企业承担绝大多数社会职能，居民需求增长起步。从各厂区单独发展到多厂融合，形成"国企单位办社会"下的集镇空间。

1986—1993 年有计划的商品经济时期，形成计划与市场的双轨制，政企互助双轨、协调居民发展需求的第三阶段，十堰政府与企业分离，各自独立运行，形成政企双轨、互依共生的社会现象，政府及企业双重推进城市的建设。在"单位化"弊端暴露转向追求城市统一规划建设、考虑居民需求的社会阶段，城市各片区发展的优先度和投资力度差异带来过渡时期"单位化"和"去单位化"共存的城市空间影响。

1994年至21世纪初市场经济时期，是企业迎合消费、政府调控引领的第四阶段。企业和政府完全分离，企业不再承担社会职能，负担减轻，走向市场，在中央政府宏观调控和地方政府职能转变下，重视地方城市区域辐射性及社会综合效益的提升，多种所有制经济共同发展促进产业发展多元化，提升城市综合服务功能、满足居民消费需求，人居环境极大改善。

4 十堰市城市总体空间形态演变

本章分析不同的城市空间生产模式下十堰总体空间形态演变的阶段性特征。首先对十堰市总体形态演变的历史基础进行了回顾，分四个阶段分析了不同时期城市空间生产模式下城市总体空间的不同特征。十堰市作为计划经济时期备战背景下的特殊政策产物，历经我国经济体制改革的完整历程，不同阶段的经济体制、"中央—地方"与"政府—企业"权力格局变动以及三线工业项目的投放、调整、改造、兴衰，均决定了不同时期城市发展的资源禀赋与核心动力。这些因素决定了城市规划在不同发展阶段的服务导向和十堰市城市性质、定位和发展建设方向，从而影响城市的空间形态特征。

4.1 十堰城市总体空间形态演变的历史基础

4.1.1 中华人民共和国成立前：十堰建设与发展

十堰介于鄂、豫、陕、渝之间，战略地位显赫，素有"南船北马、川陕咽喉、四省通衢"之说。二汽建厂之前，十堰为郧阳地区郧县所属小镇，中心地带只有百十户居民、几家小商铺（图 4.1），无现代工业，只有手工作坊，是人口不过百十户居民的山区小镇。"重工业是铁匠铺，轻工业是豆腐坊""只有一间打铁店，叮叮当当的打铁声足以传遍整个小镇"是十堰全部的工业基础[1]。从地理环境看，十堰介于大巴山余脉武当山与汉水之间，境内 65 座山峰，神定河、远河和堵河水系形成 14 条河流，600 多条沟汊[2]（图 4.2）。十堰旧时交通靠驿道，1934—1935 年修通了老白（老河口至陕西白河县）和十郧（十堰至郧县）两条公路。十堰"九山半水半分田"的自然环境使得耕地少，粮食生产基本自给，林业、渔业、牧业、副业所占比重微乎其微，农业生产方式落后，大部分农业人口处于贫困状态[3]。十堰特殊的自然环境和地理位置符合三线建设和备战的要求。

图 4.1 ｜堰老街
来源：十堰市博物馆。

［1］ 十堰文史（第十四辑）三线建设二汽卷（上册）［M］. 武汉：长江出版社，2015：3.
［2］ 张培玉. 十堰市建置沿革［M］. 武汉：湖北人民出版社，1998：141.
［3］ 十堰市地方志办公室. 车城十堰［Z］. 1994：81.

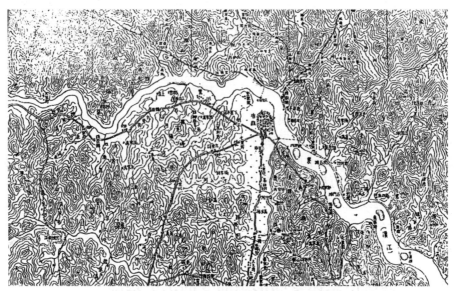

图 4.2　20 世纪 60 年代以前地形地貌图

来源：十堰市博物馆。

4.1.2　1953—1966 年：二汽选址

十堰市是随着第二汽车制造厂的筹建而兴建的，是新中国国民经济飞跃发展的产物。1953 年二汽工厂筹建工作开始，1953—1957 年、1958—1960 年是二汽筹备计划上马又下马的两个阶段，到 60 年代中期，随着国民经济的调整，二汽第三次上马。1966 年 5 月国家建委在内地建设厂址平衡会议上指出：根据先后从湖南、四川、贵州、湖北等地的踏勘对比，依托汉川铁路改线的契机，湖北郧县的十堰到陕西旬阳地带正式确定为二汽厂址所在地。会议提出二汽的选址标准，作为大型汽车生产企业，不仅位于三线地区，而且考虑企业运行的运输量，须设在铁路沿线，二汽厂址最终根据襄渝铁路的建设情况放在十堰[1]。

但二汽在十堰地区的具体厂址方案又存在"东西之争"。当时根据十堰 80 多条山沟和地块的条件，提出 40 多个方案，向老营审查会议举荐东一、东二、中一、中二、西一、西二、西三 7 个布置方案。所谓东、中、西方位均是以堵河为基准，堵河以东的东一、东二方案范围从茅坪梁家沟至花果陈家沟，含 8～10 条山沟，延续 10～22km，山低沟宽，适合生产经营，基建投资低，"山散隐"标准低，与最终方案接近。堵河以西的西一、西二、西三方案范围从小峡口至将军河南沟段含 6～17 条沟，延续 13～45km，山高沟窄，适合隐蔽，生产经营与基建投资均不适合。堵河自东至西的中一、中二方案（图 4.3）范围从花果枧堰沟至鲍峡两河口，启用有条件的山沟共 11～14 条，延续 44～59km，最适合"山散隐"方针，最不适合生产经营及基建投资。

"东西之争"最后选择了东方案，即十堰以东的建厂方案。1966 年 10 月 7 日在老营（现武当山镇）的现场会上具体划定出二汽建厂范围：东西沿老白公路、东起白浪堂、西至堵河、北缘刘家沟、南抵枧堰沟，南北长 10 余千米、东西长 30 余千米[2]。最终从西、

---

[1]　张培玉. 十堰市建置沿革［Z］. 武汉：湖北人民出版社，1998：141.

[2]　十堰文史（第十四辑）三线建设二汽卷（上册）［M］. 武汉：长江出版社，2015：44.

图4.3　"老营会议"审查的中二选址方案
来源：十堰市博物馆。

东、中三个大的方案来看，能够做出东方案，并敢于提交"老营会议"审查，这是对当时"左"倾路线的一次有力抵制，为后续二汽的顺利建设投产奠定了基础。

4.2　1964—1977年计划经济前期：分散隐蔽的"瓜蔓样"形态

4.2.1　发展政策：备战和生产

"五七"指示是建设二汽的最高指示，是建设的总方针和总目标。二汽的建设必须贯彻"鞍钢宪法"，建设一个大庆式的汽车工业基地，大寨式的社会主义新农村，办抗大式的学校，创中国式的汽车工业发展道路[1]。二汽作为一个"以工业为主体的地区建设综合计划"，以中央政府产业"飞地"的形式，跨越行政层级空投十堰，作为三线建设重点项目迅速兴起。备战思想在此阶段统领全局，当时的规划技术仅能发挥"隐性"作用，投资计划与顶层思维限定及引导了空间发展趋势，因此建设方式与空间形态"选择性"表现为分散主义，即"大分散小集中"的空间格局。

国防备战策略下二汽的规划原则和指导思想：为了国防安全，三线建设要贯彻"靠山、分散、隐蔽"的方针，有的还要进洞；"多搞小城镇""备战、备荒、为人民""靠山、近水、扎大营""经济实用，在可能的情况下注意美观"等方针政策[2]。1967年二汽在十堰的山沟中揭开序幕，总体规划及城市系统的构建几乎从零起步，在中央的全力支撑下，为了与三线建设项目相配合、协调产业资源的投放，总体规划仅是作为项目用地安排及辅助空间占位的技术工具，简化为工业厂区和居民区布点布局工作。分散在山沟的隐蔽格局利于防空，保护了专业厂的关键部门和精密设备，奠定了二汽建设初期的整体架构。这种极端分散的建设方式必须依托中央政府高度集权、非常规的密集投资行动得以开展。

1972年的十堰城市规划要求："以农业为基础，以工业为主导"，为无产阶级政治服务，为生产服务进行城镇规划；结合自然地形和现状条件，坚持"靠山、上坡、进沟"原则，不占和少占农田好地，做到"工业占地不减产，农业发展不减速"[3]；根据"勤俭建国"方针，城市各项建设标准不宜过高，结合战备需要，城市布局适当分散，相对集中，以成团成组布置为主，成街布置为辅，点线结合的方式[4]。在之后1975年的总体规划

　　[1]　工厂设计筹备处. 第二汽车制造厂设计纲要 [Z]. 二汽建厂重要文件汇编（1965—1983），1984：24-25.
　　[2]　湖北省十堰市城市建设规划办公室. 关于十堰市城市建设规划的报告 [R]. 十堰市档案馆，1972.
　　[3]　十堰文史（第十四辑）三线建设二汽卷（上册）[M]. 武汉：长江出版社，2015：450.
　　[4]　十堰市建设志编纂委员会. 十堰建设志 [Z]. 1999：20.

中，延续上一版规划思想，在发展工业的基础上继续进行组团式规划和设施配套，以片为中心相对集中，达到"城乡结合，工农结合，有利生产，方便生活"的目的。

4.2.2 "瓜蔓网状"的总体空间形态

十堰市的发展是以第二汽车制造厂的发展为基础奠定而成，基于"备战、备荒、为人民""靠山、分散、隐蔽"的建设方针，"有利生产，方便生活，节约用地，少占良田"依山就势，因地制宜，灵活多样""大分散、小集中"的原则。二汽总体布置在武当山北麓、汉水南岸，老白公路和襄渝线纵贯全境。以老白公路为轴线，两边是起伏的山丘，沿线分出大量支沟（图4.4）。

图4.4　二汽建厂时期的主干流、支流及工厂分布图

1972年的总体规划草案记载："在二汽各专业厂已经定点，襄渝铁路即将通车的条件下，按工厂进沟、居民点靠山上坡……工业企业按类型分散布置在老白和十郧公路沿线的山沟中"[1]。总体布局自东向西绵延22.5km，在老白公路南北向宽3.5km，沿线32km，呈三角形状共计150km²范围内布局。境内地势北低南高，山峦起伏，"各专业厂靠山进沟，第一期各专业厂共选用地形条件良好的沟25条。布置上依山就势，结合地形，利用死角，打破大方块对称式等框框"[2]，二汽最初按计划设置专业生产厂共26个（含水厂）（表4.1），十堰市区布点25个，按"山散隐"的方针并结合汽车生产的工业要求各厂区分别选址，散布在跨度10～22km山区范围内的8～10条山沟中，各专业厂由铁路、公路运输系统相互沟通联系，各专业厂区、襄渝铁路及单位专用铁路、老白公路及厂区公路形成四通八达的蜘蛛网，形态犹如瓜蔓，自东向西，密切相连，层层叠叠[3]（图4.5）。

［1］十堰市建设志编纂委员会. 十堰建设志［Z］. 1999：19.

［2］工厂设计筹备处. 第二汽车制造厂设计纲要［Z］. 二汽建厂重要文件汇编（1965—1983），1984：38-39.

［3］东风汽车公司史志办. 第二汽车制造厂志1969—1983［Z］. 1986：70.

第二汽车制造厂 26 个专业厂　　　　　　表 4.1

城区位置	生产组	专业厂	代号	具体位置
花果	发动机片	发动机厂	5749	头堰水库旁，临窑沟
		铸造一厂	5748	花果山北麓
		化油器厂	5762	花园沟
		轴瓦厂	5764	安沟
茅箭	底盘片	车桥厂	5751	徐家沟和七里沟之间
		锻造厂	5752	茅塔河北岸顾家岗、李家边
		铸造二厂	5750	茅塔河北岸山脚
		传动轴厂	5754	杨家沟
		木材加工厂	5747	马家河与顾家岗之间
张湾	总装冲压片	总装配厂	5743	何家沟（苟培）
		车身厂	5740	镜潭沟
		车架厂	5741	茶树沟
		车箱厂	5744	朝阳路南二堰段
		车轮厂	5742	孟家沟
		热电厂	—	临秦家河和老白公路
		水厂	—	何家沟口右侧
	辅配件	钢板弹簧厂	5746	岩洞沟
		水箱厂	5760	小周家沟
		底盘零件厂	5745	龚家沟
		标准件厂	5761	大岭沟
红卫	后方生产片	刃量具厂	5723	吕家沟
		冲模厂	5725	寺沟
		动力厂	5724	大炉子沟和小炉子沟
		设备修造厂	5721	袁家沟
		设备制造厂	5722	赵家沟
		通用铸锻厂	5720	周家沟及支沟刘家沟

来源：第二汽车制造厂志 1969—1983 [Z]. 东风汽车公司史志办. 1986：70.

图 4.5　十堰二汽厂址"瓜蔓状"总体布局图（1976 年）

来源：《第二汽车制造厂志（油印版）》。

此布局的优点，一是易于切坡贴山，少占良田，有利于工农结合；二是处于群山之中，沟多曲折，比较隐蔽；三是治山治水较易，减少投资；四是放射式布局组成换装运输网便于运输和组织生产；五是铁路公路水路四通八达，战时不易被打垮炸烂[1]；"避开城市建设工厂"是指导二汽选址十堰的方针，在山区山沟中几十个汽车生产专业厂区布点及布局、各类交通系统及管网系统走向即奠定了城市发展的基础，非传统意义的城市布局原则构建的城市框架至20世纪末仍未被突破。

4.2.3　工艺生产流程决定功能布局

片内相对集中，片际间适当分散。城市最初的规划完全按照"备战、备荒、为人民"的中央指示，以二汽汽车生产的工艺流线和产品特点为核心，结合周边的自然与地理条件、遵循不占或少占基本农田为准绳，以按工艺分组、按地形分片的手法，根据汽车产品总成的特点，经过由毛坯至加工到装配的全流线过程，分为总装冲压、车桥、发动机与后方生产四个组，将各专业厂、车间按地形布局在花果、张湾、茅箭、红卫四个片区。位于中心的总装配厂，通过各种运输线路，把各专业厂四通八达连接起来（图4.6、图4.7）。

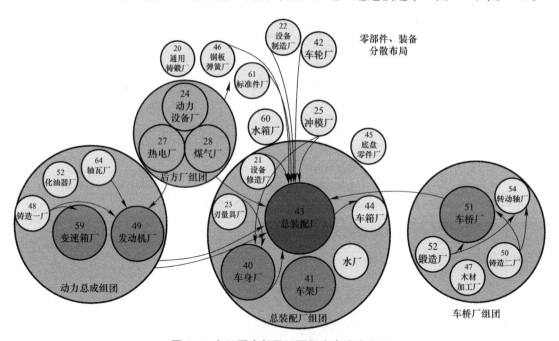

图4.6　各组团内部及组团间生产流线分析

发动机片以生产汽车发动机为主，布置在十堰西部的花果镇周边，包括轴瓦厂、发动机厂、化油器厂、铸造一厂四个专业厂，以制造发动机毛坯及其辅件为主要生产任务。按运输量计算，发动机厂生产的总成中，超过75%所需要的毛坯及其零部件由片内各专业厂生产供应，剩下仅占比不到25%的部分由其他片提供。

车桥片以生产汽车车桥为主，布置在十堰东部的茅箭堂周边。包含车桥厂、铸造二厂、传动轴厂、锻造厂和木材加工厂五个专业厂。铸造二厂以制造可锻铸铁、球铁和铸钢毛坯件

---

[1]　工厂设计筹备处. 建厂总体布置现场审查会议纪要 [Z]. 二汽建厂重要文件汇编（1965—1983），1984：20.

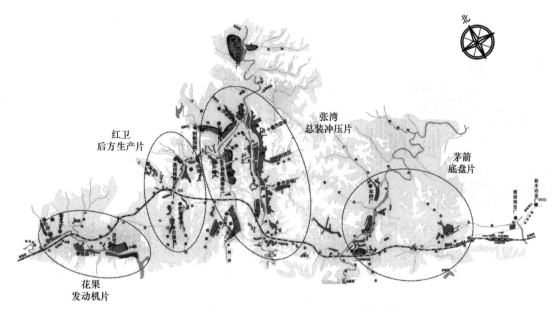

图 4.7　第二汽车制造厂专业厂生产组团分布图

来源：第二汽车制造厂志 1969—1983〔Z〕. 东风汽车公司史志办. 1986.

为主，7 万 t 年产量中约 13% 供给传动轴厂，73% 供给车桥厂。锻造厂制造的 8 万 t 锻件，12% 提供给传动轴厂，62% 提供给车桥厂。车桥厂每年生产需要毛坯和零部件共 13 万 t，八成由片区内供应，仅少量由外部输入。

中部总装冲压片内各专业厂以总装配厂为枢纽，包含总装配厂、车身厂、车架厂、车箱厂、车轮厂等。受片区自然地形的制约，综合考虑生产工艺及零部件运输的情况，将车身、车架此类大体积、轻质量的产品生产厂就近总装配厂布置，而车轮厂既要靠近橡胶工业区又要方便车轮运输与组装，布置在进总装配厂的北部铁路线上，车箱厂靠近汽车发送站布置，新车调试达标后即可交付入库，外运销售。

后方生产片布置在红卫附近，为前方厂服务是主要职能。包含通用铸锻厂、刃量具厂、冲模厂、设备制造厂、设备修造厂、动力厂、水厂以及热电厂。考虑后方厂面积小、运输量低、人员少，且车间工艺独立，生产联系不紧密，受地形限制，布置比较分散。除专业厂外的辅配件厂，则依托地形，靠近工艺上下游联系密切的专业厂布置，包含水箱厂、钢板弹簧厂、标准件厂、底盘零件厂等[1]。此外，二汽的中心区还包含指挥系统、教育及技术发展中心以及各职能处室。

4.2.4　基础设施体现先生产后生活

在十堰几十条山沟中的各专业厂和市各企事业单位，主要依靠网状的交通系统，对外相互沟通。1969 年 1 月 9 — 15 日在十堰市召开的二汽建设现场会议纪要规定：厂区运输以铁路为主（图 4.8），辅以汽车及其他运输工具，故铁路线、厂区公路的布局完全服从二汽的厂区布置和生产需求，铁路交通网、公路交通网、给水管网同所有的生产专业厂连接。

---

〔1〕　第二汽车制造厂志 1969—1983〔Z〕. 东风汽车公司史志办. 1986：70.

图 4.8 二汽汽车由火车外运
来源：十堰市博物馆。

汽车生产过程中绝大部分需要的各种材料、燃料、原料，经由厂区铁路输入，后以列车通过厂区干线和支线、岔线送到各个专业厂。"由于我厂厂区分散，厂内运输量大，汽车、轮船、铁路都有，造成运输部门庞大，因此设立运输部"[1]，后十堰市交通局和二汽运输部合并，是十堰二汽最庞大复杂的单位，承担二汽生产运输、社会运输、市政建设、两路施工、公共交通、民间运输、货物搬运等任务[2]。1967 年铁道部编制襄渝铁路到此阶段，十堰地区已有十几年的建设历史，1976 年襄渝铁路莫家营至胡家营段建成通车，十堰境内相继建成二汽及其他单位运输物资专用线共 10 条（表 4.2），市境内襄渝铁路干线与二汽铁路专用线为主辐射至全市大中型物资集散地，形成自为体系的铁路运输网络，承担十堰企业和群众生活物资的运输任务。铁路是二汽的生命干线，各种原料、燃料、材料，通过湘渝铁路运抵二汽厂区铁路站，二汽生产的产品也由此运往全国各地（图 4.9），铁路系统位于城区的站点有白浪、顾家岗、十堰、花果和张湾 5 个，主要专业厂与铁路干线直接相连，实现工业生产临战状态下的最便捷对接。

十堰铁路线路建设　　　　　　　　　　　　　　　　　　　表 4.2

铁路名称	路线	里程/km
襄渝铁路	黄连垭—白浪—顾家岗—十堰—张湾—花果—黄龙滩—太阳坡西	50.1
二汽铁路专用线	二汽各专业厂和处室间	85
东风轮胎厂铁路专用线	东风轮胎厂—二汽车轮厂银河湾	10.25
市石油公司铁路专用线	市石油公司—白浪何家磅	1.02
市粮食局铁路专用线	市粮食局—二汽二堰车站	1.169
郧阳地区物资局铁路专用线	郧阳地区物资局—十堰火车站货场	0.5
市物资局铁路专用线	下属煤炭公司、金属回收公司、液化气公司、机电公司、化工建材公司	2.783
白浪专用线	二汽厂白浪火车站处	0.897
十堰老街专用线	十堰老街北侧	1.886
原十堰煤炭货栈铁路专用线	跨铁路桥东侧	0.3375

来源：十堰市交通志编委会. 十堰市交通志 [M]. 武汉：武汉出版社，1994：97-106.

生产流程、交通流线和运输模式的关系采用铁路与厂房无缝衔接的模式。在十堰市内由二汽铁路专用线经厂区干线、支线和岔道将物资送到各个专业生产厂，全长 74km（表 4.3）。"运输量大于 5 万 t 的专业厂（如铸、锻、车轮、车身、车架、车桥、标准件等）接专用线，通用铸锻、发动机等厂保留远期接铁路的可能……"支线铁路深入厂房之

[1]　运输处志编纂委员会. 运输处志 1966—1984 [Z]. 第二汽车制造厂，1984：21.
[2]　铁路运输处志编纂领导小组. 铁路运输处志 1970—1983 [Z]. 第二汽车制造厂，1985：11.

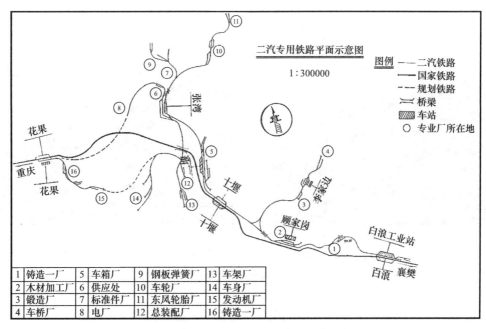

图 4.9 第二汽车制造厂专用铁路系统示意图

来源：根据《铁路运输处志（1970—1983）》整理。

中，途经厂区货场区域，与厂区建筑相衔接，将原材料通过铁路运送至各专业厂，此时生活空间包含在厂区内，生活物资依托生产线路运输。东风轮胎厂、市粮食局、物资局等一些单位的铁路专用线在厂区铁路上接轨，厂区铁路在保证十堰市人民群众生产、基建、生活物资的供应上，起到了积极的作用。

铁路运输线路布局体现先生产后生活 表 4.3

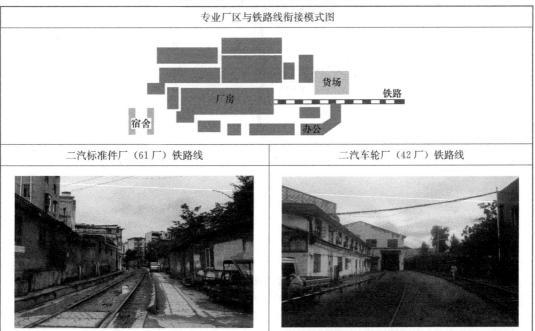

二汽水箱厂（60厂）内职工宿舍	二汽车桥厂（51厂）内职工宿舍

　　完善的铁路网主要用于内外沟通，但厂区之间以及厂区内部以汽车运输作为辅助，"厂区内以汽车运输为主，为减少老白公路的行车密度，厂际之间组成环形公路网……"（图4.10）；同时在此阶段的城市给水规划图中也能看出，"瓜蔓状"给水管网联结了山沟中各厂区、单位和部门。此时供水以供应生产为主，靠近管网的居民点用自来水，其余居民点用土井取水，工厂区和生活区一律采用旱厕。集体宿舍尽可能与厂区办公室、车间生活室、学习室结合布置，不建高标准生活福利设施，生活服务建筑贯彻"干打垒"精神，充分节约用地[1]。

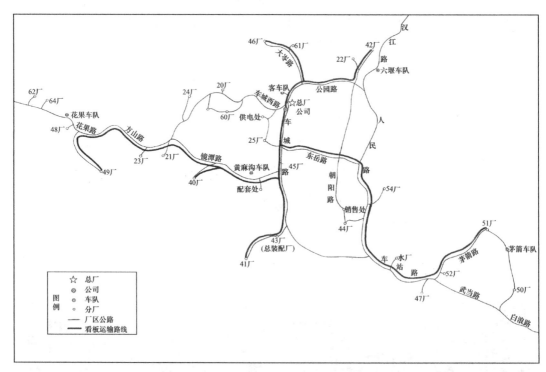

图4.10　第二汽车制造厂运输路线图

来源：运输处志编纂委员会. 运输处志（1966—1984）[Z]. 第二汽车制造厂，1984：78.

---

[1]　工厂设计筹备处. 建厂总体布置现场审查会议纪要[Z]. 二汽建厂重要文件汇编（1965—1983），1984：38.

综上，计划经济前期，十堰市在三线建设以备战和生产为发展重点的政策影响下，二汽厂房分散隐蔽布置在山沟中，通过铁路和公路网系统连接沟通，城市空间总体形态特征为分散隐蔽的"瓜蔓样"形态。此阶段的总体布局按汽车生产的工艺流程决定，配套设施是以满足生产和运输的铁路和公路为主，供水系统也是以生产优先，职工生活在各专业厂区靠山布置的集体宿舍中。

4.3 1978—1985 年计划经济后期：厂区为心的"串珠状"格局

4.3.1 发展政策：现代化汽车工业城市

随着二汽的兴建，十堰市城市建设也逐步发展，经历 1970 年、1972 年、1975 年三次编制城市总体规划，初步显现"城镇群式"的城市空间雏形。要求"集中力量为扩大生产服务"也是此阶段三线建设城市发展的原则要求，受"工农结合、城乡结合""注重产业积累、抑制城市建设"各类国内主导政策的影响，推行"没有城市化的工业化"的建设模式[1]。

在此基础上编制的 1981 版城市总体规划提出：建设成为一座新兴的汽车工业城市是对十堰城市性质做出新的界定，城市总体规划的编制要将汽车工业产业发展纳入考虑范畴，做到统一规划与建设，要求规划要为汽车工业发展服务，尽最大能力创造产业发展条件，并指出十堰的城市规模受到鄂西北山区地形条件、用地、运输、能源、供水等方面的制约，应充分利用现有的工业基础，发挥技术装备先进的优势，走专业化协作的道路。要在发展汽车工业作为首要支柱产业的基础上，辅助地方工业发展，建立十堰地方工业体系，进而带动第三产业发展。

在近期建设的要求中，要加强城市住宅、市政公用设施和商业服务网点的配套建设。从用地、能源和交通的角度对城市规模的控制上，遵循建设汽车工业城市的指示，在按国家要求完成 10 万辆汽车产量的厂区工业生产规模任务后，还要给汽车的长远发展留有充足的用地，生活居住用地要尽量少用平地，少占菜地，保证工业生产的能源、供水、供电和交通运输条件，对城市人口的规划中，生产性劳动人口与非生产性劳动人口的比值达到 3：1[2]。

4.3.2 "串珠状"城市总体空间形态

4.3.2.1 集镇规划导向下"串珠状"总体空间雏形期

计划经济后期的十堰总体空间形态为"串珠状"，早在十堰 1972 年的总体规划编制中就已经规划出空间雏形（图 4.11），根据此阶段国家对城市发展的总体要求"发展城市以中小为主"，城市空间布局"采取集中与分散相结合的布局原则，用果园、菜地和行道树填补各独立建成区之间 3～5km 的空白地带，将彼此独立的城市中心区和若干集镇连成整体"。1973 年 1 月，国家建委、一机部同意十堰市城市规划方案，在一定程度上起到了指导城市建设的作用[3]。湖北省十堰市革命委员会文件中《关于十堰市城市建设规划的报告》记载，十堰市总体规划与市中心地段规划以二汽的《总图规划》以及《红卫地区总体

［1］ 侯丽. 对计划经济体制下中国城镇化的历史新解读 [J]. 城市规划学刊，2010（2）：70-78.
［2］ 十堰市城市规划 1981 [M]. 十堰市人民政府. 1981，50.
［3］ 十堰市建设志编纂委员会. 十堰建设志 [Z]. 1999：19.

建设发展规划（讨论稿）》为依据草拟完成，后因适应二汽和十堰城市建设需要在原规划的基础上编制了十堰市总体规划，以及中心区、花果、红卫、土门、茅箭等集镇规划。

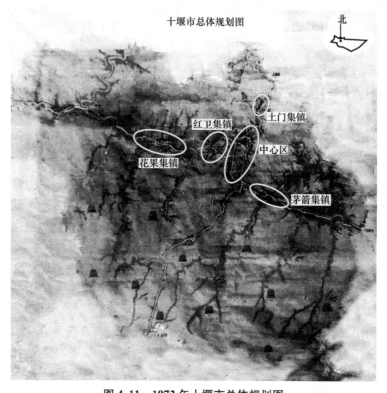

图 4.11　1972 年十堰市总体规划图

来源：湖北省十堰市城市建设规划办公室. 关于十堰城市建设规划的报告 ［R］. 十堰市档案馆
（全宗 24，目录 24，卷号 92），1972.

1975 年 4 月，国务院、一机部领导考察二汽时指出，十堰市城乡十年长远发展规划（1975—1985 年）要及时编制。根据二汽十年奋斗目标，在 1972 年的城市建设总体规划基础上编制总体规划，要求结合现状条件，进行组团式规划，在现有工业布点基础上，就近发展食品、建筑、轻工业、手工业，居住区在现状空间上继续按片区集中发展，各片区按小而全的准则设置集镇级别的商业服务业综合商场，同时配置零星商业服务网点，形成"一商场多网点"的集镇商业配套模式。集镇主要为二汽专业厂、地方工业厂和居民生活服务，且各项用地指标、建筑面积、市政资金、防洪工程等均以集镇为单位进行配置[1]。

根据以上内容，1972 年和 1975 年的十堰总体规划中均提出在上阶段二汽独立厂区的空间基础上连片发展集镇的规划意图，这些计划经济时期的规划均得到了充分落实。从1981 版的城市道路布局及公共交通系统调研的示意图中就能看出，十堰市已经连片发展形成若干集镇的空间格局（图 4.12）。十堰市各集镇点均系以二汽所属各专业厂为主要组成部分，城市道路结构图从"瓜蔓状"逐步过渡为以各集镇为侧重点，虽然集镇与集镇之间的联系稍弱，此阶段的空间形态在计划经济前期的"瓜蔓样"条状的基础上向"串珠状"格局过渡。

---

[1]　湖北省十堰市城市建设规划办公室. 关于十堰市城市建设规划的报告 ［R］. 十堰市档案馆（全宗 24，目录 24，卷号 92），1972.

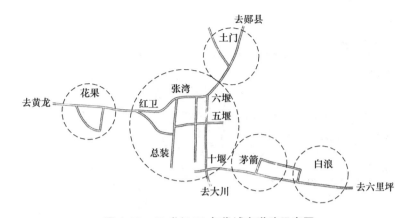

图 4.12　20 世纪 70 年代城市道路示意图

来源：根据 1981 年版《十堰市总体规划》（文本 64）整理。

4.3.2.2　"串珠状"空间形态形成

1978 年底，以十堰市规划办公室为主体，邀请二汽工厂设计处参与编制十堰市总体规划，1981 年省政府批准通过。作为三线建设山区的汽车工业基地，新兴的十堰市将发展"汽车工业城市"当作城市性质和建设目标，发展汽车工业主导产业、配套地方工业扩大汽车生产是城市发展的动力引擎，甚至此阶段城市人口规模的确定以汽车生产容量为基准进行测算。

十堰城市格局继续遵循早期"按生产工艺分片区"的布置方式，在以各厂区为核心的组群内进行空间填充，汽车制造主导工业带动地方服务工业有了初步的发展，此时城市整体工业布局形成具有自身特色的集中和分散相结合的组团布局，这种"城镇群式"的格局，具有"串珠状"空间特征。以二汽专业厂为核心发展起来的组团大多数为工业组团，沿老白公路由东向西依次分布，十堰市的工业企业 80% 以上均分布在老白公路沿线，并以茅箭、白浪、六堰、张湾、红卫、花果各自为中心形成组团。

总之，这种布局受建市之初大规模工业基础建设的历史和政策影响，但更重要的还是受自然和地理条件制约，但这种工业布局对市域内地方工业体系的建立、工业生产的发展乃至整个城市经济的发展起到了极大的促进作用。此阶段的城市空间在上阶段发展的基础上，继续围绕专业厂为核心进行"城镇"配套建设，相距 3~5km 彼此独立的建成区群组间，由公路与厂区铁路连接，形成"串珠状"总体空间布局（图 4.13），计划经济时期的城市建设极高地落实了城市规划的意图。

4.3.3　工业优先的"集镇"用地布局

"串珠"内的各"集镇"的配套建设在第一阶段的以工业厂房分布为主的用地基础上（图 4.14）贯彻以工业生产功能优先的用地布局，将"集中力量为扩大生产服务""注重产业积累、抑制城市建设"的政策进行了极致诠释。对必要的生活居住和服务配套采取严格的定额指标控制，包括以"集镇"为单位的人口构成、工业用地、行政用地、居住用地、绿化用地等方面（表 4.4），除以工业用地优先安置以外，根据"就近厂区、分片集中和完善

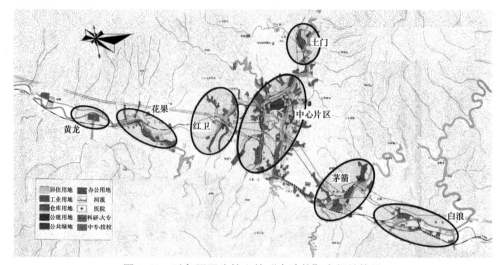

图 4.13　以各厂区为核心的"串珠状"空间结构图

来源：根据 1987 年《十堰市城市建设现状图》整理绘制。

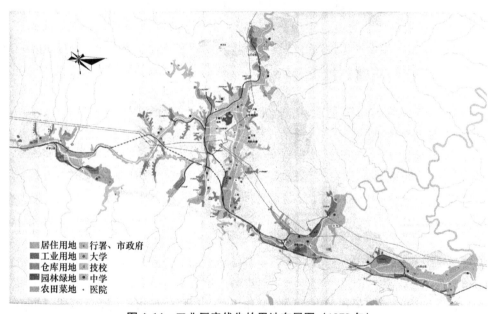

图 4.14　工业厂房优先的用地布局图（1978 年）

来源：根据 1981 年版《十堰市总体规划》中《十堰市用地现状图》整理绘制。

组团式格局"的精神，将城区以集镇和片区为单位划分成 8 个居住区[1]，在五堰至张湾、三堰至十堰、花果、茅箭、红卫、土门、总装、白浪 8 个居住区中再细分为 29 个居住小区[2]（表 4.5），居住小区绝大多数以工厂直接命名，居住区和居住小区的用地均有定额

---

　　[1]　确定一个中心区和四个分区，中心区从十堰至红卫，四个分区为白浪、茅箭、花果和土门，以上五个区域部分划定为城区，将城区划分为包含白浪、茅箭、花果、土门、红卫、总装配厂、三堰至十堰、五堰至张湾 8 个居住区，其他边缘区域则划定郊区，黄龙、大峡、大川三镇为郊区镇。

　　[2]　在 8 个居住区中划分为 29 个居住小区：第二铸造厂、机务段、中关、陈罗、顾家岗、茅箭、韩家沟、放马坪、花果中大街、发动机厂、第一铸造厂、土门、夏家店、刃量具厂、设备修造厂、动力厂、通用铸锻厂、水箱厂、车架厂、总装配厂、车身厂、底盘零件厂、张湾、六堰、五堰、车箱厂、三堰、十堰老街和十堰火车站。

指标。根据汽车工业用地现状，从土地构成优先满足汽车工业扩大生产的需求。此阶段用地主要是以 10 万辆车生产规模时共需 478.5hm²（比现状增加 119.7hm²）为首要任务，在完成此项任务后，还需要用地 180hm² 为汽车工业发展做准备。

十堰集镇用地构成表（单位：hm²）　　　　　　　　　　　表 4.4

区段	工业		行政		居住		道路广场		绿化		公共建筑	
	近期	远期	近期	远期	近期	远期	近期	远期	近期	远期	近期	远期
白浪	98	142	0.8	2	27	39	21	33	8	21	17	27
茅箭	86	195	0.7	3	39	78	30	86	12	42	24	54
三堰至十堰	441	50	4.2	4	256	30	32	35	5	16	15	20
五堰至张湾	96	100	14.2	15	92	109	57	71	23	45	46	58
总装	72	80	0.06	0.5	25	26	19	22	8	14	15	18
红卫	83	130	0	0.5	37	42	28.7	35	11	22	23	28
花果	115	120	0.6	2	41	46	31.3	38	13	25	25	32
土门	50	63	1.2	1	32	33	24.3	28	9.7	17	19	22
合计	1041	880	21.76	28	549	403	243.3	348	89.7	202	184	259

来源：1981 年版《十堰市总体规划》：79.

十堰市城市人口劳动构成表（单位：人）　　　　　　　表 4.5

居住区	期限	劳动人口								劳动人口	城市总人口
		生产性劳动人口				非生产性劳动人口					
		工业	基建	农林水气	交通邮电	商业服务	城市公用	科教文卫	国家机关		
白浪	现状	2057	3399	170	933	505	37	306	52	7488	14892
	近期	7600	1530	250	1270	1000	130	800	60	12700	21850
茅箭	现状	5589	1117	179	337	253	59	541	1038	9153	24260
	近期	10680	1600	700	700	1400	700	1230	700	17800	32130
三堰至十堰	现状	3995	2030	331	1614	1447	863	954	31	11355	21788
	近期	5770	350	230	1700	1520	900	950	60	11540	22260
五堰至张湾	现状	10484	8805	487	2916	2444	681	2354	1706	30284	60519
	近期	18590	3100	500	2400	3800	1000	2800	1710	34400	60800
总装	现状	3467	97	0	0	28	0	80	0	3575	8432
	近期	6800	700	200	450	1130	450	1400	50	11300	20350
红卫	现状	6475	1976	128	231	251	80	747	9	9914	22960
	近期	10340	1720	260	700	1600	700	1720	80	17200	33500
花果	现状	6729	4029	273	292	378	68	685	70	12558	28781
	近期	11270	1900	560	750	1900	1120	1120	90	18800	32380
土门	现状	4389	170	14	213	107	61	121	55	5130	13524
	近期	8760	1160	150	800	1460	880	1160	150	14600	24830
合计	现状	43185	21623	1582	6536	5413	1849	5788	2961	89457	195156
	近期	79810	12060	2850	8770	13810	5880	11180	2900	138340	248100

来源：1981 年版《十堰市总体规划》：79.

从以上数据分析：按照规定的生活居住用地标准"平均每居民用地 40~58m²"，取下限计算得到城市居民人数为 29 万人，而此阶段生产性与非生产性人口之比高达 3：1（表 4.5）。为给汽车工业的长远发展留有充足的用地，生活居住用地要尽量少用平地，少占菜地，保证城市人民蔬菜供应的需要。到 1987 年，十堰市工业用地占总建设用

地的 32.2％，工业职工数占城市就业人口的 75.9％（图 4.15），平均每公顷工业用地提供
131 个就业岗位。此外每公顷公共设施用地提供就业岗位 282 个。与就业岗位分布相比较，
各区人口所占比例与各区用地所占比例基本一致，反映了过去建厂过程中工厂和生活区紧
邻，厂办社会的特点。

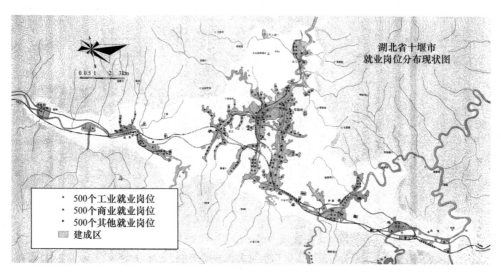

图 4.15　1987 年十堰市就业岗位分布图
来源：十堰市自然资源与城乡规划局提供。

此阶段地方工业、第三产业本着为汽车工业生产服务和为城市人民生活服务的原则进
行建设和改造，布局从各集镇片区的人口比例、产供销运行线路、能源条件、环境条件、
用地条件等综合考虑，在诸因素中用地条件是主要因素。为汽车生产服务的地方工业属于
汽车产品扩散企业，现有 8 个厂（制动蹄厂、可锻铸铁厂、制动鼓厂、缸套厂、汽车拨叉
厂、篷布厂、汽车容器厂和配件厂），随着需要和可能，产品扩散还可能增加，要为市属
工业、地区属工业、社队办工业这类工业的发展留有备用地[1]。这些工业伴随着汽车生
产专业厂的分布而相应地分布在各片，就近配置用地[2]。根据就近厂区、分片集中和完
善组团式的格局，以二汽专业厂为核心形成的每个组团周围地区均新建了一批服务型、配
套型、辅助型企业（图 4.16）。带动了地区经济发展，工业组团向两端延伸展开，最终将
形成以老白公路为轴线的工业经济带，这种集中分散相结合的工业布局促成了集中与分散
相结合的"串珠状"城市建设格局（图 4.17）。

4.3.4　有利生产的基础设施建设

各项配套设施均以"有利生产，方便生活"为布局原则，在"城镇群式"格局的基础
上综合考虑各组团间、各组团内部的工业厂区协作和配套关系，基础设施的建设以服务工
业生产为首要目的，兼作民用。

---

　　[1]《中国城市综合实力五十强丛书·中国汽车城：十堰市》编委会. 中国汽车城：十堰市 [M]. 北京：中国城
市出版社，1994；9-20.
　　[2] 湖北省十堰市城市建设规划办公室. 关于十堰市城市建设规划的报告 [R]. 十堰市档案馆（全宗 24，目录
24，卷号 92），1972.

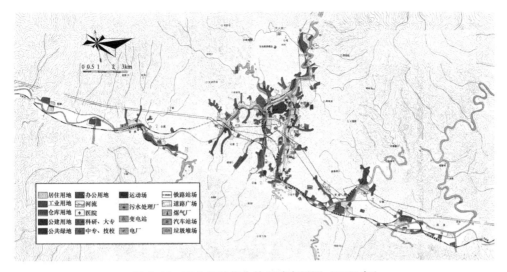

图 4.16　工业用地优先的用地布局图（1987 年）

来源：1990 年版《十堰市总体规划》用地现状图基础上绘制。

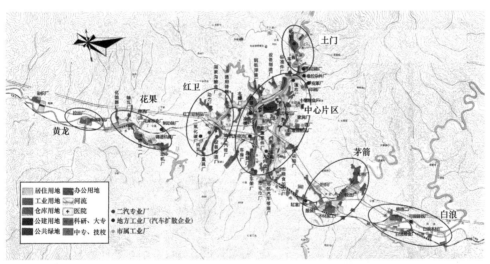

图 4.17　十堰市计划经济后期各类工业企业分布

来源：1990 年版《十堰市总体规划》用地现状图基础上绘制。

4.3.4.1　市政公用设施

在城市道路建设方面优先建立以货运需求为先的城市交通系统。分散的城市整体格局导致基础设施建设量激增，首当其冲的是路桥类投资，尤其处于二汽经营生产规模的高速扩张期，进一步补充规划组团间的货运路线，为促进生产提供专用货运快速通道。城市道路系统及公共交通线路均按"城镇群式"布局规划，建设重点放在专业厂区和为生产服务。十堰市是"城镇群式"的城市，它由市中心（含红卫集镇）、花果、土门、茅箭和白浪等五大块组成。每一块形成内部的主次干道，同时，组团之间由道路联通。在 1976 年，每一块内部主次干道尚未完善，块与块之间基本上只有一条连通路，路况较差。在计划经济后期阶段内，十堰市按安全、方便、经济、快速的交通运输要求，方便汽车运输、改善路况条件，并从城市布局的实际出发，道路系统在 1987 年完善形成"蜘蛛网"状的道路系统（图4.18）。各组团内主要道路骨架成环，组团分区之间由道路相连（图4.19）。

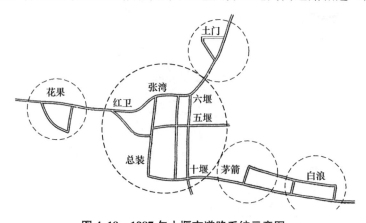

图4.18　1987年十堰市道路系统示意图

来源：根据1987年版《十堰市道路系统图》绘制。

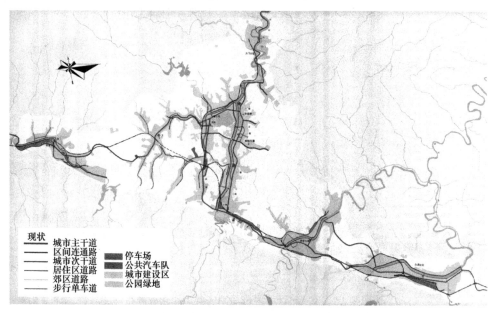

图4.19　以货运为骨架、沟通城市分区的道路系统（1987年）

来源：根据1987年道路现状绘制。

广场和停车场设置。十堰城市组团结构分散，全市性集会广场设在张湾和六堰两处，但其他集镇组团要同时安排广场和停车场，随着外来本市接车人数逐年上涨，各组团的人流集散场地的车辆停靠超过负荷，接待性旅馆应配合停车场地相应新增，额外需要协调发送过程中故障车辆的临时停靠维修场地的设置。因此各类停车场地和交通广场等静态交通设施的配置是此阶段的一项重要任务。

公共交通线路。此阶段城市公共交通线路的设计安排是以配合各专业厂区间的产业协作为标准，甚至为了提高效率，以各组团片区为基本单位分设独立区段，再将各组团串联（图4.20），公共交通线路上设置的公交站点绝大多数以二汽、地方配套工业厂区及二汽各职能处室的名称直接命名（图4.21），对工业生产需求的考量优先于民用交通需求。

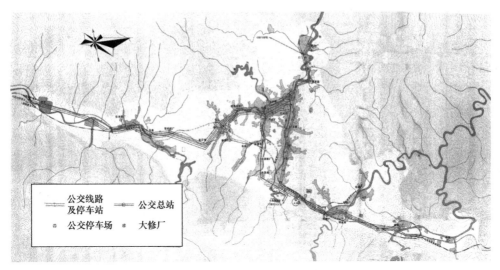

图 4.20 1987 年十堰市城市公共交通线路图

来源：十堰市自然资源与规划局提供。

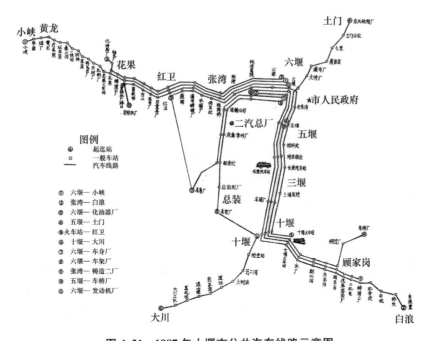

图 4.21 1987 年十堰市公共汽车线路示意图

来源：根据十堰市 1987 年版《城市公共交通路线示意图》整理。

　　除此之外，此阶段依据年产汽车 10 万辆、居民 23 万人为城市供水、供电系统的建设标准。城市日均用水总量达 25.55 万 t，远期用水量按增加 1.5 倍考虑，要求保证工业生产用水充足；根据全市用电负荷发展情况，在十堰、六堰新建 110kV 降压站各一座，分别在三堰、市中心、红卫、茅箭、白浪、土门、花果等居住区中心建设中心配电所七处，建设襄樊至十堰 220kV 送变电工程以适应 1985 年以后汽车工业生产发展的需要。以上市政公用设施的建设均是以满足汽车工业生产为首要目标。

4.3.4.2　公共服务设施

公共服务设施的配置主要遵从"方便生活"的原则，按三个级别配置，包含市级、居住区级和居住小区级，市级公共建筑主要设置在市中心片区，居住区级设置在除中心区外的 7 个居住区，这里的居住区相当于现有的若干集镇，也就是在每个集镇的中心位置布置公共服务功能（图 4.22），并规定了对应的公共服务设施配置指标（表 4.6），其余 29 个居住小区设网点，公共服务设施的设置总体遵循按片区、按组团集镇就近配置，此阶段各居住区（集镇）级配置的主要公共建筑的类别有：影剧院、门诊所、文化馆、综合商场、青少年之家、运动场、行政经济机构及综合服务 8 个类别。

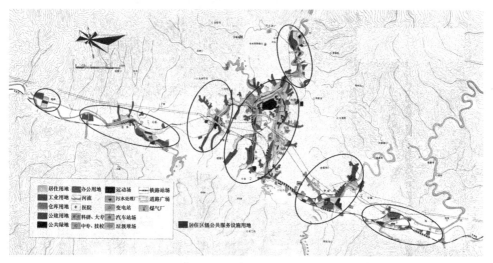

图 4.22　1987 年十堰市居住区级公共服务设施分布图

十堰市 1981—1990 年居住区级公共建筑配置指标　　　　　　　表 4.6

系统	服务设施	个数	一般规模/m²		千人指标/m²	
			建筑面积	用地面积	建筑面积	用地面积
卫生	医院	1 或 2	13000	24000	169	300
	门诊	1 或 2	1800	2700	22.5	34
经济	银行办事处	1	600	—	14	—
	邮电支局	1 或 2	2000	3200	25	40
	邮电所	1	400	—	8	—
文体	电影院	1 或 2			72	114
	科技文化馆	1	3000		63	—
	青少年之家	1	1000		20	60
	运动场	1 或 2		4000	—	200
商业	百货商店、书店、药店、食品店、日用品、饭馆、菜市场、照相馆、理发店、浴室、服装店、修理店等	各 1	—	—	270	—
管理	街道办事处	1	400	—	8	—
	派出所	1	375	—	7.5	—
	商业管理机构	3	400	—	8	—
	房屋管养	1	600	1800	12	36
	市政管理	2 或 3	600	1650	12	33

系统	服务设施	个数	一般规模/m²		千人指标/m²	
			建筑面积	用地面积	建筑面积	用地面积
其他	开闭所、煤气、液化气	各1	510	1100	17.7	36.5
工矿区或卫星城应设	防疫站	1	200	400	4	8
	消防站	1	1200	2300	24	40
	招待所	1	5000	7500	100	150
	家具店	1	200	300	4	6
	玻璃店	1	120	180	2.4	3.6
	委托商店	1	250	375	5	7.5
	综合食品厂	1	500	10000	100	200
	电话支局	1	2000	2000	50	50

注：工矿区或卫星城补充项目属市级项目，不设在居住区内。
来源：根据十堰市1981年版总体规划资料整理绘制。

综上，在计划经济后期，到1987年十堰汽车工业创造全市93.4%的工业生产总值，76.2%的工业职工从事汽车工业。在十堰市以发展现代化汽车工业城市为发展重点的政策影响下，城市空间以二汽工业厂区为核心发展为若干集镇组团，由城市道路系统及河道串联，形成"串珠状"城市总体框架形态，每个集镇组团以工业用地优先、基础设施建设遵循有利生产为前提，兼顾生活需求，同时以集镇为单位配置除工业之外的行政、居住、公共服务功能，例如绿化、道路广场及公共建筑，使各集镇组团自成体系，极大减轻了市中心公共交通、配套建设、社会服务等方面的压力。

4.4　1986—1993年商品经济时期：多珠成组的组团式体系

4.4.1　发展政策：地区性重要中心城市

进入20世纪90年代，随着经济体制改革深化，商品经济放开，央地的管控方式由具体任务的逐级监管变为分级包干[1]，国营企业负责自身生产经营的具体环节，地方社会事业和城市建设不再单纯由中央拨款承担。十堰因车而建、因车而兴，三线建设陆续收尾，不再追加大规模的投资，此时二汽面临自筹资金续建生产的压力，重点着眼市场、诉诸区域。随着1982年十堰地方政府成立，一方面，二汽开始谋求减轻企业经营以外的社会职能负担；另一方面，二汽的经济能力及体制特权已辐射全国范围。二汽既作为十堰的发展基础，又是当前城市发展的辅助力量，成为此阶段地方政府不可回避的重要依靠。

由过去以生产优先的城市职能向综合多元方向转化。但1981年城市总体规划中的既定发展指标无论是人口还是城市用地，在此阶段即将被突破，城市人口将到达2000年城市人口控制规模。1987年，城市建设用地实际已达26.59km²，超过原规划控制23.14km²的10%以上。由于布局过于分散，各厂办社会自成一体，仍然依靠企业内部的公共设施配套，早已不能满足茅箭、花果这类东西组团内居民日益增长的需求。随着市场经济的逐渐开放，人们对商品消费的压制逐渐显现，依靠二汽的发展模式已经无法继续，区域限制及

[1]　李燕毅. 央地关系与中国地方治理改革：基于新制度主义的思考 [J]. 人民论坛，2014（23）：59-61.

资源匮乏日趋显著，城市的可持续发展必须回归经济规律。

1988年初，在十堰市委、市政府直接领导下，十堰市、二汽和郧阳地区共同组织总体规划修订工作。1990年版总体规划补充确定了城市性质，从单一生产职能转向综合发展。要求十堰成为地区性的重要经济中心，全国重要的汽车生产和科研基地，以汽车行业为主的流通中心[1]。要求城市发展与商品经济体制的改革步伐相协调，不能就城市论城市，而要将城市发展和地区发展关联，宏观把握。

4.4.2　分散有机的"三组团"总体形态

这一时期十堰的城市性质从侧重单一的汽车工业职能向多功能综合性转化。故总体规划以汽车工业为核心安排城市结构及用地布局的同时，地方经济与服务业的发展需求也需要进行统筹考虑；城市规模不再只考虑汽车生产，而是从人口增长自然规律和城市社会发展的客观规律预测，在既有城市空间架构的基础上实施内部整合，营造十堰山城的特点，利用坡地进行空间扩展的基础上调整城市布局。注重区域与城市相结合，从以十堰市为中心的城镇体系的角度把握城市性质、作用和地位。科学论证城市发展规模、模式、形态、城市交通与山地利用，注重在新的经济体制下土地的有偿使用、就业岗位分布，注重考虑以小汽车出行为导向的城市交通的分析。

前两个阶段城市发展显示城市空间的分散格局造成空间浪费，但肯定了二汽的产业空间布局，仅仅对"工厂与住宅区"功能进行充实完善，并在1990年总体规划中提到在花果、红卫、茅箭、土门、白浪片区保持原状的基础上，形成东、中、西三个组团，形成"分散有机型的山地工业城市"（图4.23）。到1997年，十堰市城市总体形态在上阶段"串珠状"形态基础上继续"框架内填充"发展，集镇就近相互融合连片，呈现"多珠成组"的三个组团状城市格局（图4.24）。

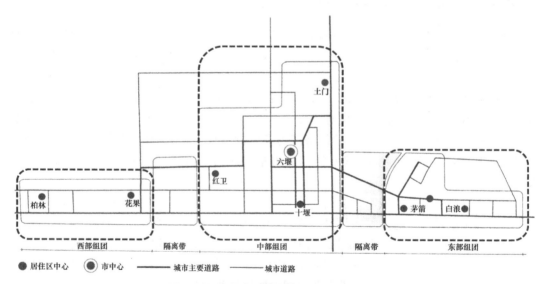

图4.23　十堰市城市总体规划结构分析图

来源：1990年版《十堰市总体规划》。

---

[1] 十堰市规划局. 十堰市城市总体规划说明书1990—2000 [Z]. 1989：1-2.

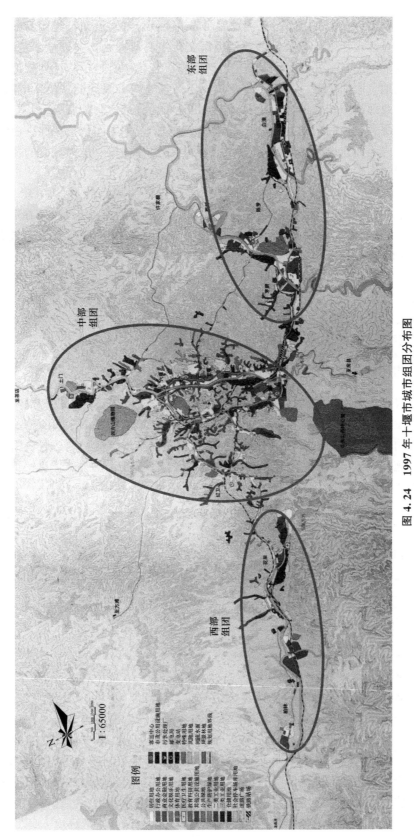

图 4.24 1997 年十堰市城市组团分布图

来源：根据 1997 年版《十堰市总体规划》中城市用地现状图鉴理绘制。

这个阶段以重点提升中部组团、充实发展西部组团、合理发展东部组团为原则。中部组团是二汽机关总部，郧阳行署及十堰政治经济文化中心所在地，含五堰、二堰、红卫、土门和车城路五个街道办事处。为了提高中心区容量、强化中心地位，计划就近利用中心区剩余可建设坡地，增加金融、文化、商业和公建等各类城市服务设施及新增居住用地，发展第三产业。西部组团包含柏林和花果，各类用地布局分散，公共服务设施紧缺，故而在统筹布局公共服务设施的基础上引导居民区集中布局。东部组团包括茅箭、白浪两个街道办事处，组团内工业建设用地充足，居住用地可利用大片缓坡，作为现有的蔬菜基地之一，组团发展建设应慎重考虑，适当发展。

城市沿老白公路呈组团式布局，各组团自成体系，包含各类生产、生活配套设施，组团间由大面积绿化隔离带填充。此种组团式结构的布局特点具有弹性和灵活性，在适应自然山地条件的同时避免整体城市结构过于松散，为城市分期发展与建设留有余地，有效应对未来发展变化。各组团自成体系，具备城市综合体功能，可实现居民的职住平衡，有效减轻山地城市交通压力。但组团间由两条以上道路联系，在独立运行的同时也是一个分散有机、多中心的城市整体。为进一步提高城市综合效益，城市建设宜注重坡地利用，使居住、新建工业区与商业服务设施用地紧凑集中，扩大规模的同时优先填充框架内空缺、各类服务设施按空间层级配套，将小集镇融合为城市组团，进一步解决了"干打垒"时期遗留的居住区散乱问题。

4.4.3　组团内平衡挖潜下的用地布局

十堰市是以汽车工业为主的具有山城空间特色的新兴工业城市，从仅有二汽各专业厂的工业基础，发展为商品经济阶段工业企业 200 多家，在集镇与集镇之间的空地进行填充发展、挖潜利用与协调平衡，以职住平衡为原则在组团内安排工业用地、居住用地、公共设施、市政设施和绿地（表4.7）。以框架内填充发展与平衡挖潜的方式促进三组团结构的形成（图4.25）。

十堰市各组团用地布局　　　　　　　　　　　　　　　　表 4.7

用地名称	西部组团（6 万人）			中部组团（25 万人）			东部组团（14 万人）		
	面积/hm²	占地比例/%	人均用地/(m²/人)	面积/hm²	占地比例/%	人均用地/(m²/人)	面积/hm²	占地比例/%	人均用地/(m²/人)
工业用地	171	33.8	28.5	724	24.2	29.0	432	28.4	30.9
居住用地	139	27.5	23.2	695	23.3	27.8	385	25.4	27.5
公共设施	27	5.3	4.5	467	15.6	18.7	124	8.2	8.9
市政设施	15	3.0	2.5	32	1.1	1.3	17	1.1	1.2
绿地	61	12.1	10.2	441	14.8	17.6	178	11.7	12.7

来源：根据十堰市 1990 年版总体规划现状资料整理。

在城市发展过程中要求产业片区建设要以"集群建设"和"集约用地"为导向。以东、中、西三个组团为基本格局，采取相对集中与分散相结合的布置方式，在组团内以配套的方式合理安排地方工业建设（图4.26），促进地方工业与二汽专业厂之间的配合，进一步利用专业厂生产的副产品和边角余料，合理组织主产品和副产品不同工业生产流程，为汽车工业生产发展及地方工业体系的建立创造积极条件。此阶段用地布局不再围绕二汽各专业厂区均质发展，而是以城市为整体的视角实行工业企业调整、搬迁与治理污染相结合的策略，在满足工业发展的基础上，给城市带来良好的生产、生活环境。

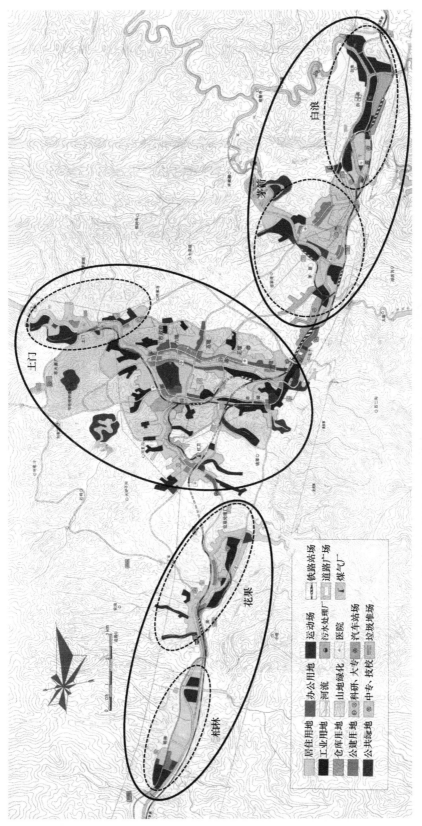

图 4.25　1997 年十堰市职住平衡原则下的工业和居住用地布局

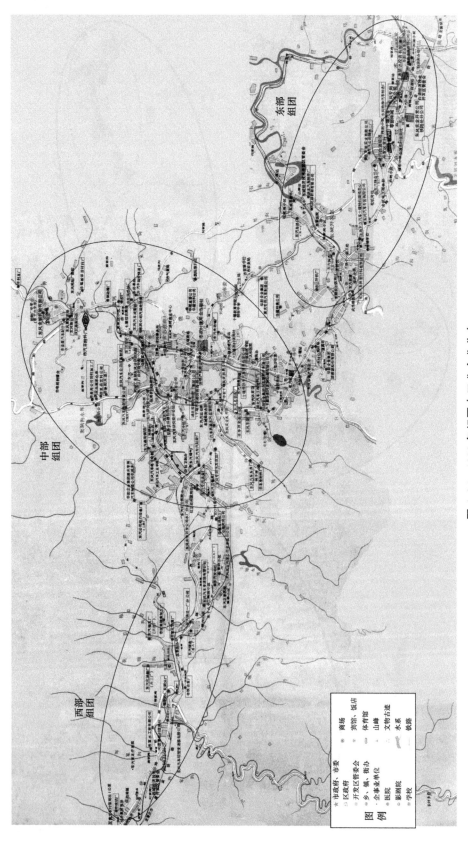

图 4.26　1998 年组团内工业企业分布

以职住平衡为原则，工业厂区布局与职工生活区在东、中、西三个组团内协调安排，尽可能就近平衡，并解决好它们之间的交通联系。此阶段在中心城区分布四个工业区分别位于花果、白浪、土门、柏林。柏林基于棉纺厂发展为轻纺工业区，机械重工业布置在柏林和花果之间靠近轻纺工业区，可协调轻纺女工多和重机械男工多的两片区男女职工性别比例问题。东风轮胎厂布置在土门，发展化工、橡胶工业区。红卫和花果间主要发展为二汽配套的地方工业。东部白浪作为工业发展重点的大型工业区以轻工业和机械工业为主。中部城区现状工业用地布局零散，产业发展滞后，给城市中心区环境和综合效益带来负面影响，现阶段以限制发展为主，根据土地有偿使用原则逐步淘汰退出。各工业区均有各自的定位与发展方向，并相应根据组团内职工人数安置相匹配的居住区规模，尽量做到组团内职住平衡，减少职工的跨组团流动，减少城市交通压力。

4.4.4　统合布局政企基础设施

商品经济时期的十堰既处于经济体制转型的过渡期，也是城市进入统一发展、走向融合的过渡时期，城市的行政管理与各类服务设施建设一度处于郧阳、十堰、二汽三分而治的状态[1]。虽然在此阶段开始着手在中心城区范围内统合布局基础设施及公共服务设施，但由于三方的基建投入程度的差异性，带来不同城市片区的发展程度和服务设施配置水平参差不齐，呈现"单位化"与"去单位化"共存的二元分化格局，即中部组团"去单位化"优先发展，东、西组团"单位化"仍建设滞后。为了改变这种发展局面，城市规划提出多方共同"构建城市有机体"的发展思路。为系统、全面了解十堰现状问题，1987年由市政府组织社会调查，按不同的街道分片来评价，按缺乏程度排序，依次为头堰街道、红卫街道、土门街道、车城路街道、五堰街道、武当路街道、白浪街道、二堰街道；从全市范围来看，最缺乏的城市基础设施依次为文化娱乐设施、饮食店、商店（图4.27）。

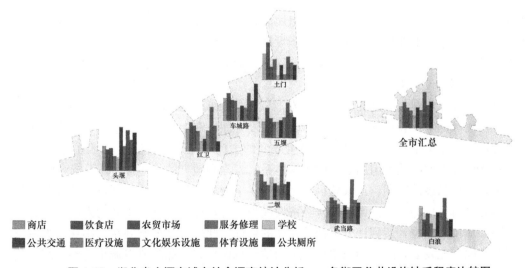

图 4.27　湖北省十堰市城市社会调查统计分析——各街区公共设施缺乏程度比较图
来源：1990年版《十堰市总体规划》。

---

[1]　十堰市地方志编纂委员会. 十堰市志（1866—2008）[M]. 北京：中国文史出版社，2014.

4.4.4.1   公共服务设施

此阶段市级公共服务设施的建设主要以现状为基础，参考土地级差效益分析和社会调查成果、城市未来的人口分布状况，就业岗位分布及城市用地发展方向，根据不同性质、服务范围分级分区布局，包括商业、文娱、医疗等。城市综合服务设施高度集聚在中部组团，要求非营利性服务设施和第三产业优先落实，加快城市地区性综合服务量级、辐射度的提升，进一步吸引人口、发展第三产业、提高就业，朝着地区性重要中心城市目标迈进。

此阶段确定市区级公共设施的主要分布为：六堰为科技、文化娱乐中心；五堰、张湾为市级商业购物中心；陈罗—茅箭、白浪地区为公共建筑建设中心、市级副中心；各片区在十堰、土门、红卫、茅箭、白浪都设有区级商业中心，虽然在本阶段初期考虑到西部花果、柏林地区需要安排一定规模的市级和区级公共设施，但由于建设时序的先后以及政府资金投入的侧重点不同，以工厂区功能分布为主的东西部组团公共服务设施没有在短时间内得到改善，商品经济阶段还是以依靠二汽后勤保障为主，因此与中心组团的公共服务设施配备存在一定差距（图4.28、图4.29）。

4.4.4.2   市政公用设施

市政公用设施在这个时期进入统合布局阶段，市政公用设施建设将十堰市政府与二汽等国企单位公用设施全盘纳入，综合考虑，统一布局。

城市道路交通系统（图4.30）。十堰市呈三组团布局，组团与组团间的交通干道要求布置不少于两条，公交线路延长串联组团，从加快车辆提速和公交系统优化的角度加强城市道路系统建设，这个时期建成道路总长超过140km，提升道路干网密度至2.85km/km²。为促进道路职能分工，提高交通效率，做到引开过境交通，使客货、机非分流，公共交通得到大力发展，自行车的数量逐步控制，并与对外公路连接，根据车城特点，开辟商品车运送专用道，为二汽汽车生产、销售服务。此外，充分考虑小轿车在十堰的发展，在道路交通规划上留有余地。在商品经济阶段，组团间长距离的交通由私人小汽车逐步发展取代自行车。对小汽车采取在控制的前提下适当发展，在道路交通系统建设中考虑小汽车的停车场地及其配套服务设施。中部组团的道路网基本形成，但组团间连通道路的建设与东西组团内部道路网建设尚未完成。

此外，明确二汽煤气厂是在城市液化石油气维持规模的基础上，供应城市逾16万人口生活生产用气的唯一管道气源。在城市防洪建设方面，在上阶段"二汽二期、十堰市一期防洪建设"的基础上对这次土地使用发生改变的土门、花果、白浪的主河道加修延长。在城市排水建设方面，调整组团分离的排水体系，二汽和地方的生产排污体系统合协调。

综上，在商品经济时期，三线建设收尾改变了十堰持续依靠二汽发展城市的局势，转而寻求地方的自身优势禀赋，走上符合经济发展规律的轨道，以汽车工业为发展基础迈向地区性中心城市的定位，达到地方可持续发展的目标。此阶段城市空间在"串珠"的基础上，在集镇间填充发展，融合为东中西三组团城市总体形态。此阶段以城市为整体统一规划建设，全局性划分城市功能，在组团内平衡用地布局；政企各自为政的基础设施在此阶段统合布局。但由于投资时序的影响，且十堰政府还处于财政自主的初步阶段，城市建设的重心基本放在中部组团，东西组团公共服务设施建设标准低、发展滞缓，仍然依靠工厂单位后勤保障。虽然城市形态为三组团特征，但功能结构依然是显著的"单中心"形式，仅依

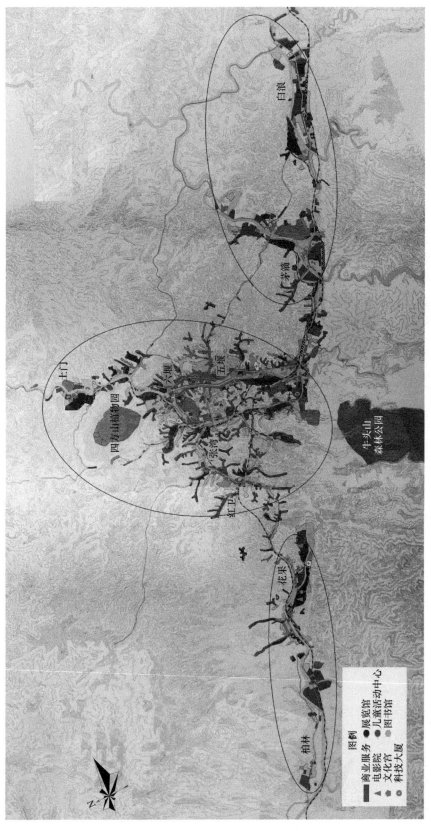

图 4.28　1997 年十堰市公共设施（市区级商业文化娱乐）分布图

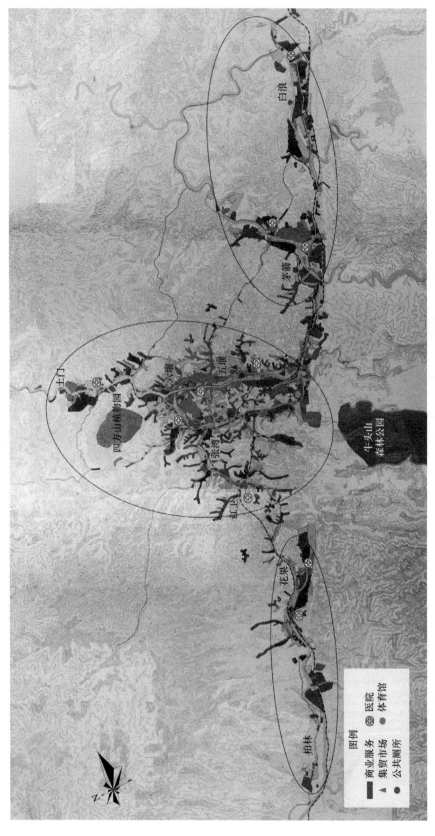

图4.29 1997年十堰市公共设施(医疗、体育及其他)分布图

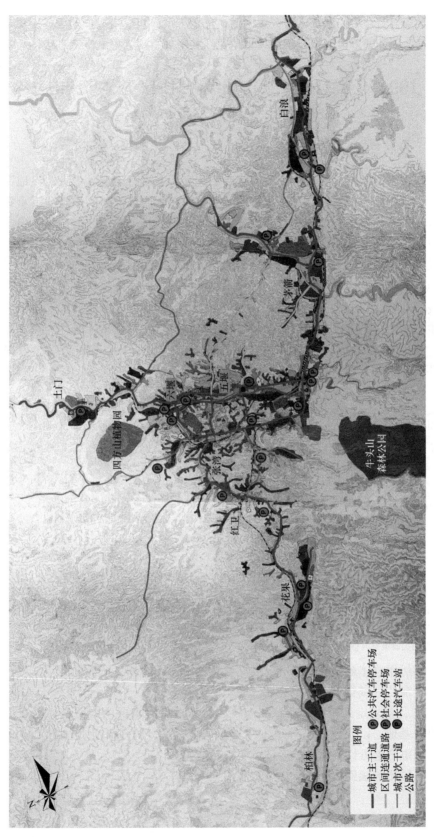

图 4.30 十堰市城市道路交通系统图

靠单中心服务辐射整个中心城区，服务效率低，且之于东、西组团过长的服务距离带来城市交通负荷增加。因此，形成了东西组团"单位化"和中部组团"去单位化"共存的局面。

4.5　1994年至21世纪初市场经济时期：整体集约的一体化城市

4.5.1　发展政策：区域性经济中心城市

央地产权关系的明晰化随着市场经济体制的建立而完成。十堰从中央"飞地"的光环和优待中走出，需要审视地方自身区位与资源禀赋，在新的经济体制的规律下重新定位地方城市在区域发展环境中的性质和目标，寻求新的城市经济增长点，维持城市稳定持续发展。随着空间生产要素流动性与日俱增，城市空间被赋予经济属性，空间发展的方向及趋势不确定及不可控因素增多。因此要求城市发展政策和规划编制具备前瞻性，以引领者的姿态带领地方城市参与区域竞争博弈，实现新经济体制下的城市综合效益的提升。

《全国主体功能区划》（国发〔2010〕46号）指出十堰境内多数地区属秦巴山区，是国家重点生态功能区，生态多样性保护和环境保护是重点。丹江口库区作为南水北调工程的水源地，将十堰赋予国家生态资源承载地的重任[1]。此外，系列政策对十堰提出了生态涵养和环境保护的要求（表4.8）。

十堰市相关发展政策　　　　　　　　　　　　　　　　　　　表4.8

国家	《全国主体功能区划》（国发〔2010〕46号）	国家重点生态功能区的发展方向：以保护和修复生态环境、提供生态产品为首要任务，发展适宜产业、超载人口逐步转移
	《全国城镇体系规划》	十堰所处的鄂豫陕交界地区的指引：加强汉江源头地的生态环境保护工作
	《丹江口库区及上游地区社会经济发展规划》	充分利用十堰的东风车、武当山、丹江水等资源优势，巩固生态城汽车城、旅游城、水电城的功能定位，增强中心城市的吸引力和辐射带动能力
湖北省	《湖北省"十二五"规划》	鄂西生态文化旅游圈建设：以生态文化旅游为重点，加速产业发展和基础设施建设
	《鄂西生态文化旅游圈发展总体规划》	以"和谐共生、绿色主导、品牌引领、交通先行"为发展战略，将鄂西圈建成国家生态文化旅游示范区
	《湖北省汽车产业"十二五"规划》	鄂西生态文化旅游圈建设：加强基础设施建设、推动生态文化旅游建设
十堰市	《十堰市国民经济和社会发展第十二个五年规划纲要》	围绕开创城乡一体化发展、山水一体大旅游、生态文明建设和综合交通枢纽，建设和谐之城、生态之城、山水之城、汽车之城和区域性中心城市

来源：根据相关政策资料整理绘制。

从十堰市历年总体规划的编制情况可见，对城市发展的关注从最初围绕二汽、工业优先转向关注十堰的区域竞争力和中心性（表4.9）。

1997年总体规划定义城市性质：鄂豫陕渝毗邻地区的重要中心城市，国家重要的汽车生产和科研基地，以发展旅游等地方性资源产业为主。汽车工业为主导产业，依托旅游、医药、水电等地方性资源发展经济，旅游功能主要以武当山为龙头，系统开发市域景点。发挥中心城市的辐射作用，优化城镇布局结构。

---

[1]　朱碧瑶. 从配建到引领："三线城市"十堰城市总体规划的演进 [J]. 上海城市规划, 2017 (4)：86-93.

十堰市历年总体规划编制情况   表 4.9

总体规划版本	编制主体	编制依据	城市性质及发展定位	图纸
1970年草案	十堰市"革委会"	二汽总图规划和红卫地区总体建设发展规划	围绕二汽建设及发展	建设总体规划、中心区详细规划
1972年	湖北省建委	1970年城市建设总体规划	多搞小城镇，发展城市以中小为主，城乡结合、工农结合、有利生产、方便生活的城市建设方针	总体规划，市中心、集镇规划（花果、红卫、茅箭、土门等），电力、电信、给水排水、防洪、农林牧渔专业规划
1975年	二汽现场建设总体规划管理组、十堰市规划办公室、二汽工厂设计处、公社城建小组	二汽现场十年奋斗目标和1972年总体规划	城乡结合，工农结合，有利生产，方便生活	总体规划，市中心区、二汽新建专业厂规划，公共设施规划（学校、医院、商业、广场及公共建筑等）
1981年	十堰市规划办公室、二汽工厂设计处	1981年城市总体规划	现代化的汽车工业城	总体规划、建设现状、用地分析、近期建设、园林绿化及公共建筑分布、道路、给水排水、电力电信、环保、人防、郊区
1990年	十堰市、二汽、郧阳地区	经济、科技社会发展战略研讨会，规划专家咨询论证会	地区性经济中心、全国重要的汽车生产和科研基地，以汽车行业为主导	增加图纸：宏观分析、社会调查、工业发展、就业岗位分布、土地有偿分析、山地利用、防洪、燃气、道路交通（客运、货运、公共交通）、公共设施
1997年	十堰市人民政府、十堰市城市规划管理局	1990年总体规划及其他上位规划	鄂豫陕渝毗邻的重要中心城市、国家汽车生产和科研基地，注重发展旅游和地方性资源产业	增加图纸：城镇体系规划、旅游资源、对外交通、居住用地、绿地系统、城市景观、燃气、供热、环卫、消防、抗震、远景规划
2011年	十堰市人民政府、十堰市规划局	1997年总体规划及其他上位规划	国际知名生态文化旅游城市、鄂豫陕渝四省（市）交界地区的区域性中心城市、国家汽车产业基地	增加图纸：生态环境和资源承载分析、城镇发展系列图纸、历史文化遗产保护、旅游发展、中心城区用地、灾害及建设图纸

来源：十堰市建设志编纂委员会. 十堰市建设志［Z］. 十堰市建设管理委员会，1999；
根据十堰市历年城市总体规划整理绘制。

　　2011年总体规划定义城市性质：鄂豫陕渝四省（市）交界地区的区域性中心城市，国际知名的生态文化旅游城市，国家重要的汽车产业基地。在改革探索阶段的十堰规划就表达出区域竞争的思想，但没有在规划内容中具体体现，2011年版规划提出区域协调，从市域、规划区、中心城区三个空间层次结合用地、规模做发展统筹，注重对原郧阳地区发挥中心城市的效应；从国家战略和地区经济联系角度论证区域交通、用地拓展、产业协作的发展趋势。在面对不确定市场时对城市战略决策的重视还体现在积极应用产业优势比较、旅游市场、用地绩效的分析等规划技术方法方面。

　　总之，从十堰历年总体规划可以看出，随着"三线企业"转型，促使"三线建设城市"发展主动性回归，审视地方资源禀赋，注重发展城市的中心性，强调辐射作用和区域竞争。城市职能与性质界定由单纯的"汽车工业城市"转向强调生态经济，城市建设重点从"保障二汽生产"转向"城市综合实力提升"。管制土地开发建构、评价用地适宜和经济性城市生态格局等规划内容的增加，凸显十堰尊重经济规律、关照生态基底、认可资源支撑的发展理性。

4.5.2 "多团块带状"城市总体形态

4.5.2.1 阶段初期城市问题分析

（1）对外经济和交通联系分析

市场经济阶段初期，从区域发展格局来看，十堰处在"武汉—襄阳—十堰—西安"经济发展轴线上，大区域范围内经济联系的主要方向是向东与襄阳、武汉的联系以及未来向西与成渝地区的联系。从区域交通流量分析，十堰中心城区主要的经济联系方向为向东和向西两个方向。

交通设施的布局是城市空间发展的重要支撑。受地形所限，这时期中心城区东西向对外交通设施在城区南北两侧各有分布，并以北侧分布为主。其中北侧有福银高速、郑渝客专（规划）、武当山—十堰一级公路（规划）；南侧有现状襄渝铁路、316国道。现状中心城区南北向对外交通设施主要分布在城区偏东侧位置，包括209国道和筹建中的十运铁路、十房高速、十堰机场等。因此从区域交通设施引导作用来看，城区空间向东、向北发展的动力更强。

（2）空间布局问题分析

市场经济阶段初期，十堰主要建成区集中在以犟河、神定河、百二河、马家河、茅塔河为轴线的河谷阶地上，形成若干呈东西向排列的"带状组团"。

从计划经济时期的"山、散、隐"的布局原则到商品经济时期"见缝插针"式的新建工业建设方式，地方工业发展与既有汽车主导工业协调，厂区就近配套，导致工业用地布局在"山、散、隐"的基础上进一步分散，不仅基础设施建设提升存在困难，而且组团内居住和工业用地相互穿插混杂（图4.31），企业运输与城市交通的重叠，加重了城区交通的压力，影响城市的运行效率及综合效益。

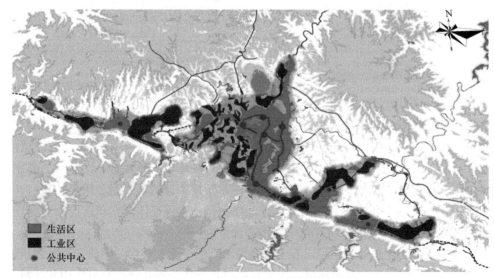

图4.31　2002年十堰市中心城区功能布局

来源：十堰市产业发展专题研究报告。

　　分散的城市组团使得市政设施及公共服务设施配套成本较高，城市公共服务设施主要集中在中部组团，东西部组团城市服务功能不健全。由于建设用地紧缺，中部组团建设强度不断增加，过高的居住密度也给市政设施和公共服务设施带来巨大压力，影响城区整体环境质量。因此需要逐步清退中部组团零碎的工业用地，提升城市环境。

　　（3）土地利用问题分析

　　从商品经济走向市场经济，十堰城市产业发展多元，人口增长，对土地资源的需求不断增加。据统计，十堰人均建设用地从 1987 年的 $107m^2$ 下降到 2000 年的 $92.24m^2$，城市发展与用地紧张的矛盾日益突出。根据城市用地评价，未来城市建设将不得不利用一部分丘陵地。

　　一直以来，十堰城市建设土地利用模式有四种（表 4.10），利用河谷地是主要模式，这种土地利用模式，没有强化十堰山城的城市空间特色，且此阶段河谷平地早已开发殆尽，未来城市空间扩张将主要利用城市建设条件次之的丘陵地区。根据城市用地适宜性评价（图 4.32），除河谷地外，其他较适宜建设的用地主要分布在各组团间的丘陵地区，包括花果组团西北部、中部组团的东部、白浪组团的东部和北部。开山平地作为城市"与山争地"的主流模式推进了土地开发利用的进程，大规模的山体平整，不仅提高城市的建设成本，还影响城区生态环境和城市特色保护。正确利用坡地，在山城特色维护和生态环境保护的大前提下拓展城市空间，缓解开发和保护之间的矛盾是当时面临的重要问题。

十堰市城市土地利用模式　　　　　　　　　　　　　　　　表 4.10

模式	坡地利用方法	现状	模式图
谷地利用模式	沿河道两侧河谷平地纵向延伸，并向河谷两侧丘陵地带延展		
坡地利用模式	随形就势，或改造为小规模台地		
开山模式	夷平山脚低处的坡度和高程用于开发建设		

续表

模式	坡地利用方法	现状	模式图
开山平谷模式	在谷底与山顶间选取折中高程为基准开山填谷	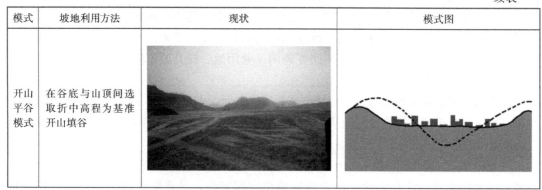	

来源：根据十堰市城区土地利用专题相关资料整理绘制。

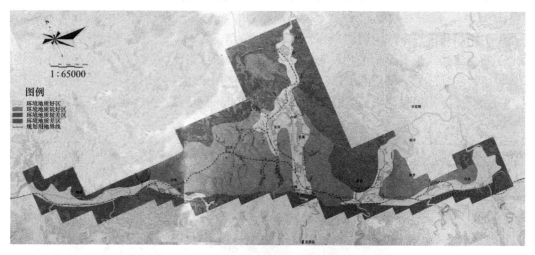

图 4.32　1997 年十堰市城市建设用地条件分析图

来源：1997 年版《十堰市总体规划》。

　　综上，十堰未来的发展定位是打造服务周边的区域性中心城市和旅游城市。而城市综合服务功能如商业商贸、旅游服务、物流集散、文化展览等并不完善，现状工业用地布局因过于分散而影响产业的提升和城市的环境品质，城市的公共服务设施过于集中于中部地区，空间局促且城市功能拥挤，而城市东、西部地区因缺乏动力发展缓慢，中心城区的现状空间结构已难以支撑城市功能的进一步提升。加速促进中部片区用地腾退整合，城市向东、西部拓展，为城市综合服务设施的配置提供承载空间、实现空间集中集约一体化是此阶段发展的核心策略。

4.5.2.2　"多团块带状"城市形态形成

　　市场经济时期，十堰市城市发展依然结合自身山区地理条件的特点，在上阶段一城三组团的总体形态上继续拓展，基本保留城市各主要功能区，明确不同组团的发展方向，采用织补的方法，突破用地布局适度向东西部拓展，为了提高城市的运行效率，建设重点为组团间的空白地带。1993 年土地管理局在归纳土地利用问题时提出："在城区，城市建设用地已十分困难，只有开山填沟，对市内黄金地带旧城进行改造和综合开发才是出路。"[1] 中部组团周边的丘陵坡地被纳入新城区开发范围，三组团之间的交通联系进一步加强，各种发展举措推进城市的分散格局走向集约高效的一体化。这阶段在提升城市公共服务职能的同时，削减了工业用地的比例，结合十堰的发展条件、定位、现状问题及空间发展策略，充分考虑城市与地理、生态环境的协调发展，片区与组团之间由保留的山体相互隔离形成"多团块带状"总体空间形态。

（1）空间发展策略

十堰这阶段将"东拓、西进、中优"作为发展策略，完善城市空间的区域服务职能，整合集聚城市空间，提高城市承载力。"东拓"指向东拓展作为城市发展的主要方向，既包含利用丘陵地区依托老城中心向东部延展争取发展空间，在茅箭组团和老城组团之间建设城市副中心，承接城市新增职能，还包含东部地区自身发展，新开发地区考虑与现有城区的良好衔接，引导产业和人口向东部集聚，完善基础设施建设等支撑工作；"西进"指在西城承接中部片区的外迁城市职能，包括汽车产业等外迁工业，安置中部疏解人口，促进西部片区职住平衡以缓解核心区的交通压力；"中优"指优化整合中部地区空间发展，包括分散的产业用地"退二进三"、提升空间品质及土地经济效益、配置公共服务设施增强综合服务功能。

用地布局集约高效。十堰山区土地紧缺，在维护生态环境的基础上高效利用存量土地空间资源，集聚发展分散的工业企业。保护山体和山头，挖潜利用河谷平地，适度开发丘陵坡地，山地开发利用应因地制宜地结合多种模式。保护山体、绿廊和滨水空间，加强十堰山、水、城共融的空间特色，依托生态本底构建景观廊道，尤其重视山体和山头保护，营造山城风貌特色，推进中心城区可持续发展。

（2）多团块建设

"多团块带状"城市空间由城市廊道分为东、中、西三块（图 4.33）。城市中部团块由老城、茅箭片区及新城组成，为十堰核心功能区，公共服务和居住是主要职能。老城片区的综合服务职能和城市人口逐渐向新城片区蔓延，行政办公及工业功能逐步疏解，两片区共同强化区域性商业服务中心，除满足新增城市人口的居住需求外，新城片区还承担行政办公、旅游接待、商务会展等服务功能；茅箭片区是现状城市四片较集中的建设区之一，生活服务功能布局在南部，功能置换外迁工业企业的建设用地，用以完善各类公共服务设施，提升片区服务功能；整合茅箭片区北部工业园区发展商贸物流业和工业。

东部白浪组团作为产业组团相对独立，主要功能为工业与商贸，工业集聚于东、北部，发展用地以整合茅塔河与白浪路沿线一带的外迁工业用地，并依托产业发展类型配套居住空间及公共服务设施。

西部花果组团包含花果产业区及红卫服务区，是东风汽车的产业基地，功能较为综合，包含汽车生产、物流与研发。东风公司的主要专业生产厂源于三线建设战备时期的分散布置原则位于红卫，相关配套设施功能不够完善，在花果产业基地建设的契机下，东风公司企业加速改造升级，专业厂区由红卫地区迁入花果工业园区，实现产业用地置换，红卫地区工业用地功能在之后面临改造调整，作为花果工业园区的居住和公共服务支撑。

---

[1] 十堰土地管理局. 十堰土地资源 [Z]. 1990：66.

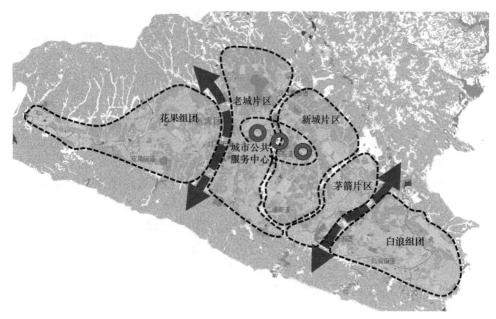

图 4.33　十堰中心城区"多团块带状"空间结构图

（3）景观系统建设

十堰这类山地城市景观系统的构建强调山城交融，注重山水要素与城市空间结构的结合，充分考虑十堰山城生态网络骨架"五河、十五梁、二十六峰、三十沟谷"的特点（图 4.34）。

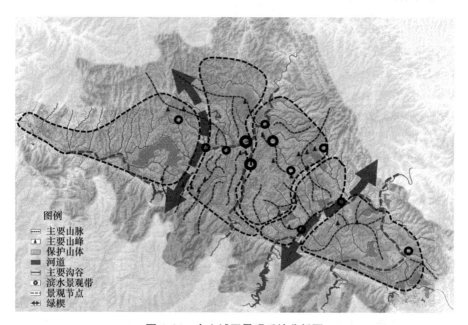

图 4.34　中心城区景观系统分析图

首先，以山体保护为基础，组团之间顺应城区山体走势，保留一定宽度的组团绿化廊带，东西向带状城市的组团结构空间在自然空间中由山体形态天然划分；其次，结合山梁，设置嵌插进入城市片区及组团的城市绿楔空间，顺延城市河道打造滨河绿带，形成百

美食、休闲娱乐为特色的商业服务；北京路结合沿线市政府、市博物馆与市体育中心等设施打造城市行政—文体中心；新城片区浙江路依托金融、休闲、旅游服务与商务会展等商业服务设施培育全新的商业—商务—文娱中心。为了服务功能的城市整体均衡协调，组团级公共服务中心有三处，分别位于花果车城西路沿线、茅箭西和白浪火车站北侧，服务相应组团，居住区建设中设立社区级便民商业服务网点，满足社区居民日常商业需求。

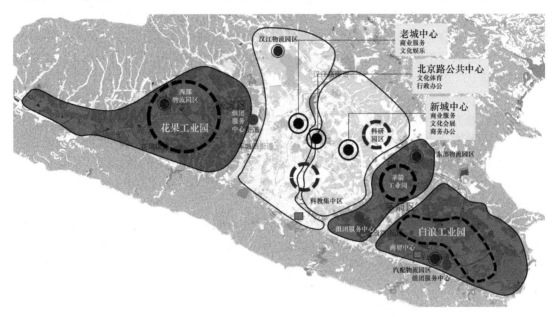

图 4.37　十堰市中心城区公共服务功能分布图

此外，根据区位交通和基础设施建设条件，专业化市场在十堰火车站南侧和白浪组团汽配城建设商贸中心，提升区域性商贸职能，同时改善城区市场环境，对于需要较大场地、运输量的专业市场，结合城区边缘的物流园区布设。

综上，在市场经济时期，十堰继续寻求城市自身资源禀赋融入区域博弈竞争的综合发展，从地区性重要中心城市迈向区域性经济中心城市，位于国家重要生态战略资源承载地的地位。此阶段城市空间在上阶段"三组团"形态基础上沿东西向拓展形成"多团块带状"城市总体形态。在充分尊重城市山水格局的基础上划分城市团块，构建景观系统，中部团块布局居住和公共服务为主的生活型功能；生产功能分布以东西两侧团块为主，工业用地布局强调经济、生态和社会综合效益；建立多中心的公共服务体系，提升城市综合服务职能。从上阶段"三组团"城市形态的分散有机走向城市空间的战略性拓展下的整体集约一体化。

4.6　小结

本章首先对十堰市总体空间形态演变的历史基础进行了回顾；然后在四种空间生产模式所对应的四个时间阶段分别对十堰市空间总体形态阶段性空间特征、用地布局特征及基础设施建设进行分析。

第一阶段计划经济前期（1964—1977 年），在备战和生产的发展政策影响下，中央计划主导，多方配合服从，国家备战计划的推动使得二汽汽车工业厂区在十堰空投植入，汽车工艺生产流程决定最初的城市功能布局，按工艺分组、按地形分片，基础设施的建设遵循"先生产、后生活"的配套原则，在十堰的几十条山沟中"靠山、分散、隐蔽"，形成"瓜蔓网状"的总体空间形态。

第二阶段计划经济后期（1978—1985年），在国内三线建设面临调整改造，国内提倡"集中力量为扩大生产服务"的背景下，十堰确立发展现代化汽车工业城市的政策，二汽和地方政府政企合一共同承担城市发展，用地布局和基础设施建设以工业优先，兼顾生活，以二汽分散的工业厂区为核心，在"国企单位办社会"的推动下发展为若干"集镇"，形成"串珠状"的城市总体空间形态。

第三阶段商品经济时期（1986—1993年），在"以经济建设为中心"的背景下，中央进一步放权地方与企业，地方经济激活，政企分离，十堰政府依托二汽发展为地区性重要中心城市。城市"去单位化"统一规划与建设，统合布局基础设施，但此阶段城市建设侧重中心组团，东西工厂区组团发展滞后，中心组团"去单位化"和两侧组团"单位化"共存。以组团内职住平衡为原则布局用地，在"串珠状"集镇的空间基础上进一步填充，形成分散有机的"三组团"城市总体形态。

第四阶段市场经济时期（1994年至21世纪初），我国社会主义市场经济体制框架下，十堰以生态战略资源承载地的身份参与区域竞争，发展目标为区域性经济中心城市。此阶段在充分尊重城市山水格局的基础上构建景观系统，划分城市团块，城市空间建设采取"东拓、西进、中优"的发展策略，用地布局以提升社会综合效益为导向，逐步疏散中心组团工业功能，整合现状各类空间，朝向整体集约一体化方向发展，完善区域中心城市职能，形成"中部生活两侧生产"的城市功能布局，城市空间在上阶段"三组团"形态基础上沿东西向拓展形成"多团块带状"城市总体形态。

5 十堰市城市街区空间形态演变

本章分析不同的城市空间生产模式下十堰市街区空间形态的演变特征。分四个阶段，分析不同时期空间生产模式下城市街区空间的形态特征。十堰的街区空间由最初分散的三线建设工厂发展而来，随着经济体制改革和发展政策的影响，街区内最初若干封闭、保密、隔离的军工厂因三线建设调整，工厂围墙被逐步打开，与外部空间走向融合，三线建设城市街区呈现出从"单位制"到"社区制"的空间发展过程，从"封闭独立"到"开放融合"的形态演变特征。

5.1 1964—1977 年计划经济前期：封闭独立的生产单位

5.1.1 发展政策：深入开展"设计革命"运动

5.1.1.1 "设计革命"奠定厂区布局基调

"要把二汽建设成具有世界先进水平的汽车厂，要搞'设计革命'，搞'四边'建厂方针"[1]。1966 年 3 月 29 日，中央防空检查组汇报材料中指出在三线建设中对贯彻"靠山、分散、隐蔽"方针思想认识上存在的问题，要求深入开展"设计革命"运动，贯彻"山、散、隐"方针，加强工业布局的综合规划，统筹安排，工厂规模不要过大。

1966 年 7 月国务院发布《关于在三线建设中贯彻执行"靠山、分散、隐蔽"的方针加强对空隐蔽问题的报告》[2]。1967 年 2 月 24 日一机部批复了关于第二汽车制造厂总体布置和设计纲要。批准现场会议纪要和工厂设计纲要，关于厂址批复指出，在湖北省二汽各专业厂的布置既要根据汽车生产的特点，又要充分理解"靠山、分散、隐蔽"六字方针，充分贯彻建工部对三线建设的具体要求，即"七字八条"和对空隐蔽十二字诀[3]。七字指厂房建设要"一贴、二埋、三嵌、四散、五藏、六进洞、七伪装"；八条则具体规定了车间面积不能大于 3000m²，主要车间要进洞，车间设计要做好隐蔽，车间之间要拉开距离，"瓜蔓式"一字排开，宽沟和大坪不利于隐蔽等[4]：①对空隐蔽的关键在于选点，尽可能地挑选那些山顶与山麓高差大一些的地区，最好不低于 150km，山势越是陡峭、峡谷越是窄小，对空隐蔽越是有利。每个点布置成一个或几个建筑群，在相邻的山沟里，利用山脊把它们分开。②在山地里搞建设，总体设计不宜采用四方的街坊式布局，车间不要成行并列，要像瓜藤一样，紧贴山麓一字摆开，主要生产车间要分散布置，尽可能扩大间距。随山形就地势，不过多考虑朝向，道路不要过分地强调平缓。③工艺设计要求

---

　［1］十堰文史（第十四辑）三线建设二汽卷（上册）［M］. 武汉：长江出版社，2015：404.
　［2］二汽厂志编辑室. 二汽建厂史料（第九辑）［Z］. 1984：35-36.
　［3］此要求摘自 1966 年 4 月国家建筑工程部第一综合设计院制订的关于"工业建筑设计中贯彻'山、散、隐'政策的一些措施"一文，二汽的工厂设计受到了该文件的影响。
　［4］二汽厂志编辑室. 二汽建厂史料（第五辑）［Z］. 1984：6-12.

技术先进，采用先进生产定额，减少生产和辅助人员，为了缩小生产车间的面积，要把车间内的办公室、生活间、工具间、材料库等辅助性设施与正式生产车间分开，单独修筑，辅助性生产设施，也可以化整为零，分别布置在几个主要生产车间附近。④车间面积不能大于 3000m²，一个建筑群的总面积在 20000m² 上下，建筑群间距不可小于 1000m²；车间长×宽须小于 70m×20m；独栋建筑面积控制在 1000～3000m² 之间；只要能满足工艺使用水车间的跨度和高度，建筑物要尽可能低矮，不得超过两层。⑤主要生产设施，如水泵站、电源等要进洞。总之，工厂在山沟里布局和设计时，千方百计不能让敌机在空中发现；即使发现，也要难以辨认和轰炸；即使轰炸，也要做到炸不垮、打不烂[1]。⑥重要国防建设要做好隐蔽，工厂标志和特征隐藏，取消屋顶气楼，建筑避免工厂特征、避免红砖墙、墙面改用油漆涂装，避免大门窗及玻璃反光等，可仿民房设计工厂，外露设备和构筑物做好伪装，烟囱可以爬山，高压线可以改用电缆，管道埋在地下，为了减少烟雾，燃料可尽量改用油。⑦分散布局以后，土地平整、道路桥涵、排洪护坡、电缆管线等所需的费用，势必有所增加，一般来说公用工程的修建费用以控制在土建总投资 25% 以内较适宜。⑧民用建筑要参照当地居住条件、建筑标准和传统式样设计，居民点远离重要设施及关键部位。

十二字诀：1 贴，根据当地山脚下台地的特点将车间贴山建筑模拟台地形势；2 镶，地段比较开阔，已有台地的形式，可以利用台地将车间镶入台地之间；3 嵌，地形附近有小山沟，可将主要车间嵌入沟内；4 围，山沟较宽敞处，可将车间围沟建筑，沟内布置车间形成村落式；5 伸，沟内有沟，地形窄长，可将主要车间伸入细沟布置；6 村，如车间较小，或便于大化小，可按村落式布置，或集镇式布置；7 叠，如有多层台地处，可将车间合并重叠布置，模拟多层台地形式；8 盖，较小山沟也可采用蚌壳式悬索结构，将小沟盖成大车间；9 埋，利用小土丘做模板，上做拱顶把土挖空埋入地下，也可采用其他埋入法修建地下或半地下建筑；10 洞，黄土地带，可以挖沟，在沟里挖出小型车间，在沟上加掩蔽物；在有天然溶洞地区，应设法加以利用，重要的单项在需要时可建人工洞；11 藏，工厂特征构筑物，如水塔、烟囱、变电所、道路、管架等可用爬山烟囱、高位水池、乡村小路等加以隐蔽；12 混，如车间暴露在外，在车间顶部加网掩盖或利用天窗模仿民居，鱼目混珠[2]。

二汽工厂设计分为初步设计、扩初设计与续建设计三个阶段。先后有上千名设计人员及 32 个专业单位参与初步设计，之后阶段几乎由二汽工厂设计处承担。在这之后，"二汽建设总指挥部"在十堰召开会议，会议内容有二：一是对新设备的试制和生产方案进行审查；二是对各专业厂的工艺设计、总平面布置，以及工厂设计的原则进行审查。会议认为原方案"贪大求洋"，提出"设计革命"。工艺设备总台数减少 3182 台，厂区工业建筑面积减少 24.2389 万 m²，二汽建设总投资由 11.5 亿元减为 9.7 亿元。1971 年 11 月，一机部批准了这份"设计革命"成果。总图环节缺失及项目简省造成工程缺漏项问题，引发返修、拆除重建[3]。有些厂受极"左"思想的影响和地理条件所限，选的山沟较小，建筑物分散成"羊拉屎"的模式。

[1] 徐秉金，欧阳敏. 中国汽车史话 [M]. 北京：机械工业出版社，2017：54.
[2] 二汽厂志编辑室. 二汽建厂史料第九辑 [Z]. 1984：38-39.
[3] 第二汽车制造厂志 1969—1983 [Z]. 东风汽车公司史志办，1986：71.

5.1.1.2　工厂布置"要隐蔽也要算经济账"

1966 年 8 月，一机部到二汽现场听取汇报。关于厂址选用的各条山沟与总体布置，领导认为，工厂有必要"靠山、分散、隐蔽"，但也要分散适当，部分集中，要算经济账，要积极防空，干"小军工"也不能都进洞，都进洞也进不起，山区建工厂的问题需要民主研究，最大的隐蔽可能会带来最大的浪费，建设费用要与一汽比较，尤其是分散后的用房和运输费用控制，基建投资超出计划的 1/3 不可信，过度分散不仅带来经济超支更会破坏生产特性[1]。

厂房设计是"牛拉屎"而非"羊拉屎"。建厂初期选址时曾提出车间之间的距离不应小于 1000m，建筑群面积也不宜超过 2 万 m^2，这种过分分散的厂房布局被形象地称为"羊拉屎"。"牛拉屎"方案与"羊拉屎"不同，在备战思想下进山区建厂，"牛拉屎"方案可以保证工艺完整，有利于汽车大生产。国家建设一汽投入 6 亿元，产能设计是 3 万辆，国家在经济紧张的情况下建设二汽投资 16.7 亿元，产能设计是 3 个车型 10 万辆。二汽的设计产能比一汽大，厂房布局及设计讲究，才能保证大批量汽车生产的正常有序进行。

在选择二汽厂址，确定建厂方针时，受"左"思潮影响，主要车间要相距一两千米。这样二汽 200 多个车间就要拉几百千米长，二汽领导在一机部领导的支持下冒险提出，那样不仅建设投资大，且无法组织生产及运输，终于摒弃进大山钻深沟和"瓜藤式"拖长秧两个方案。因此二汽很快形成生产，建成我国当时最大的汽车工业基地，最重要的是布局合理，由"羊拉屎"甚至"飞机拉屎"，变成"牛拉屎"，是二汽建设者冒着巨大风险，进行力争的结果[2]。

1969 年 5 月，国家建工部所属工程局调动近 4 万建筑精英大军建设二汽，成立"102"工程部，到 1976 年 12 月，二汽厂房基本建成[3]。按照老营会议精神，"以汽车生产特点为基础，以汽车总成为对象，以毛坯一加一装配基本封闭为内容的生产原则，各负其责，分别行动，来确定各专业厂的生产布局"[4]。十堰市的发展是以一个个封闭独立的二汽工厂单位作为基础，三线时期的厂区是介于城乡之间的特殊社会组织形式，"工农结合，城乡结合，有利生产，方便生活"的新型社会主义工业区。

5.1.2　厂群"干—支放射状"形态

十堰各专业厂"按工艺分组、按地形分片"的布局原则一共形成四个生产组团，即四个厂群：发动机组团、车桥组团、总装冲压组团和后方组团，按照地形分别布置在张湾、花果、红卫、茅箭。各个组团沿湘渝铁路自东向西，层层展开，密切相连。各组团内的厂区布置遵循"大分散、小集中""依山就势，因地制宜，灵活多样"的布局原则，片区与片区之间适当分散，片内厂与厂之间靠拢布置，每个厂区都是一个封闭独立的生产单位空间。

各厂群呈"干—支"放射状形态，在基本放射状布局模式的基础上，根据具体地块地

［1］二汽厂志编辑室. 二汽建厂史料第九辑［Z］. 1984：25-27.

［2］十堰文史（第十四辑）三线建设二汽卷（下册）［M］. 武汉：长江出版社，2015：350.

［3］十堰文史（第十五辑）三线建设"102"卷（上册）［M］. 武汉：长江出版社，2016：1.

［4］十堰文史（第十四辑）三线建设二汽卷（上册）［M］. 武汉：长江出版社，2015：308.

形的不同又略有区别。发动机组、后方组及中部总装组主要专业厂的厂区群组为了方便运输及获取生产用水，均靠近襄渝铁路和老白公路，同时结合片区内的河流和支沟，厂群形态呈"干—支"放射状（表5.1），以襄渝铁路、老白公路及主要河流为主干，以支流和支沟为支干，厂区沿支沟往纵深方向发展。在此基础上，较大的支沟也可串联布置两组专业厂房。如发动机片的鞏河沟串联铸造一厂和发动机厂、车桥片的马家河沟串联木材加工厂、锻造厂和车桥厂；支沟也可继续与相邻支沟连通，并联布置多组专业厂房，形成"梳状"形态，如中部片的北部有设备制造厂、标准件厂、钢板弹簧厂、底盘零件厂等辅配件厂。虽然厂群内部各专业厂区通过大路河流相互连通，但各厂区依然各自独立，自成完整封闭的系统。

厂群形态模式图、各片区分布图及特征　　　　表 5.1

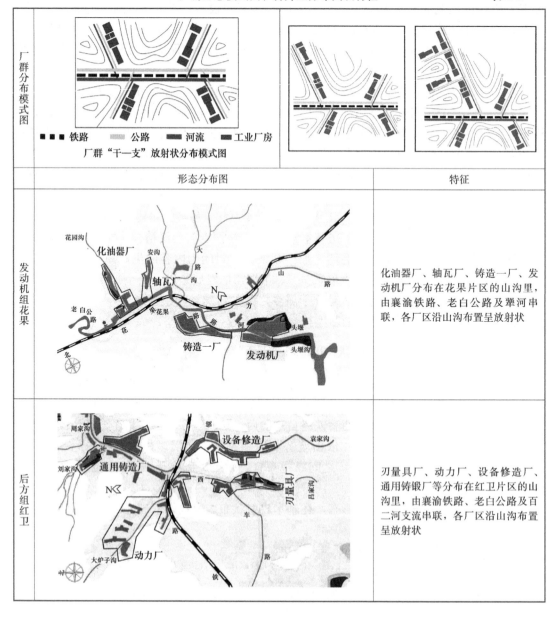

厂群分布模式图	厂群"干—支"放射状分布模式图 ■■■ 铁路　　公路　　河流　　■ 工业厂房	
	形态分布图	特征
发动机组花果		化油器厂、轴瓦厂、铸造一厂、发动机厂分布在花果片区的山沟里，由襄渝铁路、老白公路及鞏河串联，各厂区沿山沟布置呈放射状
后方组红卫		刃量具厂、动力厂、设备修造厂、通用铸锻厂等分布在红卫片区的山沟里，由襄渝铁路、老白公路及百二河支流串联，各厂区沿山沟布置呈放射状

续表

形态分布图	特征

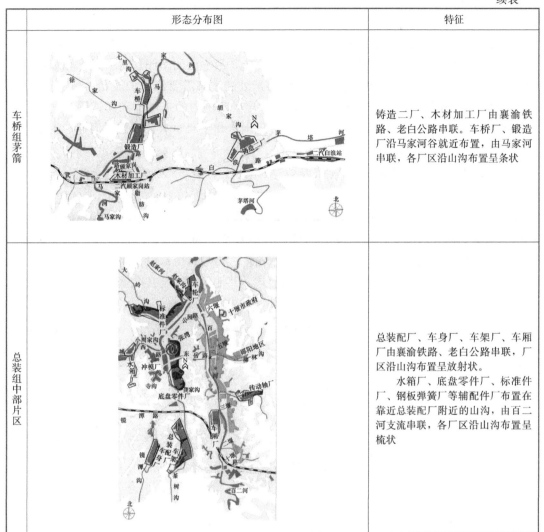

车桥组茅箭：铸造二厂、木材加工厂由襄渝铁路、老白公路串联。车桥厂、锻造厂沿马家河谷就近布置，由马家河串联，各厂区沿山沟布置呈条状

总装组中部片区：总装配厂、车身厂、车架厂、车厢厂由襄渝铁路、老白公路串联，厂区沿山沟布置呈放射状。

水箱厂、底盘零件厂、标准件厂、钢板弹簧厂等辅配件厂布置在靠近总装配厂附近的山沟，由百二河支流串联，各厂区沿山沟布置呈梳状

来源：东风汽车公司史志办. 第二汽车制造厂志 1969—1983 [M]. 1986；根据《二汽厂区分布图》整理绘制。

5.1.3 工厂顺沟布局成"线块状"

十堰市三线建设工厂选址多分散隐蔽在山沟中，每个厂区的布局均需要处理地形高差，以减少土方量为目的，厂区选择沿等高线布局，依山就势顺应地形，或利用谷间平地和丘陵缓坡建设，以不占和少占基本农田为原则，用坡道台阶处理高差沟通上下。因此山沟分为大沟和小沟，按生产工艺和车间建设需求，小厂布局在小沟呈"线状"，大厂布局在宽沟呈"块状"。也有若干专业厂布置受极"左"思潮影响和建设场地限制，用的沟稍小、建筑物间隔稍分散。如设备修造厂，不到 4 万 m² 的工业建筑却绵延 1400m，关键车间之间相距超 100m，是典型的"羊拉屎"格局[1]。

十堰市的二汽专业厂总体布置特点可分为块、线两种形式，其中成块的为宽沟集中式

---

[1] 第二汽车制造厂志 1969—1983 [Z]. 东风汽车公司史志办，1986：71.

布置，如发动机厂，铸造一厂、车架厂、底盘零件厂等；成线的为顺沟串联式布置，如各后方厂、水箱厂、传动轴厂等；顺沟并联式，如传动轴厂、动力厂；岔沟放射式布局有冲模厂。工厂的工业建筑单体面积多数介于 $8000\sim15000m^2$，厂区建筑系数介于 $30\%\sim40\%$。由于十堰地区山体多片岩，石质差且易风化，故靠山的车间厂房一旦大幅填挖和切山，会造成塌方、滑坡和地基下沉，因此厂房近处的坡脚需要修筑护坡和堡坎进行加固。车间布置于沟底但不低于 1935 年洪水位，保持厂区范围内的排洪沟和河道顺直畅通，增加泄洪量以保证工厂防洪安全，布置中考虑各厂雨水和生产净水就近排入河道；生活污水及工业废水经过处理后排放[1]。

5.1.3.1　顺沟串联式

顺沟串联式厂区布局是由于建设选址的山沟不够宽阔，可用于建设的平整用地有限，厂区在狭长的沟谷平地空间布局，厂房纵向顺沟按生产流程依次串联排开，厂区形成单向朝山沟纵深处插入的形式，由此发展为单线性或双线性布局模式，即布置一排或两排厂房。典型的厂区为化油器厂、通用铸锻厂、水箱厂、刃量具厂、设备制造厂（表5.2）。顺沟串联式是十堰三线建设厂区最基本的布局形式，其他形式均是在此基础上依据具体地形变化而来。

顺沟串联式模式图及代表厂区　　　　　　　　　　　　　　表 5.2

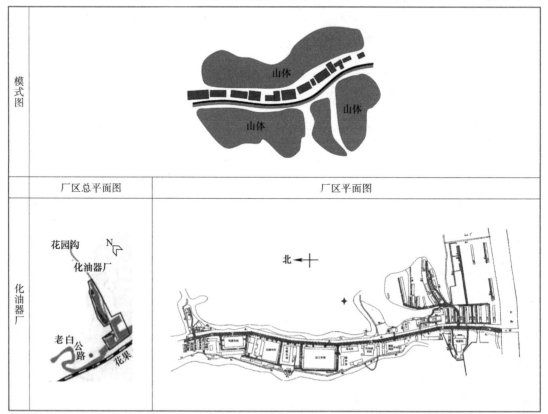

| | 厂区总平面图 | 厂区平面图 |

[1]　十堰文史（第十四辑）三线建设二汽卷（上册）[M]．武汉：长江出版社，2015：3354-3355．

续表

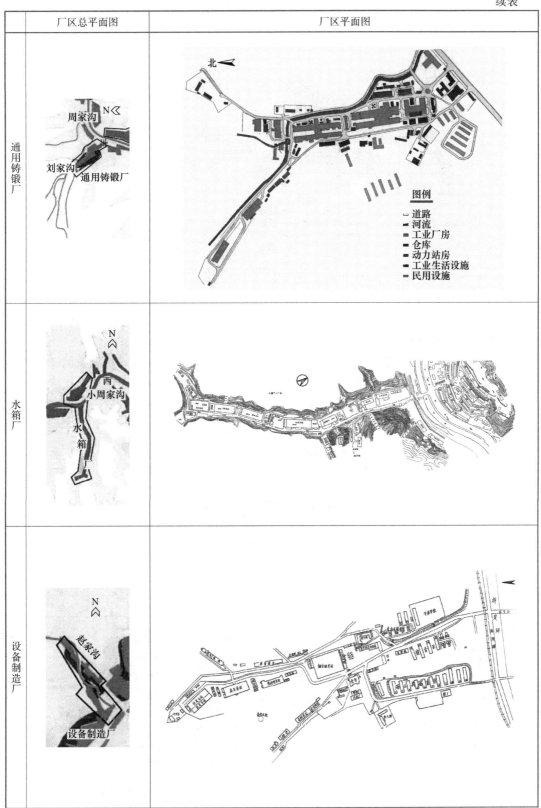

厂区总平面图	厂区平面图

通用铸锻厂

图例
道路
河流
工业厂房
仓库
动力站房
工业生活设施
民用设施

水箱厂

设备制造厂

续表

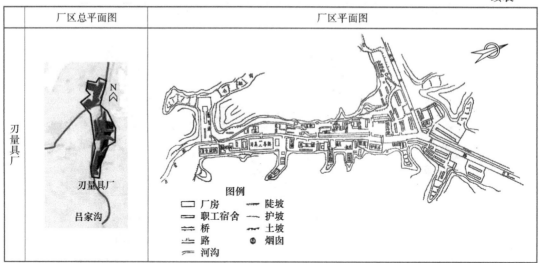

| 刃量具厂 | 厂区总平面图 | 厂区平面图 |

来源：第二汽车制造厂 1965—1983 厂志系列，《化油器厂志 1966—1983》（1985 年）、《通用铸锻厂志 1966—1983》（1983 年）、《水箱厂志 1965—1983》（1985 年）、《设备制造厂志 1966—1983》（1984 年）、《刃量具厂志 1965—1983》（1984 年）。

5.1.3.2 宽沟集中式

宽沟是沟底较宽的山沟，用于建设的沟谷用地平整，且面积较大，所建设的工厂规模与宽沟大小协调，可在山沟内相对集中地布置工业厂房，形成一个建筑组团，沟底宽度可容纳厂房横向排列三排及以上，场地占满后再将剩余建筑在支沟顺沟布置。二汽各专业厂中，此类布置形式的厂区数量占比最高（表 5.3）。

宽沟集中式模式图及代表厂区　　　　　　　　　　表 5.3

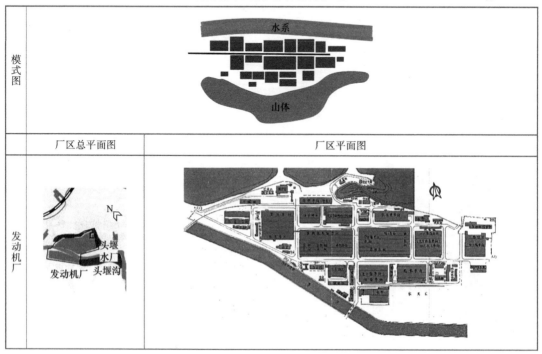

| | 厂区总平面图 | 厂区平面图 |

续表

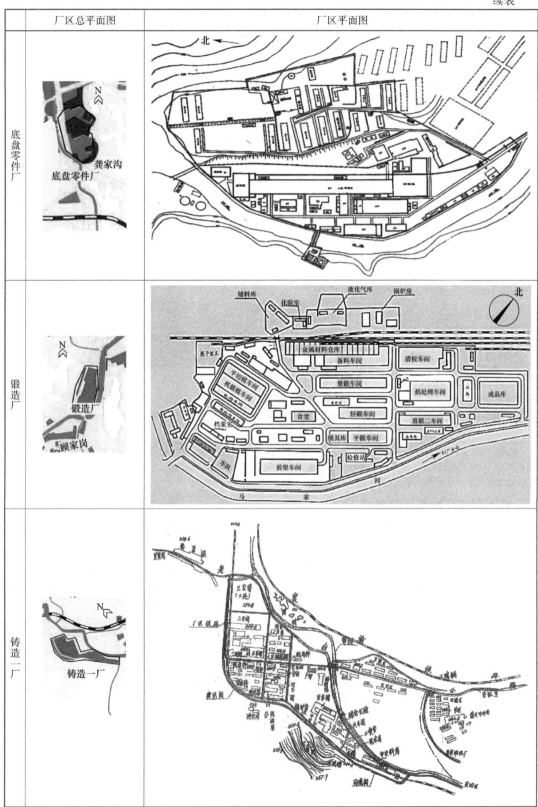

续表

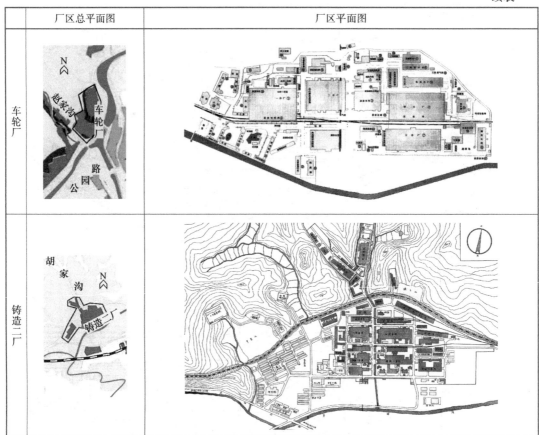

	厂区总平面图	厂区平面图
车轮厂		
铸造二厂		

来源：第二汽车制造厂 1965—1984 厂志系列，《发动机厂志 1966—1984》（1985 年）、《底盘零件厂志》（1984 年）、《锻造厂志 1966—1982》（1984 年）、《铸造一厂志 1965—1983》（1984 年）、《车轮厂志 1969—1983》（1985 年）、《铸造二厂志 1965—1983》（1984 年）。

5.1.3.3　顺沟并联式

　　顺沟并联式是指并联的多条山沟由一条条连通[1]，或多条沟相互交叉连通，需要判断主沟与副沟，以大沟为主，小沟为副。二汽专业厂建设在处理主沟与多条副沟并联，即"一主多副"的情况时，一般将主要车间置于主沟，次要厂房顺沟置于各副沟中，交通运输依靠主沟联系各车间。二汽厂区中具有代表性的有大炉子沟的动力厂和花园沟的传动轴厂（表 5.4）。

顺沟并联式模式图及代表厂区 表 5.4

模式图	

---

[1]　万涛. 鄂西北地区三线建设工业遗存的空间形态研究 [D]. 武汉：华中科技大学，2017：78.

续表

	厂区总平面图	厂区平面图
传动轴厂	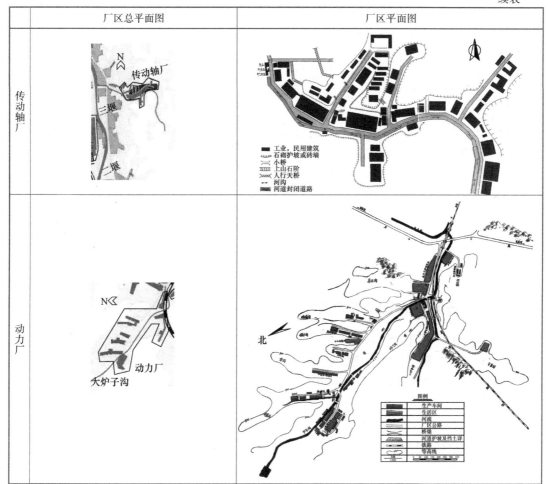	
动力厂		

来源：第二汽车制造厂1965—1984厂志系列，《动力厂志1966—1983》（1984年）、《传动轴厂志1965—1983》（1985年）。

5.1.3.4 岔沟放射式

山区地理环境复杂，往往会遇到多沟并存的局面，但会存在几条沟之间无明显规模区分，此种情况则根据厂区功能，以沟为单位分片布局，将相近车间或流水线安排在同一条沟内，通过几条沟交叉形成的中心空间相互沟通，中心空间适合布置办公建筑和后勤食堂等此类服务功能建筑。二汽的冲模厂将主体车间按组别依次安排在四条山沟中，从中心沿山沟发散，整体呈放射状（表5.5）。

岔沟放射式模式图及代表厂区 表5.5

模式图	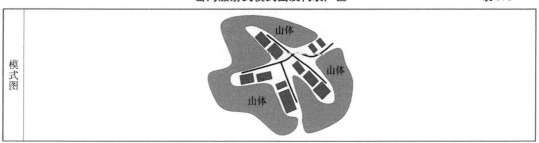

续表

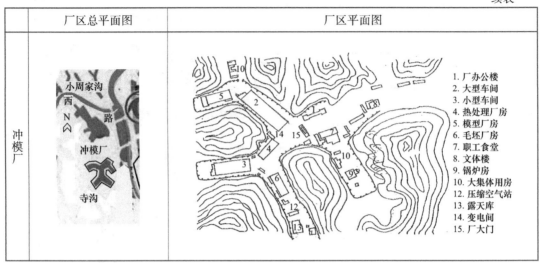

	厂区总平面图	厂区平面图

1. 厂办公楼
2. 大型车间
3. 小型车间
4. 热处理厂房
5. 模型厂房
6. 毛坯厂房
7. 职工食堂
8. 文体楼
9. 锅炉房
10. 大集体用房
12. 压缩空气站
13. 露天库
14. 变电间
15. 厂大门

来源：第二汽车制造厂 1965—1984 厂志系列，《冲模厂志 1966—1983》（1984 年）。

5.1.4　各单位自成独立生产生活单元

　　三线建设工厂多具国防军工性质，要求隐蔽、与外界隔离、注重保密是形成自给自足封闭型社会特性的制度背景和核心原因，孤立的厂区选址特征和空间布局除了具备备战减灾的特性，还是一处文化孤岛。严格的户籍制度将三线建设职工和当地村民划分为两种户籍，阻绝当地村民成为三线企业职工，使得三线建设厂区形成一个个独立的单元，各单元封闭独立，具备一套完整的生产生活系统。在确保生产安全的前提下，各厂区小学、幼儿园、商店、俱乐部、广场、卫生所配置齐全，厂区内能解决所有生活需求，形成一个完整的"集体生活单元"。

　　各工厂功能区可划分为生产区、居住区、公共服务区（后两者也可合称生活区），由同一个厂区大门进出，关闭大门则可以独立封闭（表 5.6）。生产区包含工业车间、仓库等，居住区包含住宅楼、单身宿舍等，公共服务区包含食堂、职工俱乐部、职工子弟学校、幼儿园、招待所、卫生所、供销社、澡堂、篮球场等，是公共服务设施的集合区。此外，附属配套设施如仓库、配电室等在厂区内分散布置。职工宿舍的选址为了方便保卫工厂，本着有利生产、方便生活、节约用地、少占良田等原则，靠近厂区上山或上坡布置，各厂都有独立发展余地，均设有独立生活设施。厂内职工的生活福利设施建设是从简陋到完善，逐步发展的过程。在计划经济前期阶段，各厂区内各类服务设施基本配备已较齐全，不出厂就可满足生活的各项基本需求[1]。居住区和公共服务区均服务于职工的生活需求，布局联系紧密，生产区进行工业生产则始终保持自身独立和完整性，与其他两区界限明确，但三个分区会按照一定的模式联系起来，构成一个有机的整体。二汽的二十多个厂区，主要分为两种模式：居住区—公共服务区分离模式（表 5.7）和居住区—公共服务区融合模式（表 5.8）。

---

　　[1]　铸造二厂志编纂委员会 . 铸造二厂志 1965—1983 [Z]. 第二汽车制造厂，1984：224.

二汽若干专业厂区老大门　　　　　　　　　　　　　表 5.6

通用铸锻厂	发动机厂	铸造一厂
车轮厂	化油器厂	标准件厂
锻造厂	钢板弹簧厂	总装配厂

居住区—公共服务区分离模式及代表厂区　　　　　　　表 5.7

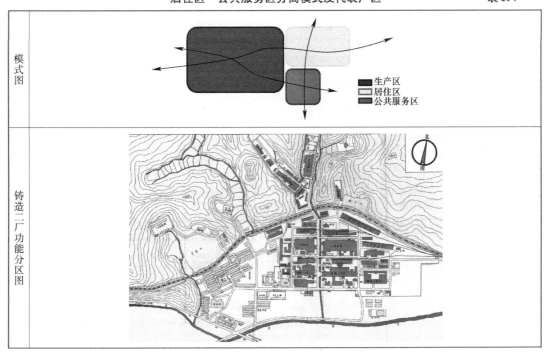

续表

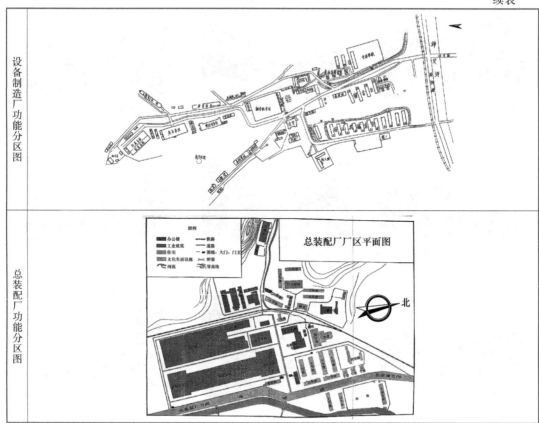

设备制造厂功能分区图	
总装配厂功能分区图	

来源：第二汽车制造厂1965—1984厂志系列，《铸造二厂志1965—1983》（1984年）、《设备制造厂志1966—1983》（1984年）、《总装配厂志》（1984年）。

居住区—公共服务区融合模式及代表厂区　　　　表5.8

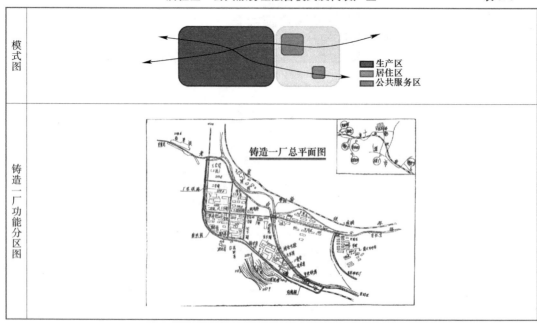

模式图	
铸造一厂功能分区图	

续表

| 车桥厂功能分区图 |  |
| 水箱厂功能分区图 | |

来源:第二汽车制造厂1965—1984厂志系列,《铸造一厂志1965—1983》(1984年)、《车桥厂志》(1985年)、《水箱厂志1965—1983》(1985年)。

综上,选址建设在十堰山区的第二汽车制造厂在计划经济前期阶段受"深入开展设计革命"的政策影响贯彻执行"靠山、分散、隐蔽"方针,但同时考虑"算经济账",因此十堰山沟中的几十个二汽生产厂区布局既能依托地理环境做到军事隐蔽,又能充分兼顾汽车生产需求,达到最佳平衡。若干厂区组成厂群,生产流程上就近配合,形成"干—支放射状"形态;单个厂区依据生产需求和规模顺沟布局,形成"线状"或"块状",各厂区均具备生产、居住、公共服务功能,自成封闭独立的生产生活单元。

5.2 1978—1985年计划经济后期:从单位走向集镇

5.2.1 发展政策:工农结合的集镇规划

1975年中央多次提出三线建设要为农业服务的思想,指出需要改进山区三线工厂的商业工业，解决副食品、蔬菜、肉类供应不足的问题，可以用一部分用地生产蔬菜，满足工厂需求之余可供应市民。8月18日，国务院讨论国家计委文件时认为分散在农村的三线工厂应当辅助附近社队搞好农业生产，一个厂带动一片[1]。1975年11月，《发展国民经济十年规划要点》认为国民经济发展到1985年有三个任务：一是农业基础建立稳固，二是钢铁工业建立强大，三是把大三线战略后方基地加强成为"硬三线"。把农业和轻工业发展上去，提高生活供应，实行军民结合、平战结合[2]。

根据国务院批转国家计委、国家建委、财政部《关于加强基本建设管理的几项意见》（国务院〔1972〕字40号）文件关于"新扩建城市，要作规划，经过批准纳入国家计划"的指示精神，武汉市规划设计院等单位编制了十堰市城市总体规划和红卫、花果、土门、茅箭集镇详细规划。最早在十堰市1972年的总体规划中就提出集镇规划，要求在以二汽定点专业厂以及襄渝铁路的基础上，全市规划为一个市中心区和六个集镇。第一阶段四个：茅箭、土门、花果、红卫，之后还包括西部的柏林和东部的白浪。集镇与集镇之间相距3～5km的空间，由厂区铁路和公路、大片菜地果园和沿路两侧浓荫行道树连成有机整体，工厂和农村结成一体[3]，工业和农业相互支援，宏观形成葡萄串珠的城市布局[4]，从规划图以及档案记载中发现，在城市街区范围内，由若干封闭独立的集体生活单元之间"见缝插针"式填充扩建，连片形成"小集镇"。

计划经济时期的集镇规划具有极强的落地性，在1981年和1990年的城市空间形态中得到充分验证。通过前后对比发现，这个阶段的集镇规划对现实空间发展的方向性引导没有出现偏差，规划按照国家经济计划、政策方针来编制，而集镇建设完全按照规划实施。因此，此阶段按照"工农结合，城乡结合，有利生产，方便生活"原则，以"多搞小城镇"的要求，在二汽工厂布局基础上协调十堰城市规划，在"厂区组群"的基础上提出"集镇建设"，在原有基础上，发展农业、轻工业、商业，改变单个厂区封闭独立生活单元的情况，转而变成多个独立单元的扩建和相互融合，形成集镇生活区。

5.2.2　围厂扩建形成小"集镇"

十堰市的集镇依托原二汽专业厂四个生产片区，分两种类型：一是以若干厂区为核心扩建形成集镇，即几个工厂连片发展组成的集镇生活区；二是以单独厂区为核心扩建形成集镇。此外，地区、市和二汽总部行政机关所在地和中部工厂片区组成市中心区，市中心区虽然超过集镇规模，但扩建的手法与同时期周边集镇建设相同。

围厂扩建的内容主要是按定额用地指标配置集镇用地（表5.9）。各集镇增设的用地类型包括地方工业、工业备用地、生活用地、发展用地、公共建筑、机关单位、仓库用地、中学技校、医院、农田菜地或绿地。根据本地区的实际条件，形成规划定额指标，各集镇配置生活娱乐设施及公共建筑（表5.10），达到"各片区有重点，各专业厂有阵地"[5]。根据1972年的集镇指标规划，对比1984年的建成情况，达到极高的落实度，到1984年

　　[1] 邓小平. 邓小平文选：第二卷 [M]. 北京：人民出版社，1994：27-28.

　　[2] 陈东林. 三线建设：备战时期的西部开发 [M]. 北京：中共中央党校出版社，2003：247-248.

　　[3] 十堰市地名领导小组办公室. 十堰市地名志 [Z]. 1982：120.

　　[4] 湖北省十堰市城市建设规划办公室. 十堰市城市建设总体规划说明书：1972—11 [Z]. 十堰市档案馆（全宗24，目录24，卷号92）：11-12.

　　[5] 同上.

有11个俱乐部、27个电影场，及文化活动室；中学技校、体育设施分布按片区设置；食堂、医院等公共建筑、居住功能土地面积均按各片区人口统计配套。居住面积：平均每人4～4.5m²；公共建筑面积：平均每人1～1.5m²；建筑层数：以3～4层为主，少数1层、2层或5层；居住建筑密度：28%～32%；生活居住面积：平均每人18～20m²[1]。

十堰集镇规划定额指标　表5.9

集镇	位置规模	集镇人口	近期用地/hm²	建筑面积/万 m²	各项用地/hm²			
					居住面积	公共建筑面积	道路面积	公共绿地面积
花果	由旧花果镇向东西两侧延伸，长约4km。沿老白公路和犟河南岸布置	近期3万 远期4万	54	180	25	12	9	8
红卫	沿老白公路和红卫河，东西2.5km，南北1.3km	近期1.5万 远期2万	27	10	12.5	6	4.5	4
土门	市中心以北4km，沿十郧公路和神定河布置	近期2.7万 远期4万	48.6	5.3	23	12	10	3.6
茅箭	市中心东南，沿老白公路、马尾河布置，长约1km	近期2.5万 远期3万	45	9.5	21	10	7.5	6.5

来源：湖北省十堰市城市建设规划办公室. 关于十堰市城市建设规划的报告 [R]. 十堰市档案馆：11-12.

公共建筑千人指标（m²/千人）　表5.10

系统	项目	建筑面积	用地面积	系统	项目	建筑面积	用地面积
行政经济	派出所	3	6	商业系统	百货商店	30	60
	街道办事处	3	6		副食商店	28	56
	房管所	2	4		土杂商店	10	30
	银行	5	10		餐馆	20	40
	邮电	4	8		粮店	17	32
文化体育	文化图书馆	5	16		肉类加工	5	15
	影剧院	55	150		菜场	15	50
	体育场	—	250		煤柴店	10	40
	游泳池	—	15		书店	1	2
教育机关	中学	290	1100	服务业系统	旅馆	30	60
	小学	300	1000		浴室	6	15
	托幼	60	180		理发	7	14
医疗卫生	医院	160	550		照相	3	6
	门诊部	50	150		缝纫	10	20
	防疫站	4	8		洗染	2	5
其他	消防队	7	15		修理	10	20
	公共厕所	2	4		销售	2	4

注：平均每人建筑面积1.2m²，用地面积4m²。

来源：湖北省十堰市城市建设规划办公室. 十堰市城市建设总体规划说明书：1972-11 [Z]. 十堰市档案馆（全宗24，目录24，卷号92）：11-12.

包含两种集镇类型。类型一（表5.11）：花果集镇以二汽发动机片区为基础，围绕化油器厂、轴瓦厂、铸造一厂和发动机厂四个专业厂区扩建发展形成；红卫集镇以二汽后方

---

[1]　十堰市城市规划和建设的汇报：1984 [R]. 十堰市档案馆.

以若干厂区为核心扩建形成的集镇类型　　　　　表 5.11

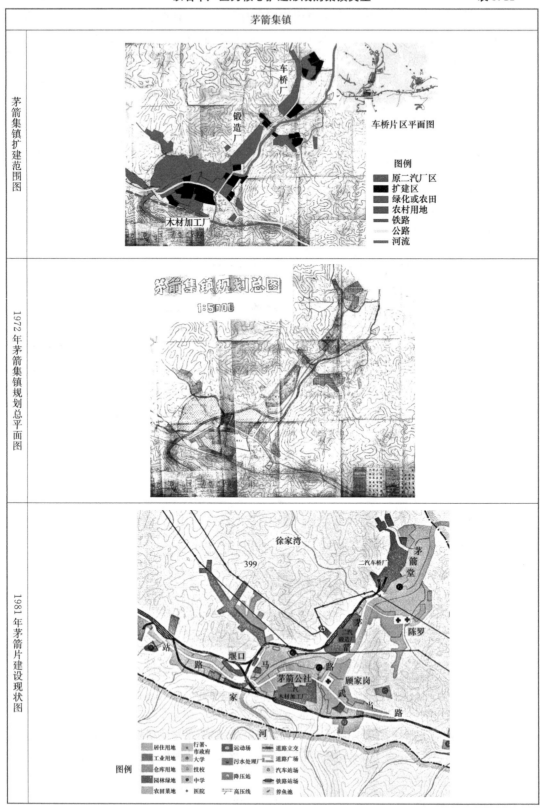

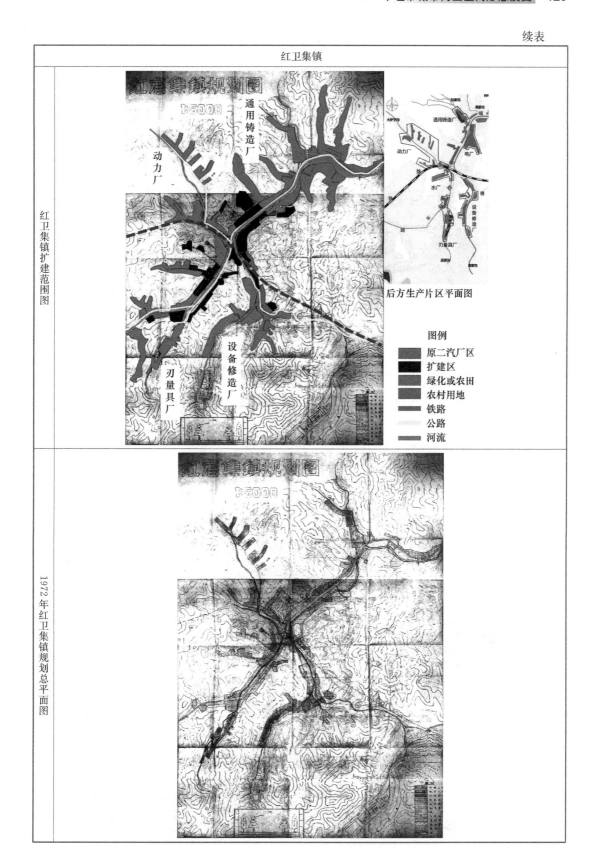

红卫集镇

红卫集镇扩建范围图

通用铸造厂

动力厂

后方生产片区平面图

设备修造厂

刃量具厂

图例
原二汽厂区
扩建区
绿化或农田
农村用地
铁路
公路
河流

1972年红卫集镇规划总平面图

续表

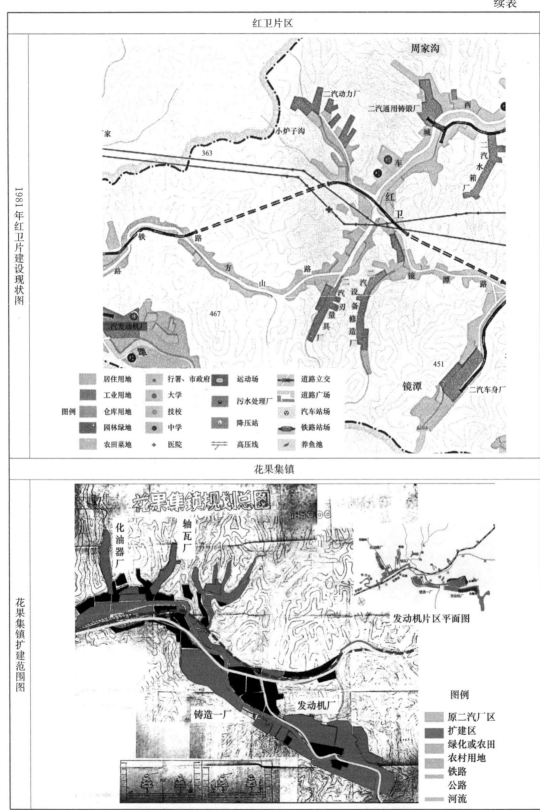

红卫片区

1981年红卫片建设现状图

花果集镇

花果集镇扩建范围图

花果集镇
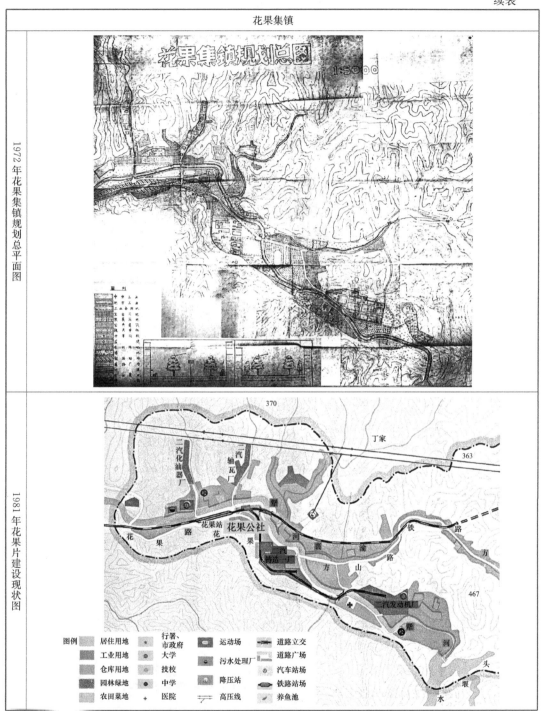

1972年花果集镇规划总平面图

1981年花果片建设现状图

片区为基础，围绕动力厂、通用铸锻厂、设备修造厂、水厂及刃量具厂五个厂区扩建而成；茅箭集镇以二汽车桥片区为基础，围绕木材加工厂、锻造厂、车桥厂三厂区扩建而来。类型二（表5.12）：以单独厂区为核心扩建形成集镇，即以一个较大工厂为核心单独组成集镇生活区，如土门集镇，以车轮厂为核心发展而成。

以单独厂区为核心扩建形成的集镇类型　　　　　　表 5.12

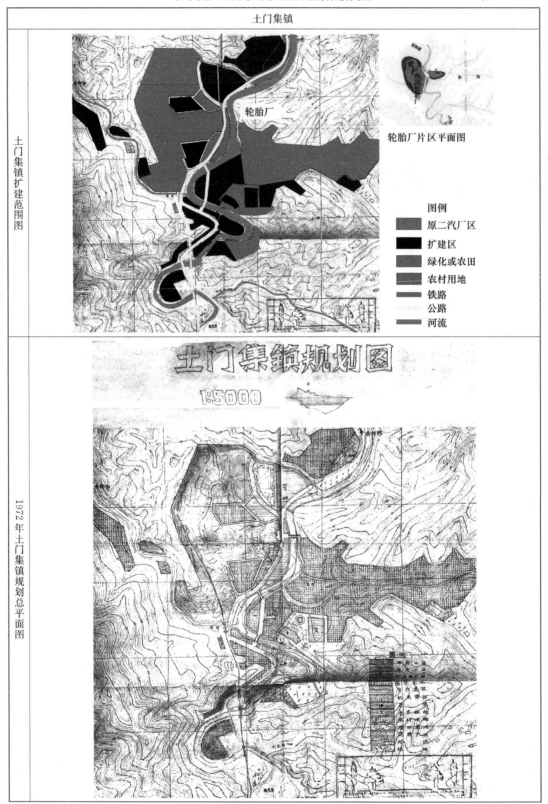

土门集镇

土门集镇扩建范围图

轮胎厂片区平面图

图例
- 原二汽厂区
- 扩建区
- 绿化或农田
- 农村用地
- 铁路
- 公路
- 河流

1972 年土门集镇规划总平面图

续表

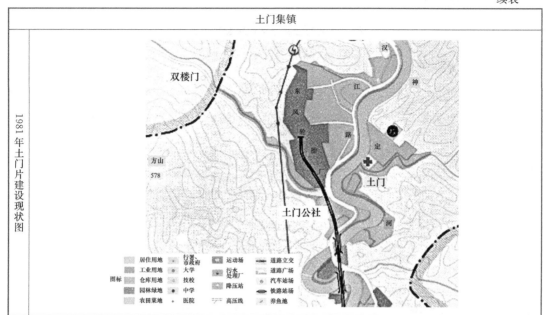

来源：湖北省十堰市城市建设规划办公室．集镇规划总图：1972-11［R］．十堰市档案馆：65-68；各集镇扩建范围图根据《集镇总平面图》整理绘制；1981年各片区建设现状图来源于1981年《十堰市城市总体规划建设现状图》。

5.2.3　以公共服务设施为中心的功能结构

随着二汽生产建设的发展，职工文化教育及公共福利事业逐步改善。建厂初期的芦席棚、干打垒房屋已被标准宿舍楼房代替；扬灰泥泞的道路已建成平坦宽阔的柏油、水泥马路，在各专业厂的工厂区附近都兴建有居民点，每个居民点设有粮店、菜店、肉店、煤店、餐馆和小百货商店等比较完善的商业服务网点，各专业厂都设有托儿所、幼儿园、职工子弟学校和卫生所、电影放映队等，为了加强技术教育，二汽还办有技工学校、中等技术学校和职工大学。在张湾、茅箭、红卫、花果设有四所医疗条件比较完善的职工医院，在黄龙设有一所职工疗养院。在张湾还设有一座利用天然山坡作看台，能容纳万人的电影、戏剧、会议及体育四用露天广场。二汽的职工家属已全部组织起来，分别参加了各专业厂厂办集体企业或生活服务点等工作[1]。各个集镇的公共服务设施按三级生活区相应配置，同时形成了集镇功能结构的核心。

5.2.3.1　公共服务设施三级配置模式

以"有利生产，方便生活"为布置原则，公共服务设施是分级设置。三级公共服务设施根据三级生活区布置，形成三种布局模式（表5.13）：①以专业厂为单位的一般生活区，主要包括教育设施，如幼儿园、小学；医疗设施，如卫生所；商业设施，如餐馆、电影院、银行、广播站。②以厂群为单位的集镇生活区，主要包括每个一般生活区的公共服务设施，以及公用的一些教育、商业、体育设施等。③张湾中心生活区以总厂为核心，是二汽指挥系统、技术研发、教育中心等行政职能处室所在地，包含二汽所属工厂、地属单位

---

[1]　十堰市地名领导小组办公室．十堰市地名志［Z］．1982，118-119．

和工厂、市属单位和工厂。

三级生活区的公共服务设施配置模式图　　　　　　　表 5.13

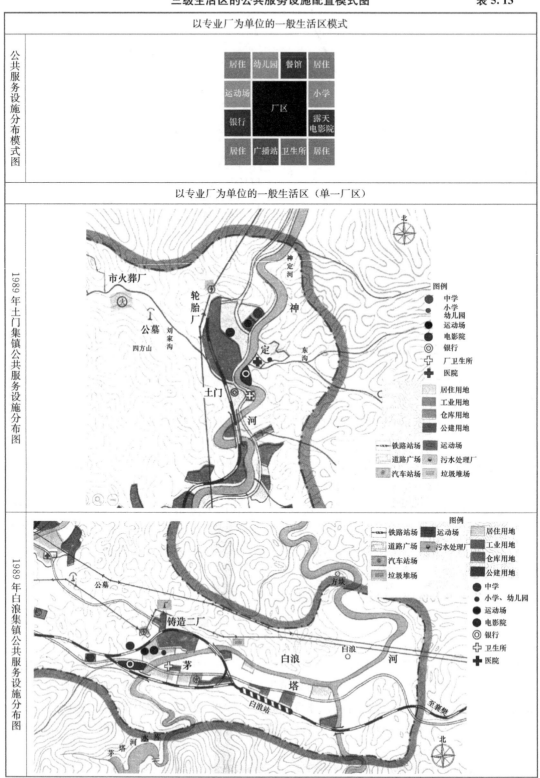

续表

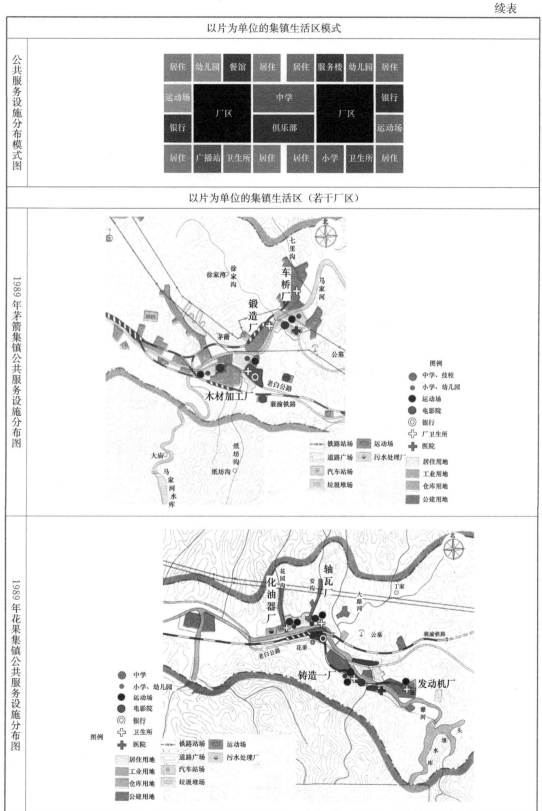

续表

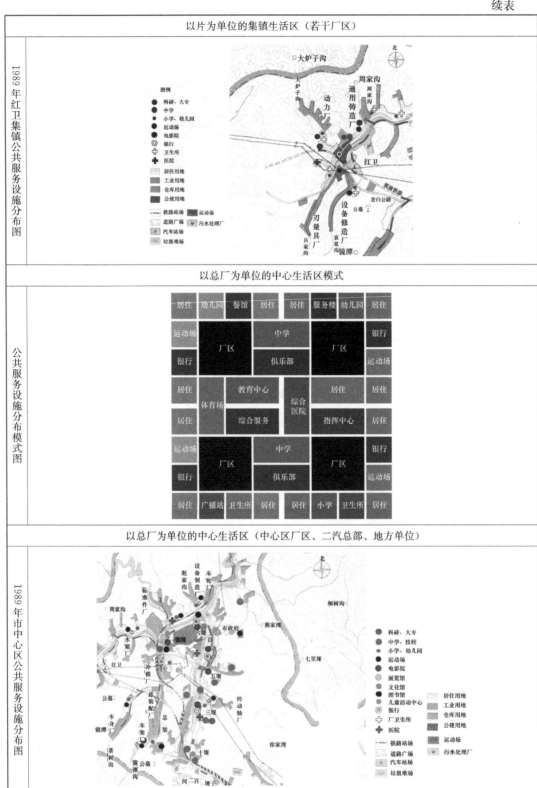

来源：根据第二汽车制造厂各专业厂厂志、各处室志资料记载绘制。

5.2.3.2 公共服务设施形成集镇功能核心

公共服务设施的布局也需要遵循"有利生产，方便生活"的布置原则。公共服务设施为照顾各专业厂职工及集镇居民的使用距离，集中布置在中部交通方便的位置，此种以公共服务设施为核心的集镇功能结构最初在 1972 年的集镇规划中提出，1985—1989 年布局成型，完成从封闭独立的"集体生活单元"走向"集镇"。

生活用地指集镇住宅区，主要是工厂职工居住，靠近二汽专业厂区就近布置，生活居住用地既可附属一个大工厂单独组成住宅群，如土门集镇东沟住宅群，也可若干工厂居民住宅合置，或就近零散布置在各厂区附近。老白和郧十公路沿线山沟里主要布置中央工业企业，地方工业多数是二汽的配套企业，按性质不同分布在相应的集镇周围，市属轻纺工业区布置于十堰老镇附近，地区电机区沿茅箭公路设置，综合工业区包含机电、皮革、橡胶，以土门火炉沟为核心范围，化工工业区在黄龙。仓库货场中的煤场仓库和建筑材料按性质布置在白浪铁路车站周边；十堰花果车站附近规划为居民日用物品仓库区；冷冻、蔬菜仓库散布在生活服务中心附近。绿化用地利用荒山宜林，各集镇建设小型林场兼公园供市民游憩，并广植树木，逐步实现大地园林化；在市中心和各集镇设垃圾填埋场[1]。

集镇的核心分为两种类型（表 5.14）：单核和双核，进而影响公共服务设施的布局及集镇功能结构。单核由公共建筑、中学技校、医院及机关单位集中布置组成；双核即根据集镇形态分布情况，若集镇形态过长或住宅区规模过大，则将几类公共服务设施分两处集中设置，达到使用方便且布局均衡的目的。

集镇核心的两种类型　　　　　　　　　　　　　　　　　　　　　表 5.14

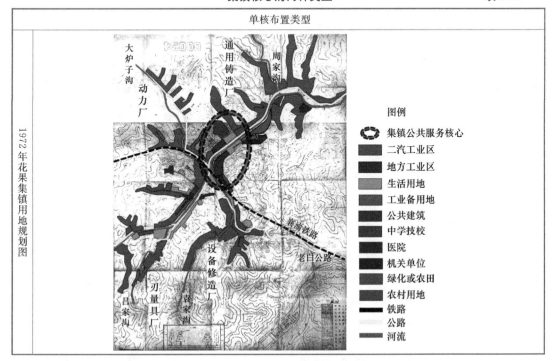

[1] 湖北省十堰市城市建设规划办公室. 十堰市城市建设总体规划说明书：1972-11 [Z]. 十堰市档案馆（全宗24，目录24，卷号92）：12-14.

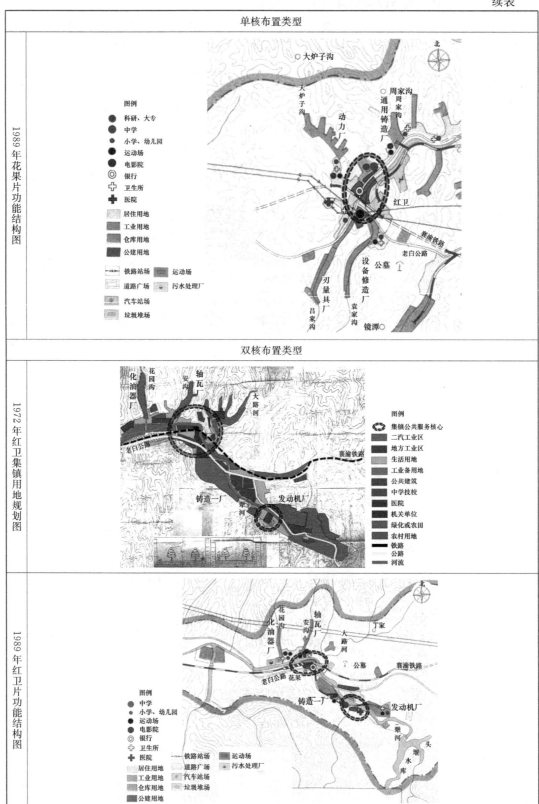

续表

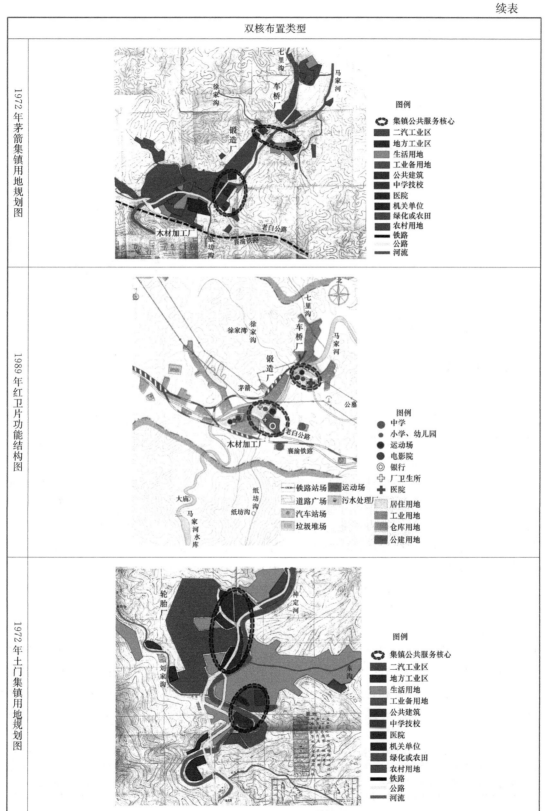

续表

双核布置类型

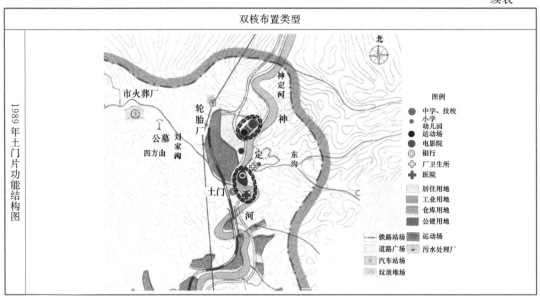

1989年土门片功能结构图

来源：1972年集镇用地分布图根据1972年《集镇规划图》整理绘制；1989年各片区功能结构图根据第二汽车制造厂各专业厂厂志、各处室志记载绘制。

5.2.4　成组成团的"厂居混合"单元

"厂居混合"是"厂社结合"[1]的具体空间表现，在城镇发展过程中，工业厂区的布局因为历史及布局分散等原因，随着城镇规模的扩大、功能调整，造成工业厂区与居住用地、农村宅基地等相邻、相近，形成"厂居混合"的模式，在这种模式下，空间形成一个个成组成团的"厂居混合"单元。

随着此阶段国家备战危机的解除，国家提出"军转民"的大战略，对三线企业采取"调整、改革、整顿、提高"的新八字方针，改生产军品为民品，厂区保密度降低。十堰集镇的建设主要为二汽、地方工业的生产和生活服务，随着二汽的发展、职工人数的增加及职工家属向内地的三线建设地区搬迁，厂内有限的空间不能满足生活需求，诸多功能逐步向厂区外围迁移。

在卫生防护距离允许的条件下，各专业厂在厂外就近择地兴建生活居住用地及家属住宅区，这些居民点一般靠近工厂采取进沟、靠山、上坡布置。各专业厂区在20世纪70年代后期增扩建的居住与生活服务用地，仍围绕厂区进行小范围的空间填充，此阶段兴办的地属、市属、社队工业以"见缝插针"的手法，近邻所配套专业厂布局。形成了厂区和居住区相邻相近的"厂居混合"空间模式。十堰市各单位均在附近就近安排居住区，这些单位不仅包含二汽各专业厂和各处室，还包括市政府、市直机关单位、郧阳地区、地方企业以及银行、医院、学校、车站等单位。因此在十堰市区范围内，形成了50多个"厂居混

[1] 李德英，粟薪樾.三线建设初期"厂社结合"模式检视（1965—1966）[J].史林，2020（5）：156-166，221."厂社结合"模式是指1965—1966年间，中共中央西南局总结出来的一套加快三线建设进程、实行工农并举的工作经验和方法。根据西南局的表述："厂社结合"的原则是实行两种所有制，两种分配制度，坚持互利和等价交换，发扬工业学大庆、农业学大寨的精神，促进工农共同发展；其主要措施包括工农业相互支援、实行亦工亦农劳动制度、组织职工家属参加集体生产以及厂社合办福利设施等。

合"单元[1]（表5.15），每个单元均是"单位＋居民区"的空间组合，并根据地形、职工及家属的规模等影响因素，包含多类组合方式：一个单位及居民区（含1～3个）、若干单位共享一个居民区，有的居民区还包含农转市民。

总之，"厂居混合"单元的空间形式以单位为核心，在外围就近扩展居住区，顺应地势，成组成团，此种"厂居混合"的空间模式方便市民就近通勤，缓解了此阶段的城市交通压力，弥补了十堰这类山区城市基础设施投入不足的缺陷。

各集镇及中心区形成的"厂居混合"单元分布　　　　　　　　　表 5.15

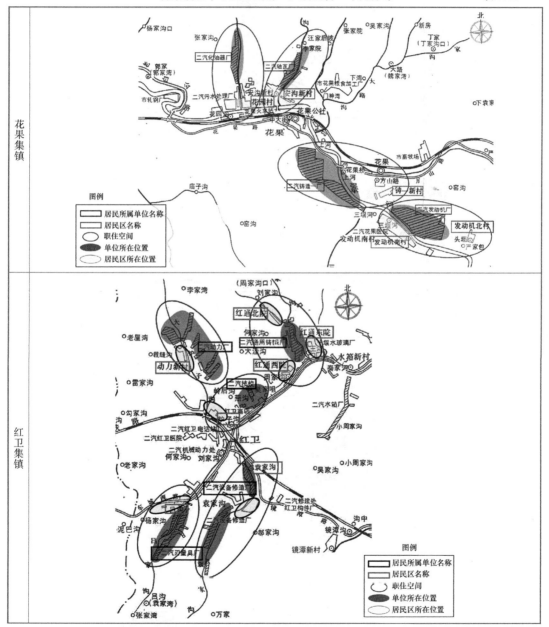

---

[1]　十堰市地名领导小组办公室. 十堰市地名志 [Z]. 1982，421-424.

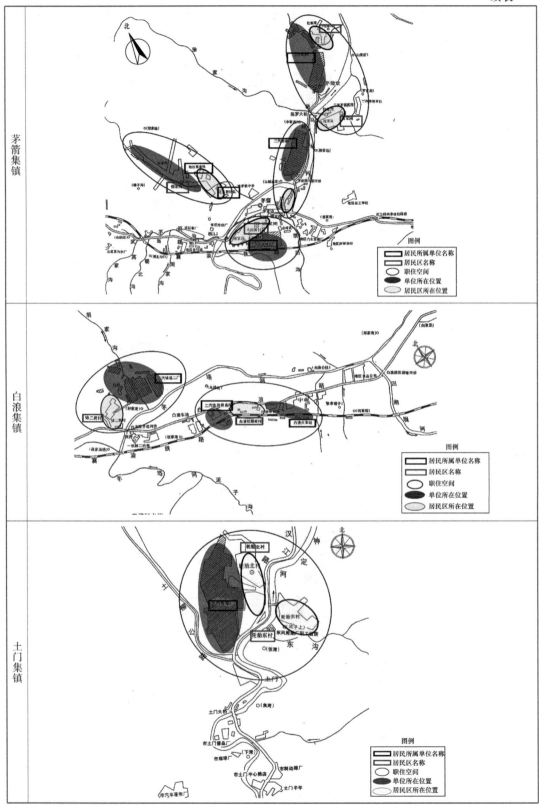

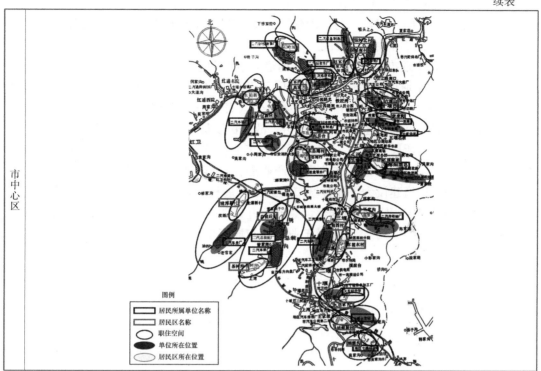

综上，计划经济后期，十堰发展顺应"多搞小城镇"的思路，以"工农结合，城乡结合，有利生产，方便生活"为原则，在"厂区组群"的基础上围厂扩建，分为围绕若干厂区和围绕一个独立厂区扩建两种类型，按定额指标在专业厂邻近配给用地，"见缝插针"发展形成"小集镇"，就近配置地方工业用地、生活用地、农田菜地或绿地及各类公共服务设施。公共服务设施按专业厂一般生活区、集镇生活区、以总厂为核心生活区三个级别配置，形成各集镇的功能核心。工业厂区与居住用地、农村宅基地等相邻、相近，形成成组成团的"厂居混合"单元。

5.3　1986—1993年商品经济时期：讲求综合效益的"街道"发展

5.3.1　发展政策：城市应组建街道办事处

"街道"是城市行政管理单元、中国行政区划之一，街道办事处是街道的管理机构。1954年，全国人大会议发布《城市街道办事处组织条例》《城市居委会组织条例》，街居体制由街道办事处及居委会共同构成。我国的"街居制"是"单位制"的辅助，在岗职工由单位管理，无单位居民受街居制约束[1]。经济体制转轨带来一些企业体制改革，单位制受到巨人冲击，就业者主动离职或被动因单位改革、破产或不景气而失去工作。此外住房制度的改革、城市规模的扩张，带来城市流动人口急剧膨胀，使得单纯依靠"单位制"社会管理模式出现真空。此阶段街道是中国行政区划之一，管理多个居住区，各居住区成

---

[1]　夏建中．从街居制到社区制：我国城市社区30年的变迁［J］．黑龙江社会科学，2008（5）：14-19.

立居民委员会。此阶段是"单位化"向"去单位化"的过渡阶段，城市建设逐渐剥离上阶段以集镇为发展重点的"定额"与"配建"标签，逐步将城市划分为多个"街道"单元，转而关注空间发展的经济性和社会性。

1981年5月，十堰市发出"关于组建街道办事处和基层居民委员会"16号、46号两个文件。1984年，十堰市的茅箭区、张湾区下设街道办事处，为区（市）人民政府派出机构（乡镇级）（图5.1）。街道下设居民委员会（表5.16），属双层领导，业务属街道办事处管理，由于居民点都兴建在各单位附近，故居民委员会的工作人员都是工厂职工，在行政上又列为工厂的所属单位[1]。此阶段地方工业依托二汽汽车工业迅速发展，全市工业企业达到200多家，地方工业作为配套产业配合二汽不同生产片区进行相应分布[2]。十堰市这个阶段的街道建设为了配合城市的组团发展格局，集中与分散结合的布局思路被延续采用，提出集约用地和集群建设意向，并以职住平衡为原则平衡居民工作、工业生产和生活各项活动的关系，因此对工业厂区与职工生活区就近安排，妥善处理二者的交通联系。

图5.1　十堰市街道办事处分布图

来源：根据《十堰市土地利用现状图》整理绘制。

十堰市中心城区街道—居民委员会　　　　　　　　　　　表5.16

街道	居民委员会
头堰 （花果）	铸一新村、安沟新村、发动机南村、发动机北村、上河头堰、三堰河、方山路、花果站、中大街、花果桥、花园沟、郭家湾、二堰铺、花园新村

---

[1]　十堰市地名领导小组办公室. 十堰市地名志［Z］. 1982：116.

[2]　十堰市地方志编纂委员会. 十堰市志1966—2008（中册）［M］. 北京：中国文史出版社，2014：1545.

续表

街道	居民委员会
红卫	动力新村、水箱新村、电厂新村、健康新村、吕沟新村、周家沟、教育口、袁家沟、燕沟、王湾、红卫界牌
白浪	铸二新村、铁路新村、中观、堰湾、茅塔河桥、堰湖桥、白浪站
武当路	龚家湾、顾家岗、木岗新村、锻造厂、韩家沟口、韩家沟、李家沟、武当路南、武当路北、铁三处、堰口、杜家湾、陈家岗、文武沟、陈罗桥
汉江路（土门）	六堰、汉江路、银河新村、七里、土门、夏家店、罗家岗、轮胎东村、轮胎北村、轮胎新村
车城路	岩岭坡、东岳台、公园路南、公园路北、大岭路、高家湾葛垭、车城西路、镜潭沟、镜潭路、张湾医院、镜潭新村、体育馆、张湾桥、设计院、东岳南村、工艺西村、车城路
五堰	五堰北街、五堰南街、五堰街、何家沟、柳林新村、朝阳小区、六堰山、邮电街、六街小区、老虎沟、柳林路、朝阳路、朝阳巷、六堰桥、四堰、柳林沟、五堰小区
二堰	郑家沟、杨家沟、三堰车站、三堰、小沟、二堰、车箱西村、三堰医院、擂鼓台、电力、莫家沟、老街、上湾、十堰、彭家沟、刘家沟、供电、垭子、站前、火车站、思源

注：街道办所辖非城市中心区范围内的村民委员会未列出。
来源：十堰市土地管理局. 十堰土地资源［Z］. 1993：72-73.

5.3.2　"框架内填充"为街道发展方向

商品经济给十堰市带来的发展是计划经济体制下确定的城市经济发展目标所无法控制和适应的。1987年5月，十堰市经济、科技、社会发展战略讨论会提出：此阶段的城市发展要考虑商品经济发展的波动周期、幅度和政策变化，注重城市发展方向弹性调整的可能性，依靠市民发展城市，扩大在商品经济下的社会参与[1]。论证会提出根据"就近厂区、分片集中"和"完善组团式格局"的精神，在若干集镇组成的城市"框架内填充"发展，同时认为公众参与是客观评价社会、经济和环境效益的重要途径，满足利益多元化发展的前提下不同市民群体的物质和精神文明需求，进一步厘清不同街道的发展方向，做到居住空间就近安排，产业空间区别发展。

5.3.2.1　"街道"开展社会调查

1987年十堰市为加强公众参与，市政府和规划局组织收集市民建议，以街道为单元开展社会调查[2]，十堰市中心城区范围共划分为8个街道，将城区划分为8个居住区，每个居住区包含若干居住小区并成立居民委员会。

（1）居民工作出行分析

居民上下班出行方面，绝大多数市民通勤便利。60%以上的职工步行上下班，极少数需要乘坐通勤车或公交车，工作出行相当便利（图5.2）；从时间看（图5.3），60.49%的

［1］十堰市经济研究中心.《十堰市经济科技社会发展战略》论证会专辑. 1987.
［2］十堰市规划局. 十堰市城市专题研究报告1990—2010［Z］. 1989：30. 1989年城市社会调查由市人民政府和规划局共同举行，内容主要选择有关城市规划、城市建设中与市民切身利益相关的问题，主要包含交通、购物、上学、就业、住房、环境、医疗、文娱、公共服务等问题，按性别年龄（16～35岁、36～55岁、56岁以上）、职业、文化程度和所在街道，按各街道居民人口比例发放，实发数量1800份，有效样本数量占全市非农业总人口的1/200，样本男女比例为63：37，年龄结构中年53%、青年38%、老年9%。样本中含工人、干部、服务员、售货员、个体户、学生、离退休及待业人员等多种职业市民，文化程度高低不等，样本具有较强的代表性。

职工能在 10 分钟内到达上班地点，只有 20.50% 的人上下班单程时间在 30 分钟以上。形成以上结果的主要原因是十堰市分散的布局形态，各厂区分散布置在山沟中，与生活区就地平衡，形成一个工厂配一个生活区的基本格局。然而十堰市在建市初期，因受从战备出发、分散隐蔽的方针影响，城市的土地利用大都沿着沟谷平地，城市近处稍宽阔的平地已基本挤满，进一步向山沟发展，面临新的重大困难。大沟已满，偏远小沟难以支撑发展。西部组团的花果片，居住用地远不敷用；红卫一带各工厂也都缺居住用地，周围均无沟地可以利用，只能就近利用低缓山地。从合理规划和征求当地工厂意见来看，就近利用山坡地是解决城市建设用地不足的途径之一。

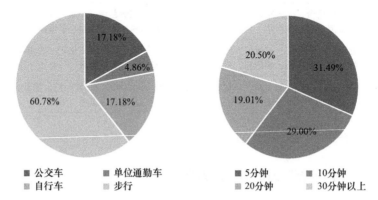

图 5.2　居民上下班通常采用的交通方式　图 5.3　居民上下班通常所需时间

来源：十堰市规划局. 十堰市城市专题研究报告 1990—2010 [R]. 1989：30.

（2）就业岗位空间分布分析

就业岗位分布是由城市生产生活各类用地布局决定的，就业岗位随着骨干厂区的分散而分散。以工业为主的十堰，1987 年工业用地占总建设用地的 32.2%，工业职工数占城市就业人口的 75.9%，平均每公顷工业用地提供 131 个就业岗位，每公顷公建用地提供就业岗位 282 个，与就业岗位分布相比较，各区人口所占比例与各区用地所占比例基本一致，反映了过去建厂过程中工厂和生活区紧邻、厂办社会的特点。

中部片区街道就业岗位占比较高。1987 年，二汽在十堰各专业厂及配套工业等骨干企业中就业人数为 48000 人，占全市就业人数的 1/3，构成就业岗位的主体，中部片区就业岗位比重较大，占总岗位数的 49.2%；其余街道土门、花果、红卫、白浪和武当路分别占 7.9%～18.2%（表 5.17）。

1987 年十堰市中心城区各街道就业岗位空间分布　　　　表 5.17

街道	人口数/万	占城市人口/%	就业岗位/万	占就业岗位/%
头堰（花果）	3.4	13.5	2.07	14.1
红卫	2.5	9.9	1.56	10.6
白浪、武当路	4.2	16.7	2.67	18.2
土门（汉江路）	2.5	9.9	1.16	7.9
车城路、五堰、二堰	12.6	50.0	7.24	49.2
合计	25.2	100.0	14.7	100.0

来源：十堰市规划局. 十堰市城市专题研究报告 1990—2010 [R]. 1989：50.

按所有制和产业构成划分（表5.18、表5.19），第二产业就业岗位占主导，第三产业发展滞后；全民所有制企业岗位占主导，集体和个体从业人数占比较小。十堰市全市从业人数为180854人，其中第一产业人数占13.3%，第二产业人数占68.4%，第三产业人数占18.3%。

1987年十堰市第一、二、三产业从业人数（单位：人） 表5.18

产业结构	合计	农村	全民	集体	个体
三次产业合计	180854	30367	114358	35324	805
第一产业 (1) 农业	24094	23452	425	217	—
第二产业 (2) 工业 (3) 建筑业	123728 118593 5162	4983 4336 674	89407 86298 3109	29245 27869 1376	93 90 3
第三产业 (4) 交通运输邮电通信 (5) 商饮供销仓储 (6) 金融保险 (7) 房地产居民服务 (8) 卫生体育社会福利 (9) 教育文化艺术广播 (10) 科研综合技术服务 (11) 党群机关团体	33032 3121 9408 1483 3700 2262 6534 259 6265	1932 802 573 25 30 186 310 6 —	24526 1220 4874 1267 2420 2003 6224 253 6265	5862 1082 3336 191 1180 73 — — —	712 17 625 — 70 — — — —

来源：根据十堰市统计局《辉煌十八年：十堰市统计年鉴1996（特刊）》整理。

1987年十堰市系统职工人数（单位：人） 表5.19

单位系统	单位数		职工数		其中：女性	
	全民	集体	全民	集体	全民	集体
中央单位	16	—	74290	—	25783	—
省属单位	7	—	1301	—	452	—
市属单位	537	272	36303	35390	15126	20617
地直单位	143	11	10749	898	3380	518
合计	986		158931		65876	

来源：十堰市规划局. 十堰市城市专题研究报告1990—2010 [R]. 1989：50.

以上分析反映出，截至1987年，十堰市城市功能尚未充分发挥，工业企业提供的就业岗位较多，建筑业、第三产业尚不发达，提供的就业岗位较少。在第二和第三产业中，全民所有制单位从业人数最多，约占总数的73%，集体和个体从业人数则很小比例。

因此，各街道发展受以下几方面影响：一是根据城市组团定位细分各街道承担的功能。以组团间交通承载力发展及商品经济条件下的经济效益多方面为前提，在维持当前居民通勤较为便捷的基础上，考虑未来城市中心区的人数增长，尽可能在各街道就近利用山地，探索坡地开发利用模式，形成集聚。五堰、车城路北部、二堰作为以郧阳为基础发展起来的核心街道单元应就近增加居住空间；外围的街道单元在现有职住平衡的基础上承接工业空间的增长。二是产业结构是影响就业结构的主要因素。就业空间的分布及组团内的职住平衡应从产业结构入手，在各街道的产业结构以及空间分布中做出精准引导及调整，在城市中部片区的几个街道核心区如五堰、车城路街道促进第三产业发展，提高中心区综合服务功能和集聚效应。另外，第三产业的发展还有利于增加女性劳动力就业岗位，解决此类机械工业城市男女职工比例不平衡的问题，同时在二汽建厂最早的一批创业者退休以后，流通领域也给他们创造了发挥余热的空间。

5.3.2.2 "街道"土地等级划分

1988年7月，国务院通过了《中华人民共和国城镇土地使用税暂行条例》。城市土地有偿使用在全国各城市开始实行，城市土地进入有偿有期的商品经济市场体系中运转，给城市发展带来了机遇和挑战，有利于促进城市建设，加强城市管理。十堰市城市土地有偿使用结合城市发展及新交通体系的建立等展开，十堰市土地价值的宏观确定及土地开发效益评估保持城市土地效益、城市建设资金投入良性循环[1]。以上措施对完善城市土地的有效利用、加强土地管理、合理城市布局、节约有限的土地资源、提高城市运营效益，发挥了积极作用。

十堰市土地等级划分（图5.4）主要依据三方面内容：①对城市土地的直观经验；②每平方米商业利润直观图；③社会调查问题综合分析。将这三方面内容综合归纳为6个主要评判因素来分析划定，即商业繁华程度、人口密度分布、文化娱乐和城市基础设施的配套情况、交通条件、自然环境、城市规划发展势能。最终将十堰市土地划分为四等：一等为五堰、六堰市级商业中心地段；二等为五堰至十堰桥头的人民路两侧各40m范围，张湾区中心地段；三等为中心片区，包括红卫的非一、二等土地；四等为土门、花果、茅箭、白浪组团的城市用地[2]。

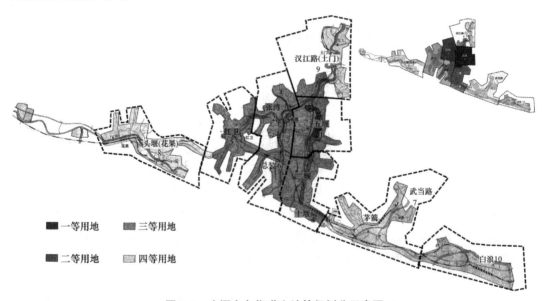

图5.4 十堰市各街道土地等级划分示意图

来源：根据1990年《十堰市城市土地等级示意图》绘制。

根据以上分析结果及此阶段的规划，城市中心片区的用地建设已势在必行。中心片山地住宅区，由于位于中心组团，职工可就近上下班，交通方便，并可充分利用人民路和车

---

[1] 十堰市规划局. 十堰市总体规划说明书：1990—2010 [Z]. 1989：12.

[2] 十堰市规划局. 十堰市总体规划说明书：1990—2010 [Z]. 1989：54.

城路的商业、文化和娱乐设施。坡度在 30% 以下的平地或低山头作为城市建设用地；其周围的山地绿地接近住宅区，可成为居民方便的游憩绿地，坡度在 30% 以上的陡坡地或高山头则作为城市中心片的绿地。中心片山地的开发，不仅对市民有很大的吸引力，而且从经济角度考量，对开发集团或公司来说，具有可观的经济效益，其开发利润要远远高于对其他行业的投入。

总之，集中紧凑布局，合理增加中心区的人口和建筑容量，缩短城市出行时空距离，提高城市土地的集聚效益，并利用地价经济杠杆，调节不合理的土地利用，且就近利用山地开发，有助于形成山城空间特色。通过利用中心山地措施，解决了中心片居住用地需求量的 1/3，极大缓解了用地矛盾，使城市发展提高了社会、经济和环境三方面的共同效益。

5.3.2.3　街道增量空间分布特征

此阶段各街道办的发展以增量开发为主，存量土地开发尚未引起重视。1997 年各类用地面积指标比 1987 年均有大幅增长，其中工业用地增长 494.44hm²，居住用地增长 590.54hm²（表 5.20）。通过对比 1987 年与 1997 年的数据，其中第二产业从业人数约增加 10 万，第三产业职工约增加 14 万。其中，中心城区范围就业人数增长约 13 万（表 5.21），约 5 万为工业就业增长[1]，约 8 万为第三产业就业增长[2]。第三产业就业量在 1987 年基础上翻了一番。

1987 年与 1997 年十堰市中心城区各类面积对比　　表 5.20

年份	总用地面积/hm²	工业用地/hm²	居住用地/hm²
1987	2659.10	856.20	695.80
1997	4493.79	1350.64	1286.34
增长面积	1834.69	494.44	590.54

来源：十堰市 1990 年版及 1997 年版城市建设用地平衡表。

1997 年十堰市中心城区各街道就业岗位空间分布　　表 5.21

街道	人口数/万	占总人口/%	就业岗位/万	占就业岗位/%
头堰（花果）	6.10	13.3	4.07	14.8
红卫	4.11	8.9	2.98	10.80
白浪、武当路	14.23	31.0	8.23	29.8
土门（汉江路）	4.10	8.9	2.05	3.63
车城路、五堰、二堰	17.42	37.9	10.25	37.16
合计	45.96	100.0	27.58	96.19

来源：根据十堰市统计局《十堰市 1997 年统计年鉴特刊》《茅箭区志 1984—2005》《张湾区志 1984—2005》整理。

增量空间分布特征：以现状城市空间为基础进行的"框架内填充"是增量空间的分布原则，城市中部组团是此阶段绝大多数的土地增长区域。延续既有山沟谷地往纵深或山沟两侧方向发展，一是围绕既有居民区，利用附近叮改造坡地发展新居民区是主要用地增长方向；二是向纵深发展的模式主要用于工业用地的扩展，不适用于发展居住用地，会降低

---

[1]　茅箭区志编委会. 茅箭区志：1984—2005 [M]. 武汉：湖北人民出版社，2011.
[2]　张湾区志编委会. 张湾区志：1984—2005 [M]. 武汉：长江出版社，2016.

居民生活便利性，增加基础设施投入。位于城市核心位置的五堰街道办及其附近范围的坡地以新增居住与公共服务设施用地为主，中部组团的车城路、五堰、二堰街道着重发展第三产业空间，武当路、白浪街道也有少量分布，其余街道范围分布零散。东西组团的新增建设用地布局在组团间空地，二堰、红卫和头堰（花果）街道范围内的坡地以发展工业为主，目前建设率较低，汉江路、武当路及白浪街道办坡地未作建设。到 1993 年，从各街道办土地分布看（图 5.5），白浪、花果街道办的未利用土地最多，五堰和二堰街道未利用土地最少。综合以上，此阶段以发展五堰、二堰和车城路街道空间为主（图 5.6）。

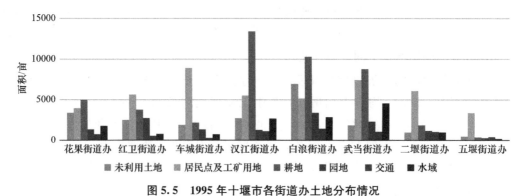

图 5.5　1995 年十堰市各街道办土地分布情况

来源：十堰土地管理局. 十堰土地资源［Z］. 1995：46-58.

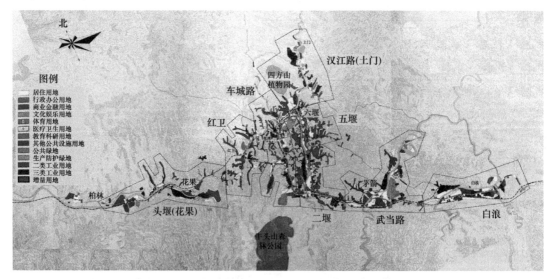

图 5.6　十堰市 1987—1997 年各街道增量空间分布图

5.3.3　"珊瑚状"和"带状"的街道形态

根据社会调查和土地等级划分情况，结合城市各组团的发展定位，分析不同街道的具体发展方向和功能。将十堰市八个街道的九片街区划分为三种街道类型：商住型街道、混合型街道和工业型街道（表 5.22）。不同类型街道空间的土地类型、发展定位、发展方向、开发时序、投资额不同，因而存在不同的空间发展模式，呈现差异化的空间形态特征。

十堰市"街道"类型划分　　　　　　　　　　　　　　　　表 5.22

街道类型	所属街办	位置	方便舒适程度	土地效益评估	功能	主要土地类型
商住型	五堰街道	五堰	1	一等	中心商业区	商业、居住、极少量工业
	车城路街道	张湾	2	二等	中心商业区	商业、居住、工业
	二堰街道	二堰十堰	3、4	二等	中心商业区	商业、居住、工业
混合型	红卫街道	红卫	5	三等	不增加工业，调整现状工业和居住为主	居住、工业、商业
	车城路街道	总装	6	三等	不增加工业，调整现状工业和居住为主	居住、工业
工业型	武当路街道	茅箭	7	四等	发展汽车产业、科研和文教	工业、科研、居住
	头堰街道	花果	8	四等	发展中小型工业	工业、居住
	汉江路街道	土门	9	四等	发展橡胶、化工工业	工业、居住
	白浪街道	白浪	10	四等	发展汽车产业、科研和文教	工业、科研、居住

5.3.3.1　"珊瑚状"街道空间

（1）商住型街道

位于十堰市中心城区核心区的商住型街道是中心商业区的主要范围，也是此阶段城市空间发展的主要区域，建筑密度较高，主要功能为居住和商业服务，主要包括五堰、张湾、二堰和十堰片区。

根据调研和土地效益评估，沿主干路的城市空间交通方便、周边设施齐全且具有较高的经济效益，故商住型街道所属城市片区沿路空间建设强度、建筑密度较高，土地利用及开发建设力度大，致使空间连片密集；而距离主干道路越远的两侧山地经济效益逐步走低，开山平地成本较高，故还是以传统利用沟谷平地开发模式为主，沿沟谷纵深方向发展，因此形成根部紧密、支部稀疏的"珊瑚状"街道空间，以五堰、张湾和二堰三个街道空间形态为代表。

商住型街道的土地分布模式为（表 5.23）：主要道路两侧以商业用地为主，新增的居住用地尽可能聚集，避免分散布局以控制基础设施的投入，围绕商业用地并就近结合原有居住区连成片，利用附近可改造坡地进行扩展，少量工业用地则向纵深发展。从土地的经济效益角度考量，商住型街道增加的土地指标主要用来发展商业、居住及公共服务设施，增强中部片区的城市综合服务功能，积极腾退既有污染重、噪声大、效益低的工业类型，植入新经济和城市公共服务功能调整商住型街道产业结构，并在此基础上尽量不再增加工业用地，既有工业产业的扩展以最经济的开发模式，在原来地形基础上沿沟谷平地往纵深方向扩展。

（2）混合型街道

混合型街道主要包括红卫和车城路街道，属于红卫片区和总装片区。"珊瑚支脉"的"根部"空间发展尚不密实，商业和居住空间的建设尚处于初级阶段（表 5.24）。此类混合型街道以调整既有工业和居住空间功能为主要导向，受用地条件的限制，不作为主要城市发展空间和土地增长目标区域。通过对比看出（表5.25），混合型街道沿主干路的商业及居住空间的建设跨度低于30m，远远小于商住型街道130m的跨度；沿主干路两侧开发强度、建筑密度均比商住型街道低，既有工业厂区的开发依然采取低投入的传统方式，沿着既有沟谷平地拓展延伸。

商住型街道空间的"珊瑚状"空间模式及形态 表5.23

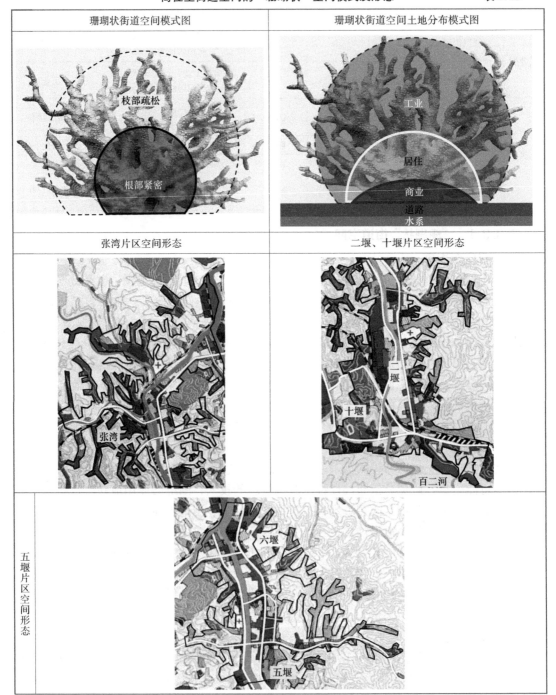

来源：在《1997年十堰市城市总体规划》建设现状图基础上绘制。

混合型街道的"珊瑚支脉状"空间形态 表 5. 24

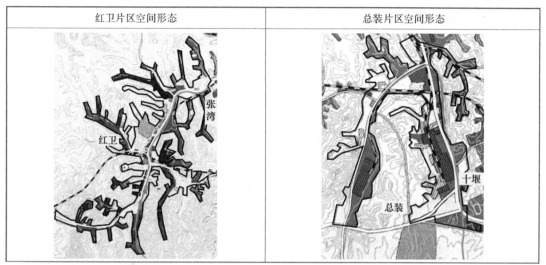

红卫片区空间形态	总装片区空间形态

来源：根据《1997年十堰市城市总体规划》建设现状图整理绘制。

商住型街道和混合型街道沿主干路"商业＋居住"空间跨度对比 表 5. 25

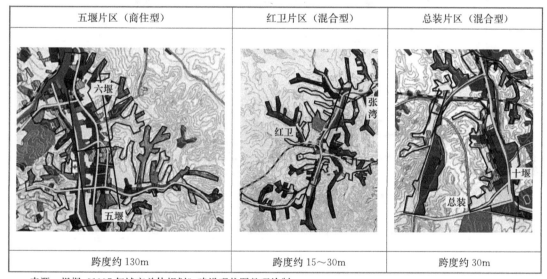

五堰片区（商住型）	红卫片区（混合型）	总装片区（混合型）
跨度约 130m	跨度约 15～30m	跨度约 30m

来源：根据《1997年城市总体规划》建设现状图整理绘制。

混合型街道形态虽然看上去也初具"珊瑚状"特征，但和商住型街道本质上有较大区别，是处于"珊瑚状"的未成熟时期。由于沟谷平地有限，且沟谷边的山地坡度较大，不适宜用于开发建设，因此受用地条件的限制，不可能再发展为"珊瑚状"，从而形成"珊瑚支脉状"空间形态。

5.3.3.2 "带状"街道空间

工业型街道类型主要包括头堰、白浪、汉江路和武当路四个街道，所属城市片区分别为花果、白浪、土门和茅箭城市片区。工业型街道早期是在毫无工业基础的十堰山沟里发展起来的，襄渝铁路及老白公路是最重要也是仅有的对外沟通、生产和运输动脉，十堰的沟谷地形、铁路的路线及工业生产所需的水系分布共同奠定了此类街道空间呈"带状"发展的基础。

其中白浪和武当路街道以发展汽车产业为主，头堰街道以发展中小型工业为主。为了方便生产、有利于原材料及产品对外运输，三个街道分布在十堰的南部由襄渝铁路、老白公路依次串联；汉江路街道以发展橡胶和化工工业为主，分布在十堰市的最北边，生产的轮胎由南北纵向二汽专用铁路和公路径直输入总装片区工厂进行组装，各工业型街道空间依托各区域的水系因地制宜布置空间，各街道的工业用地和居住用地沿着铁路、公路、水系一字铺开呈"带状"（表5.26）。

十堰市工业型街道的"带状"空间形态   表5.26

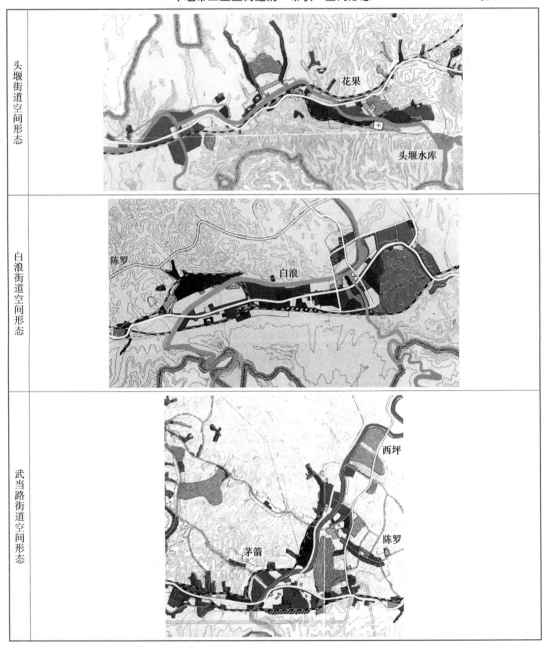

汉江路街道空间形态	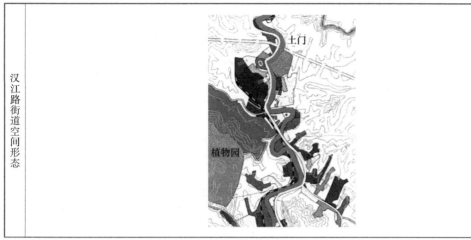

来源：根据《1997 年十堰市城市总体规划》建设现状图整理绘制。

5.3.4　职住平衡的街道空间单元

十堰市城市空间是在"大分散，小集中"的二汽厂总体布局基础上发展而来的，分散的城市布局对各类基础设施建设和投资要求较高，为减少城市内部跨组团跨片区的交通量，缓解基础投资短缺问题，随着城市发展和经济体制改革日益增多的各类企事业单位在"集镇"生活时期形成"厂居混合"单元基础上就近利用坡地在"框架内填充"发展，形成职住平衡的街道空间单元。

十堰建设前期，住房制度主要体现为福利性住房，单位补贴，统一分房。20 世纪 90 年代初，各专业厂努力筹措资金兴建住房，仍不能解决先期建设留下的问题和满足职工日益提高的居住要求，企业福利性住房制度使企业的住房建设发展缓慢，同时制约了企业的生产经营。1989 年起推进房改，到 1996 年，住房制度改革进入深化阶段，建立健全了与市场经济相适应的社会化、商品化的住房制度，鼓励职工按公司制定的成本价一次性买断房屋所有权[1]。通过职工买断住房所有权，为公司回笼了大量建房资金，促进了住房建设，此阶段职工及家属人数日益壮大，原有的家属居住区不能满足需求，就近建造居住小区，职工居住条件逐步改善。到 1998 年十堰市年收入超过 500 万元的非国有工业企业达 252 家[2]，此阶段十堰市也同步进行住房改革，房地产业发展迅速（图 5.7），住房建设促进了"街道"的形成与发展。

二汽的住宅建设面积在此阶段显著提升（表 5.27）。1984—2000 年各厂在房屋管理上实行"一厂一所"制，成立房管所，并相应组织居委会，配合街道办事处工作。2000 年 3 月，物业管理模式改革，房管所按地域就近进行机构归并重组，成立十个物业管理处，每个物业管理处管辖片区内相邻专业厂的职工小区，就近解决职工生活居住问题，并统一管理（表 5.28）。二汽的各专业厂及职工住宅物业管理范围分布情况完全遵循街道内"职住平衡"的原则。

［1］　东风汽车房地产有限公司志 1984—2003 ［Z］. 东风汽车房地产有限公司史志办. 2004：202.

［2］　十堰市统计局. 十堰市统计年鉴 2000 ［M］. 北京：中国统计出版社，2000：307.

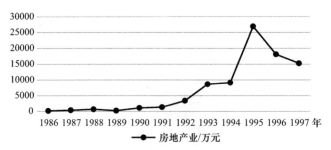

图 5.7　1986—1997 年十堰国有经济单位房地产业投资额

来源：根据十堰市历年统计年鉴整理绘制。

1989—1999 年二汽住宅建设情况统计表　　　　　　　　表 5.27

年份	在建面积/m²	当年投资/万元	新开工面积/m²	竣工面积/m²	竣工套数
1989	186356	3218	100570	106258	1839
1990	200736	2308	49228	116344	1880
1991	311531	3103	205164	112937	1966
1992	377486	5520	188489	167868	2796
1993	410116	6180	187436	153503	2711
1994	479655	14548	287359	192424	2955
1995	455337	9020	158522	191345	2903
1996	425186	14370	90013	192844	2455
1997	471648	12562	214554	170334	2200
1998	455944	12442	144052	128635	1799
1999	483066	13638	138614	166265	2160

来源：东风汽车房地产有限公司志 1984—2003 [Z]. 东风汽车房地产有限公司史志办. 2004：89.

2000 年二汽的物业管理情况　　　　　　　　表 5.28

所属街道办	物业管理处	包含房管所	职工住宅楼/栋	包含小区
头堰	花果	发动机厂、铸造一厂、变速箱公司、活塞轴瓦公司、化油器公司	120	花园小区、桔园小区、梅园小区、香归小区、振兴小区、铸一新村、融合园小区、花园新村
红卫	红卫	专用设备厂、刃量具厂、动力设备厂、煤气厂、水厂	130	专用设备厂小区、刃量具厂小区、动力新村、富强小区、红美小区
汉江路	六堰	银河小区、车轮厂、设备制造厂、汽车运输处	127	银河小区、汽运处六堰小区、设备制造厂小区、车轮公司小区
二堰	三堰	传动轴公司、车箱厂、销售部、能源处	110	凤凰山庄、樱花小区、东山小区、绿苑河西小区、电力小区
武当路	茅箭	非金属件厂、车桥厂、锻造厂	151	泰安花苑、锻造厂小区、锻造新村、木岗新村、陈家岗小区、金桥小区、杜家湾小区
白浪	白浪	铸造二厂、铁路运输处	78	怡心小区、吉安小区、西苑小区
车城路	光明	散热器厂、通用铸锻厂、热电厂、光明花园物业	96	光明花园、光明新村、永光新村、红通新村

续表

所属街道办	物业管理处	包含房管所	职工住宅楼/栋	包含小区
车城路	镜潭	车身厂、协作配套部	84	广积小区、镜潭新村、张沟小区
	张湾	技术中心、供应处、制泵厂、模具厂	124	宏兴小区、制泵厂小区、供应处小区、友谊新村
	大岭	钢板弹簧厂、标准件厂	71	岩岭新村、大岭新苑、大岭小区、五七三小区、海南小区、沿河小区
	—	总装配厂	44	虹景新村
	—	车架厂	47	汽运处小区、艳湖小区

来源：东风汽车房地产有限公司志 1984—2003［Z］. 东风汽车房地产有限公司史志办，2004：171-301.

总之，十堰此阶段的其他企事业单位情况与二汽建设情况相同，在单位附近空地就近建设职工住宅，十堰市各街道的空间扩展以"职住平衡"为原则，继续在上阶段的若干集镇格局基础上"框架内填充"式发展，大量建设居住小区形成"职住平衡"的街道空间单元（表 5.29）。

1998 年十堰市各街道内单位和居住小区分布　　　　　　　　　表 5.29

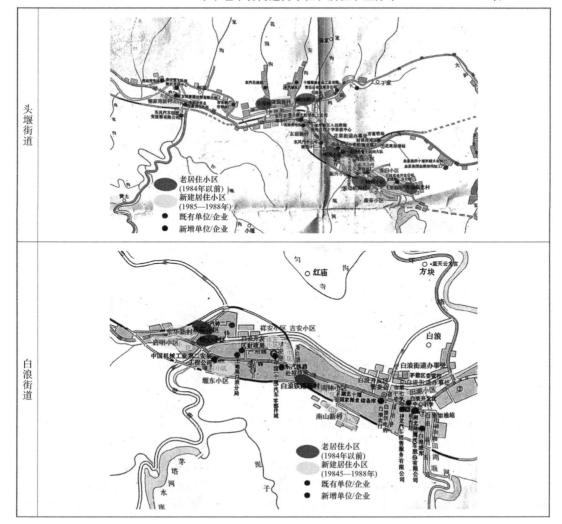

续表

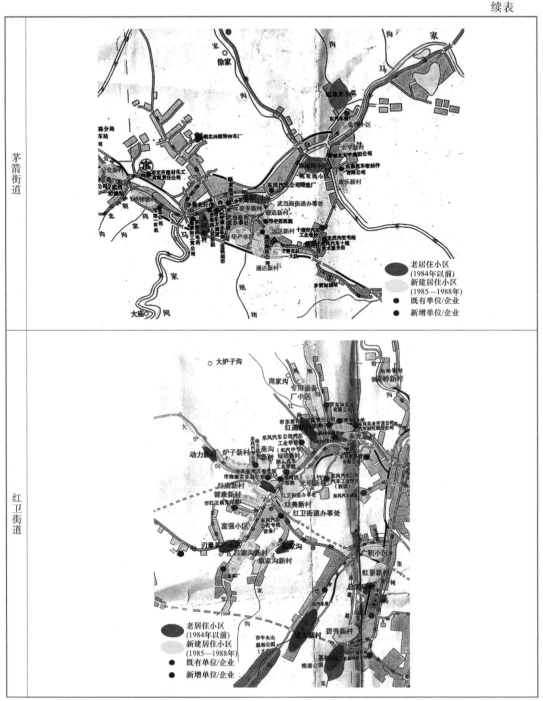

综上，随着商品经济的发展，城市空间由均质发展走向注重综合效益的差异化开发，十堰市逐渐由"单位化"向"去单位化"过渡。依靠"单位"的社会管理模式出现真空，城市组建街道办事处，"街居制"建立，城市建设在上阶段若干集镇的"框架内填充"式发展。城市组团的定位决定不同街道的发展方向和功能，形成商住型、混合型和工业型三种街道类型，受不同空间发展模式的影响，呈现差异化的空间形态特征，商住型和混合型

街道为"珊瑚状"、工业型街道为"带状"，并且街道内各专业厂就近发展配套产业，而后各单位就近发展职工住宅小区，形成"职住平衡"的街道空间单元。

5.4 1994年至21世纪初市场经济时期：趋向一体化的团块扩张

5.4.1 发展政策：低丘缓坡治理扩展建设用地

国土资源部出台《低丘缓坡荒滩等未利用土地开发利用试点工作指导意见》指导我国山地丘陵地区城镇化、工业化与农村新居建设用地的科学布局，充分开发未利用土地，增加建设用地供给，缓解用地供需矛盾，促进节约集约用地，拟在部分省（区）开展低丘缓坡荒滩等未利用土地开发利用试点。湖北省下发了《关于推进低丘缓坡荒滩等未利用土地综合开发利用工作的通知》《关于加强耕地保护构建跨越式发展用地新机制的意见》等系列文件。湖北省2007年为了打破用地发展瓶颈启动"低丘缓坡治理"，在张湾区、茅箭区、十堰经济开发区选择耕地少、山体树木少、居民拆迁少、无基本农田的山地进行集中连片开发整理。2007年，张湾区首先开山平地，寻找扩展建设土地的路径；2009年，十堰市开启了总面积达15万亩的"削山造城"计划。全市累计新增建设用地5万亩，其中61%为未利用地，到2011年，在集中连片整理的山地，已有500多家企业进驻，形成日趋完善的产业链，推动产业集群发展，实现了科学规划、集中开发、高效利用、节约集约的山地开发目标，基本建立一套在城市"以修路带动开山造地""先造地再造城"的十堰开发模式在湖北全省推广[1]。

在新一轮规划中，在要求整体运行效率稳中有升的前提下实现城市发展，因此在维持组团式格局的基础上向东西向适度扩张，将中与东、中与西组团间的联系地带作为建设重点，依托中心片区的近邻山地丘陵用地发展城市新区，既突破了原有城市空间结构及用地布局，又加强了组团间的联系，城区发展实现了从组团分散到一体化的转变。自2010年以后，十堰市调整交通结构，明确提出要加强东西向组团间的交通联系，以区域性中心城市、风景旅游城市为标准，基于现状用地布局构建综合交通运输体系，进一步统合内外交通、完善设施，以"快速、高效"运输网络支撑和引导城市发展。

对不同组团间的交通联系强度进行预估，保持道路系统建设与城市用地扩展同步。预计2030年中心城区城市人口出行总量将达300万人次/日，中心城区城市人口平均出行距离将达3.5km，平均出行耗时18.5min。根据组团间联系截面机动车交通需求估算（表5.30），中心—茅箭组团间需求为单向8300 PCU/h，换算后达5条以上道路通道数需求[2]。总之，预计到2030年，十堰城市人口出行在中心城区范围内的分布特征为：以中心组团为核心的放射式空间形态。各组团间交通联系度显著提升（表5.31）。

5.4.2 中部生活组团"指状伸展"

十堰市受山地地形和历史城市格局的限制，沟谷用地开发殆尽，可建设用地短缺，尤其是以居住和综合服务为主要职能的中部组团，分散的各组团内城市交通是历年来城市基

［1］ 十堰市人民政府. 漫卷山地如画：十堰市山地整理摄影纪实［Z］. 十堰：十堰日报社，2011.
［2］ 十堰市自然资源和规划局. 十堰国土空间总体规划综合交通体系研究报告 2020—2035［R］. 2021.

2030 年组团间联系截面机动车交通需求估算　　　　　　表 5.30

组团间联系截面	城市人口出行需求量/（单向万人次/日）	小汽车出行所占方式结构/%	高峰小时系数/%	小汽车出行需求（单向 PCU/h）	其他出行需求估算（单向 PCU/h）	交通需求合计（单向 PCU/h）
白浪—茅箭	8.51	30	12	2360	3000（与武当山组团间出行、货车出行、对外出行等）	5360
中心—茅箭	23.11	30	12	6400	1900（货车出行、对外出行等）	8300
红卫—中心	22.78	30	12	6300	1900（货车出行、对外出行等）	8200

来源：十堰市自然资源和规划局. 十堰市国土空间总体规划综合交通体系研究报告 2020—2035［R］. 2021.

2030 年中心城区城市人口出行空间分布（万人次/日）　　　表 5.31

组团	白浪	茅箭	中心	红卫＋花果	合计	跨组团出行量
白浪	20.25	1.58	5.54	1.40	28.77	8.51
茅箭	1.58	34.02	12.41	3.77	51.78	17.76
中心	5.54	12.41	100.38	17.61	135.94	35.55
红卫＋花果	1.40	3.77	17.61	60.75	83.53	22.78

来源：十堰市自然资源和规划局. 十堰市国土空间总体规划综合交通体系研究报告 2020—2035［R］. 2021.

础设施的主要建设方向，组团间交通需承担城市交通职能及过境交通的双重压力。随着十堰城市的发展，城市快速道路、公交线路及大运量站点的建设，在"以修路带动开山造地"的开发模式下，重要交通线路周边的房地产开发得到了迅速的发展。交通线路的发展带动城市组团间空间的利用，道路的网状织补趋势使城市组团间的联系日趋密切，初期往往表现为沿着交通线路延伸方向，整体呈现"指状伸展"，局部出现分散式、跳跃式的开发（表 5.32）。

1999—2019 年十堰市商住型街道空间"指状伸展"　　　表 5.32

以五堰街道办为基础的新城空间指状伸展

城市轮廓线（1999年）
城市轮廓线（2019年）
城市道路

以二堰街道办空间为基础的新城指状伸展

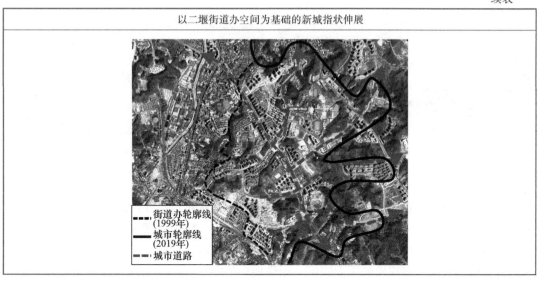

十堰市中部组团是以居住和公共服务为主要功能的五堰和二堰街道，也是生活服务设施的集中地，以其为中心向周边放射状发展，有利于加强东西向组团间的联系，引导城市向东融合，拓展城市生活服务空间。利用中部组团和茅箭组团间的山地空间，依托老城组团发展新城组团，承接了五堰和二堰街道办的部分职能，极大缓解了中部组团商住型街道的土地利用压力。指状交通沿线增加的多为居住小区，居住对象为市中心动迁出来或需要改善住房的住户。指状交通沿线成为此阶段较大的居住空间供应地，此外道路的贯通带来沿线区位优势的增强，不少中高价位的房产楼盘相继落成。随后，湖北医药学院、汉江师范学院组成的新城科教中心带动了周边片区的发展，促进了此区域房地产的开发。

随着城市核心区人口增长，城市用地增长主要集中在中部和东部组团之间的丘陵地带，发展沿着以城市道路为主的交通干线向东延伸。在十堰这种山地型城市，紧张的可利用土地资源及有限的基础设施投入，使交通干线沿线区域的相对可达性大大提高，产生的自然、经济、社会综合效应，抬升的价值转嫁到道路周边的土地上，提高了沿线土地利用和开发强度。居住空间和服务设施聚集，交通线路连接老城区和新城区，新开发的空间沿交通线轴向拓展，形成"指状伸展"的城市空间格局，这是十堰市21世纪初期城市核心区空间形态发展的重要特点。

5.4.3　两侧生产组团"块状集聚"

十堰市此阶段集中用地增长迅速，2010—2014年，中心城区城市建设用地结合"低丘缓坡治理"共增长1972hm²，年均增长394hm²（图5.8、图5.9）。缓坡治理用地集中在张湾区西北部以及茅箭区东北部两处缓丘区域，其中张湾区缓丘治理以发展十堰工业新区为主，现已逐步成型，至2014年入驻企业达47家，工业总产值4.47亿元；茅箭区缓丘治理主要发展东城经济开发区（驼鞍沟工业园、东风重汽、龙门工业园、港澳台工业园、普林工业园等新老工业园区），至2014年东城经济开发区入驻企业215家，工业总产值400亿元，主导产业以改装车、汽车车身、汽车部件加工为主。由此可见，缓坡治理的城市建设用地主要用于工业用地的拓展，其中东风公司生产基地以相关汽车产业链企业为主。

图 5.8　2011 年 3 月西部城区山地整理　　　　图 5.9　2011 年 3 月茅箭东部工业园区

来源：十堰市人民政府. 漫卷山地如画：山地整理摄影纪实［Z］. 十堰：十堰日报社，2011.

　　工业新区的用地布局不再是三线建设时期的顺沟条状布局，此阶段开山平地的开发模式为建设现代工业园区提供支撑，多为集中连片用地，入驻工业园区的不同生产企业多采用集中紧凑的空间结构模式，可以有效地组织生产和生活，节约建设用地，减少建设投资和运营费用。具有一定规模的工业园区，因受地形的限制，园区被分割成多个功能完整且相对独立的块状园区。此阶段的工业组团呈"块状集聚"发展（表 5.33）。

1999—2019 年十堰市两侧生产组团"块状集聚"　　　　　　　　　表 5.33

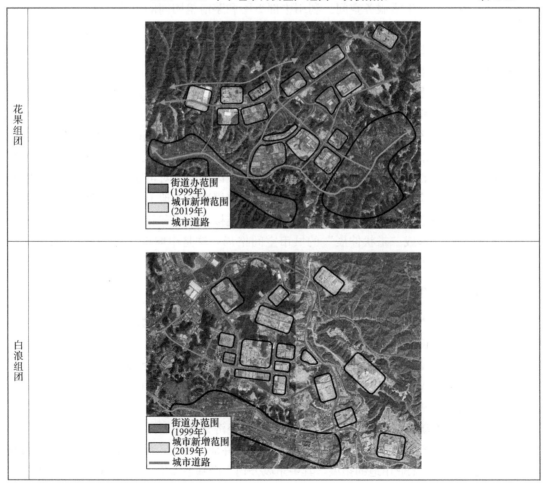

5.4.4　居民认同的社区生活圈单元

社区是一定地域范围内人们聚居组成的社会生活共同体，我国城市社会和经济发展的阶段性要求，即推进城市社区建设。社会主义市场经济体制的推行打破"单位制"管理，促使"单位人"转为"社会人"，城市聚集大量流动人口冲击旧有的社会管理模式，社区式管理模式应运而生。城市社区开始承接由政府转移和国有企业改革剥离的社会职能，并随着各项制度改革，社区还需要与人民的医疗、住房、就业、养老等需求对接，完善各项服务设施，建构一个独立于企事业单位之外的社会化服务综合体，并随着城市发展拓宽社区服务，助益人民生活。

2000 年 11 月，《中共中央办公厅、国务院办公厅关于转发〈民政部关于在全国推进城市社区建设的意见〉的通知》印发，次年 5 月，湖北省委、省政府发布《关于加强全省城市社区建设的意见》。通过全市社会资源的调查和城市居民居住、分布的状况，重新划分社区；在社区构建上，按照既能合理有效地利用社区资源，又符合多数居民意愿，既有利于社区自治和管理，又有利于社区服务和社区功能的发挥要求，按照符合地域历史传统和未来发展要求，居民认同感较强，小于街道办、大于现有居委会（1000～3000 户）的原则，科学合理地划分和构建社区、调整规模。政府的职能向社区剥离，社区内各单位过去用于办社会的一些服务设施纳入社区服务，继续发挥其功能和效益。实现区—街道—社区三个层次的城市服务体系，如十堰张湾区—二堰、五堰街道—多个社区。

计划经济时期的居委会划分没有建立一定的标准，普遍规模偏小、各用地性质交叉，不仅不利于整合资源，而且提高了管理成本，与市场经济条件下城市发展要求不相协调。在 2002 年十堰城区拟划分社区 74 个，比原来的居委会减少 58 个，减少 45%。同时，区别不同情况划分不同社区类型："单位型社区"划分是以职工家属聚集区为主体；此外，还可根据街巷界限、独立小区和用地功能分别划分为"地缘型""单元型""功能型"社区。按人员属性分类则包含三种类型：纯地方性质的社区居委会 33 个、由地方与东风汽车等中央、省属单位交叉的社区居委会 21 个、东风汽车等企业单位性质的社区居委会 20 个。提倡因地制宜，多种类型，多种模式，不搞"一刀切"。到 2016 年中心城区的社区进一步减少到 66 个（表 5.34），随着城市的发展扩展，以前的建制村逐步划为社区，到 2020 年，中心城区（包含社区）增加至 83 个（图 5.10）。

2016 年十堰市街道办事处及所辖社区　　　　表 5.34

区	街道	社区
张湾区	五堰	南街、北街、滨河、东岳、燕林、柳林新村、六堰山、四堰、朝阳路、华悦、李家岗、京东路
	二堰	源园、火车站、垭子、老街、二堰桥、郑家沟、富康、擂鼓台、三堰、高校园、吉祥
	武当路	顾家岗、龚家湾、路北、马家河、三桥、铁三处、文家沟、韩家沟
	白浪	中观、马路、光明、白浪堂
茅箭区	红卫	王湾、周家沟、燕沟、动力新村、界牌、袁家沟
	花果	二堰铺、花果园、花园新村、铸一新村、头堰、安沟
	车城路	艳湖、镜潭、康乐、张湾、高家湾、人民广场、工艺新村、公园、车城西路、东岳古台、岩岭

续表

区	街道	社区
茅箭区	汉江路	六堰、七里、夏家店、罗家岗、东风、银河
	十堰工业新区	建设大道
	西城开发区	西城

来源：根据《茅箭区志1984—2005》《张湾区志1984—2005》整理绘制。

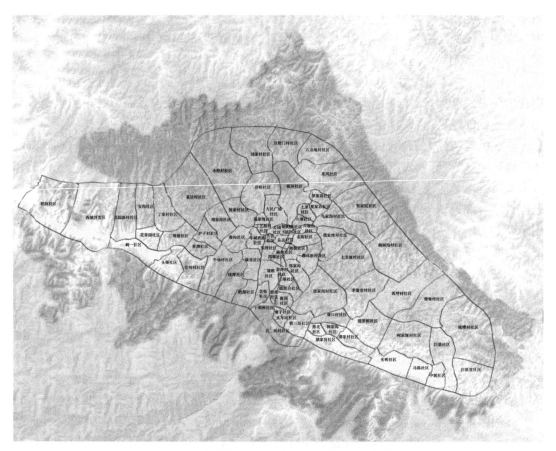

图5.10　十堰市2020年中心城区社区分布示意图

　　社区制以社区为单元，是若干厂区及居住区、住宅楼的整合，按社区管理和整合配套，社区内的机关、团体部队、企事业组织、居民群众等都要服从社区的管理，积极参与社区建设。十堰最初创建社区的目标包括：组织健全、自治功能、服务功能、环境与卫生、文化活动、治安、基础设施建设等方面[1]，按社区配置各类公共服务设施（图5.11）。随着自然资源部《社区生活圈规划技术指南》的编制，十堰社区的建设逐步以地区的风貌特色以及利用创新模式保护传承历史风貌为目标，提升街道空间和小区道路品质以改善出行环境，解决公共空间使用率不高，改变社区功能单一的状况，注入就业岗位与产业空间并为周边产业提供配套的公寓和服务，建设环境友好、老年友好、儿童友好社区。

---

　　[1]　城市社区建设资料选编［Z］. 中共十堰市组织部. 2002：29-35.

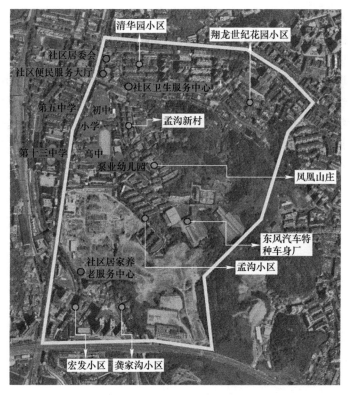

图 5.11   十堰市—茅箭区—车城路街道—张湾社区

5.5   小结

本章主要介绍了三线建设城市十堰的城市街区空间形态演变，按四个时间阶段解读十堰的城市街区从计划经济前期一个个封闭独立的三线建设工厂发展为一体化城市团块的过程，而组成街区的内部空间单元实现了从"单位制"到"街居制"再到"社区制"的转变。

第一阶段计划经济前期（1964—1977 年），国家备战计划要求认识三线建设的意义和"山、散、隐"的方针，深入开展"设计革命"运动，为厂区布局奠定基调。二汽工厂隐藏布局在十堰山沟中，厂群呈"干—枝放射状"，各工厂单体顺沟布局为窄沟"线状"或宽沟"块状"。各工厂各自封闭独立，为完整的"单位制"生产生活单元，职工生活工作休闲都在封闭单元内解决。

第二阶段计划经济后期（1978—1985 年），国家要求三线建设地区根据"工农结合，城乡结合，有利生产，方便生活"的原则，从若干封闭的工厂生产单位，围厂扩建走向"集镇"，用地布局和基础设施建设虽然以工业优先，但集镇内按定额配置公共服务设施，形成公共服务功能核心，逐步兼顾生活。集镇内各工厂均围厂建设职工小区，各工厂及就近建设的职工小区形成成组成团的"厂居混合"单元。

第三阶段商品经济时期（1986—1993 年），城市经济开放使"单位制"动摇，为加强城市管理组建街道办事处，实行"街居制"，十堰城市空间的发展考虑社会综合效益，以"框架内填充"为主要方向。城市中心组团的商住型街道"去单位化"发展，形成"珊瑚状"形态，城市两侧组团的工业型街道功能依然"单位化"，沿道路水系发展为"带状"形态。此阶段的街道空间单元是在"厂居混合"的基础上以"职住平衡"为原则发展，极大缓解和应对十堰此阶段城市基础设施配置不足的现实问题。

第四阶段市场经济时期（1994年至21世纪初），城市为争取用地，力图从历史的分散形态走向集中集约，实行"低丘缓坡治理"的政策，就近利用坡地，中部生活组团向东部发展，形成"指状伸展"形态，两侧生产组团开山造地，大量新兴及腾退搬迁来的工业企业形成"块状集聚"形态。并在上阶段"厂居混合"单元的基础上划分"社区"，配置社区公共服务功能，形成居民认同的社区生活圈。

6 十堰市建筑单体空间形态演变

住宅建设作为关系国计民生的重大问题，其发展过程代表了社会经济增长，也体现了不同经济阶段中社会利益分配带来的变化与矛盾。十堰市住宅建筑单体空间形态演变的阶段性特征，正是由不同阶段的城市空间生产模式下形成的。首先对三线建设建筑单体形态演变概况进行回顾，三线建设的生产类和公共服务类建筑在1983年以前布局成型，而居住类建筑受经济体制、发展政策及居民使用需求的影响，在不同阶段发生形态变化，参与城市空间的演变。十堰市住宅建筑单体空间形态从最初"从低就简"的芦席棚与干打垒住宅，到"提高住宅建设标准"形成"套型"住宅，再到最终走向市场"转向需求驱动"，形成满足不同需求多层次住宅的形态演变特征。

6.1 十堰市三线建设建筑单体类型及形态演变概况

6.1.1 建筑单体类型

十堰市三线建设单体建筑类型多、数量大，依功能分为：生产类，包含车间、仓库、附属配套等；居住类，包含住宅、单身宿舍等；公共服务类，包含俱乐部、食堂、卫生所、招待所等（表6.1）。

十堰市三线建设生产类和公共服务类建筑单体　　　　表 6.1

续表

	干打垒办公楼（1969年）		干打垒食堂（1967年）
公共服务类建筑	职工食堂	幼儿园	工人俱乐部
	防空洞	办公楼	招待所
	医疗点	运动场地	公园

来源：干打垒照片来源于 十堰文史（第十四辑）三线建设二汽卷（上册）［M］．武汉：长江出版社，2015：5；第一修建处志 1965—1983［Z］．第二汽车制造厂第一修建处编纂领导小组，1984：3；其余图片均自摄。

　　1969年1月，二汽现场会议由国务院批准召开，会议决定成立第二汽车制造厂建设总指挥部。数万名建设者在十堰开始了大规模的建设。但由于当时"左"倾路线的干扰，致使工程质量遭受极大的影响。如"干打垒"[1]绝对化，从宿舍到招待所，从门诊室到厂房，"干打垒"成风，甚至提出了"干打垒精神万岁"的口号，还召开经验交流会，号

---

　　［1］"干打垒"是一种简易的筑墙方法，是土墙的一种，也称为版筑墙、土夯筑墙，是按墙身位置放置模板，内倒配料分批夯打而成。大庆艰苦创业的"六个传家宝"之一的"干打垒"精神，体现了大庆石油会战初期，广大干部职工因陋就简，解决居住困难的艰苦创业精神。

召把"干打垒"推向施工生产的各个领域，结果造成二汽二十几万平方米的厂房墙体采用"干打垒"，上百万平方米的厂房采用四波瓦、单槽瓦，后来出现大量的渗漏现象，造成损失[1]。

　　总之，在1973年着手解决所有工业厂房质量问题后，绝大多数工业厂房并未经历较大程度的更新。公共服务类建筑主要为改善职工生活所建，因配置的时间较晚，材料使用及建造工艺满足使用要求，亦未经历大规模的改扩建。随着国家政策的阶段性变化，国家经济的企稳向好，建造技术的提高，职工人数的增多，职工家庭结构的变化及生活需求的提升，空间需求发生变化。在不同时期的新建和改扩建过程中，需求变化带来建筑形体与空间结构变化，施工材料的更新也创新了空间与结构形式，住宅建筑呈现丰富多样的空间形态和使用方式（表6.2）。

十堰市三线建设居住类建筑单体现状　　　　　　　　　表6.2

[1]　第二汽车制造厂第一修建处编纂领导小组. 第一修建处志1965—1983 [Z]. 1984：9.

续表

来源：芦席棚图片来源，十堰文史（第十四辑）三线建设二汽卷（上册）[M]. 武汉：长江出版社，2015：226；
木板房图片来源，十堰文史（第十五辑）三线建设"102"卷（上册）[M]. 武汉：长江出版社，2016：11，14；干打垒
宿舍图片来源，第二汽车制造厂第一修建处编纂领导小组. 第一修建处志 1965—1983 [Z]. 1984：6；其余图片均自摄。

6.1.2　建筑单体形态演变概况

随着十堰市三线建设工业厂区的发展，从 1967 年第二汽车制造厂投入建设后随着十堰市的发展到 21 世纪初期，厂区整体功能布局变化较小，生产类与公共服务类建筑单体在此期间延续使用，或因厂区搬迁、停产而废弃，此外未做较大更新。初期为了解决职工对住房的强烈需求，二汽主导建造大量居住类建筑，后随着国家经济的发展、职工对居住功能日渐增加的需求，以及施工工艺的提高，居住建筑单体的形态在之后近半个世纪的发展过程中发生了相应的形态变化。

三线建设城市的居住建筑最初为三线建设工厂的职工宿舍区，在建厂之初为了方便保卫工厂，本着有利生产、方便生活、节约用地、少占良田原则，从低就简，选址靠近厂区上山或上坡布置，各厂有独立发展余地和独立生活设施[1]。依托三线建设"先生产、后生活"的政策需求，十堰市确立了初期的居民区建设六字方针——即"靠山、分散、隐蔽"。将职工宿舍依山就势，靠近厂房布置，避免过多占用厂区生产空间，此类生产配套设施在计划经济前期随主要厂房同步建设。20 世纪 70 年代后期，国家战略方向转变，三线建设进入调整期，二汽开始将建设中心转移到改善职工生活条件方向上。此时，新建的职工居住区不再紧靠厂区，逐步形成单独的居住组团，并在计划经济后期，在原居住空间布局框架下"见缝插针"扩展居住范围，居民生活得到极大改善。到商品经济时期，在街道内以职住平衡为原则建设居住小区。市场经济时期，住宅成为商品走向市场。

---

[1]　铸造二厂志编纂委员会. 铸造二厂志 1965—1983 [Z]. 第二汽车制造厂，1984：224.

　　以十堰市第二汽车制造厂的通用铸锻厂（表 6.3）和设备修造厂（表 6.4）厂区演变为例，根据 1983 年、1998 年的工厂平面示意图及 2013 年卫星影像图对比发现，厂区内的生产类和公共服务类建筑在 1983 年以前基本布局已经成型，完成了绝大多数厂房及公共服务设施的建设，厂区形态的演变主要受居住类建筑的变迁而改变，数量随着不同时间段的发展逐步增加。

通用铸锻厂厂区演变（1966 年—21 世纪初）　　　　　　　　　表 6.3

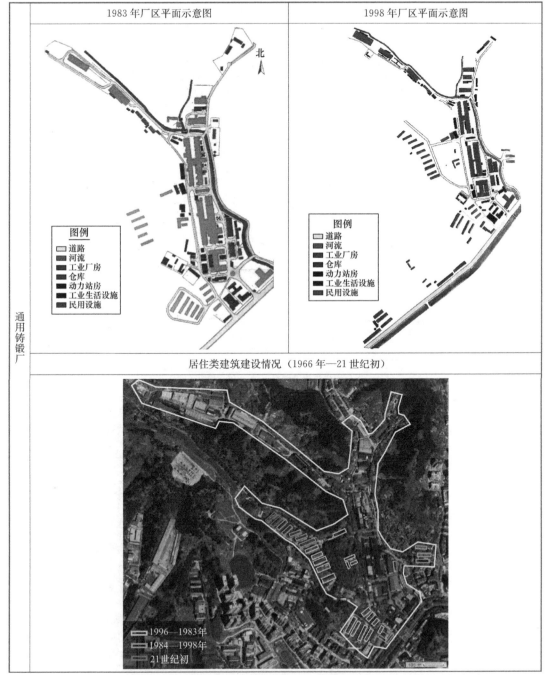

来源：《通用铸锻厂志 1966—1983》（1983 年）、《通用铸锻厂分卷 1984—1998》（1998 年）、卫星影像图 2013。

设备修造厂厂区演变（1966 年—21 世纪初）　　　　　　表 6.4

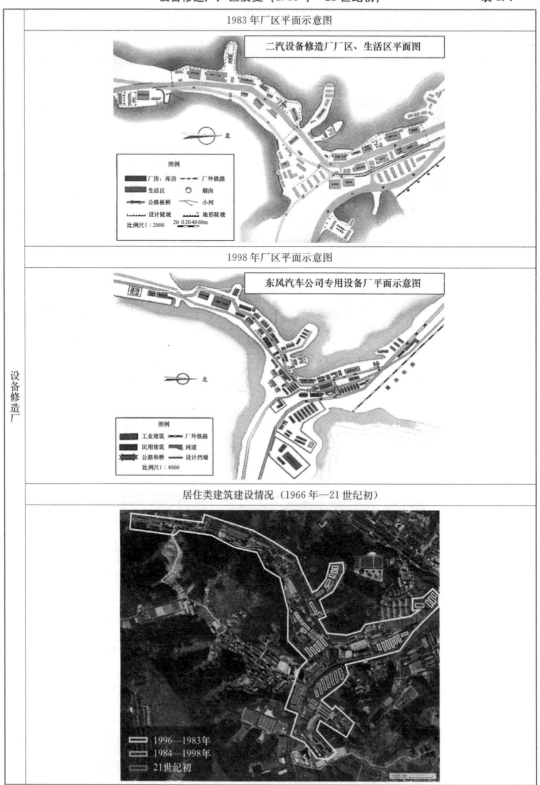

来源：《设备修造厂志 1966—1983》（1983 年）、《专用设备厂分卷 1984—1998》（1998 年）、卫星影像图（2013 年）。

6.2　1964—1977 年：住宅标准从低就简

20 世纪 60 年代到 70 年代中期，中国进入了社会主义建设的十年探索期，此时的三线建设在"左"倾思想的影响下将"以备战为首要目标"的要求发挥到极致，国家将农业的积累转移到工业。三线建设地区的城市建设进入了全面停滞时期，城市规划和房产机构停摆，城市住宅建设走向片面节约，投资持续走低。70 年代初期，中央开始重新重视国民经济发展，此时期新建的城市住宅开始呈现出设计标准化和施工工业化的趋势，居民居住水平进一步提高。

6.2.1　发展政策：先生产后生活

6.2.1.1　城市规划和房产机构停摆

十年探索期使国家及各级政府的城市规划和房地产建设管理运行暂缓，1960 年的第三次全国计划会议上，提出三年内不开展城市规划工作；1967 年，撤销了国家房产管理局，行政指导缺位；1970 年，79 个国务院行政部门被缩减至 32 个，其中部队直接管理 13 个部门，此时，政府机构数量降至中华人民共和国成立以来的最低值。城市建设管理部门职能逐渐丧失、房产部门也难以继续实行行政管理工作、城市维修费用另作他用，导致城市公共建筑、基础设施、居住区普遍难以维护[1]。直至 70 年代初期，停摆的各领域逐渐恢复，在城市建设、房地产管理过程中遗留的问题也开始被重视，恢复了城市规划制定与审批，国家发展逐渐走向平稳[2]。

6.2.1.2　住宅建设投资降低

受日益紧迫的备战危机的影响，国防建设被放在第一位，因住宅建设被归为生产消费，属于非生产性的建设，同时在新中国的经济发展中，为了战备安全和快速发展国民经济，重工业的优先级极高。导致长时间内城市住宅建设一直居于国民经济建设的次要地位。

第三个"五年计划"期间，城市住宅的竣工面积不足上一时期的一半（图 6.1）。70 年代初，因国家经济方针的变化，居民住房建设才再次得到重视[3]。之后，住宅建设投资在国民经济基本建设投资中常年维持在 5% 左右，不仅达不到"一五"期间 9% 的比例，甚至在 1970 年下滑到中华人民共和国成立以来的最低值，仅为 2.6%。在 1978 年以前，全国性的住房状况调查一直没有进行，直到

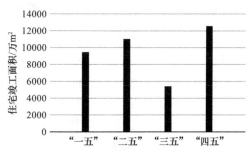

图 6.1　不同时期住宅竣工量

来源：根据《中国统计年鉴 1984》整理。

---

［1］吕俊华，彼得·罗，张杰 . 中国现代城市住宅 1984—2000 [M]. 北京：清华大学出版社，2003：174.

［2］国务院批转《关于加强基本建设管理的几项意见》，1973-06；国家计委、建委、财政部颁发《关于加强城市维护费管理工作的通知》，1973-12-22。

［3］国家统计局 . 中国统计年鉴 1984 [M]. 北京：中国统计出版社，1984.

1985 年才第一次实施。据 1985 年的调查表明，在全国城市居民中存在住房困难的居民超过 25%[1]。有近 120 万户家庭属于无房家庭，近 1000 万户家庭居住空间拥挤逼仄。20世纪 70 年代，城市住房户均面积 28～34m²，平均每人 3.5～4m²。上下水有楼外集中、每层集中和隔层集中三种方式；厨房每层公用，平均每户 2.53.5m²，使用较为不便；卫生间多为旱厕，每层集中布置，居住条件较差。

6.2.1.3　住宅工业化体系推行

新中国为了满足大量人民的居住需求，一套涵盖建筑设计、施工全过程的住宅工业化体系亟待建立，从而达到可以快速完成住宅建设、满足居民需求的目的。同时，住宅的工业化更成了城市建设的发展目标。由于城市建设长期被忽视，虽然经历了几十年的实践，但是住宅的工业化依然任重道远。

住宅工业化包含设计标准化、施工机械化和构件工厂化。设计标准化是住房产业化的基础，新中国从一开始就参照苏联从套内面积、户型设计等方面确定了设计标准。到 1955年，华北、东北、西北等六个地区开始有针对性地编制住房设计标准。1959 年，全国各省市自治区自行开展住房标准化建设工作。建筑工程部负责指导全国，同步指导全国各分院的地方住宅标准设计工作的开展。20 世纪 60 年代初期全国经济调整时，标准设计院被撤销，由后续成立的建筑标准设计管理所负责住宅标准化工作。70 年代前，国内采取的是全国标准化设计和地方标准化设计并存并行的形式。1970 年起，全国标准化设计机构取消，由地方自行组织设计标准[2]。1978 年之前，砖混住宅在全国范围内被大量使用，为方便建设，砖混结构住宅的设计通用图开始推行，极大地提高了住宅的标准化水平。同步开始推行施工的预制化，并从楼梯、阳台、烟道等开始，逐步提高在施工中所占的比重。

此外，对住宅建设中节约问题的重视，促进了住宅工业体系化的研究，这个时期，各种炉灰、煤渣等生产废料都被用来制造建筑替代材料，各种替代材料制成的楼板、砌块、灰渣砖都被应用在建筑施工中，解决了废弃材料的再利用问题，减少了建筑施工过程性浪费[3]。

6.2.2　三线建设恢复期：芦席棚与干打垒住宅

1969 年 2 月，经历之前的建厂选址的阶段后，二汽正式进入建厂阶段，此时参加二汽建设设计和施工队伍的几万人从上海、内蒙古、四川等地陆续来到十堰施工建设现场，为了执行"三线建设要抓紧"的指示，从抢时间出发，力主先建厂房后建生活区，提出"先厂房，后宿舍，先生产，后生活"。

1966 年，二汽选厂范围初步确定，用押宝式的建点方法，在十堰、黄龙、鲍峡三处盖 14 栋小平房，也是最早的二汽职工宿舍。此时宿舍只是在山坡上，用芦席、油毛毡及竹子搭棚子，所有干部职工、设计和施工人员暂住芦席棚（图 6.2）。或把工地能用的木料都做成活动木板房（图 6.3），木楞两面钉上木板，中间填充锯末刨花等作保温材料。墙板每块 1m 宽、屋顶每块 50cm 宽，组装方便。拉直径 20cm 的圆钢筋，屋面铺上油毡，且有

[1]　第一次全国城镇房屋普查资料 [J]. 统计，1987（5）：48-49.
[2]　周金祥. 建筑标准设计. 中国建筑年鉴（1984—1985）[M]. 北京：中国建筑工业出版社，1985：348.
[3]　吕俊华，彼得·罗，张杰. 中国现代城市住宅 1984—2000 [M]. 北京：清华大学出版社，2003：158.

一定的保温性能。可以说二汽建设初期的木板房就是比较高级的住宅了，极大缓解了住宿困难[1]。

1965年推行的"设计革命"，打破既有建筑设计规范，从根本上让建筑行业降低标准的行为得到了政策支持。1966年中国建筑学会第四届代表大会上提出：要坚持发扬延安精神及大庆"干打垒"精神，破除局限于学术圈的限制，针对低标准住宅和集体宿舍的设计进行了深入交流。会议讨论的这种居住建筑类似集体宿舍，有内廊式和外廊式两大类，各个房间由走廊连接，户内不设厨卫，将厨房结合走廊设置，供水和厕所集中设置。二汽工厂地处十堰山区，交通不便，在长春一汽领导的建议下，学习大庆的"干打垒"精神，所谓"干打垒"（图6.4、图6.5）就是打土墙，只不过加了石灰和砂子。

图6.2　1969年洪水冲毁的芦席棚宿舍

图6.3　1969年白浪铸造二厂内木板房

图6.4　1969年干打垒夯土施工

图6.5　1969年发动机厂干打垒宿舍

来源：十堰文史（第十五辑）三线建设"102"卷（上册）[M]. 武汉：
长江出版社. 2016：11，14，23；图6.5照片自摄。

住宅标准的降低还体现在1966年国家建委批转建筑工程部《关于住宅、宿舍建筑标准的意见》，指出："一人一张床"即是我国城市居民的当前居住目标，人均居住面积不高于4m²，户均居住面积不高于18m²。要求南方、北方、严寒地区的每平方米建设标准分别不高于35元、45元、50元。同时各地方依托自有建筑设计标准，进一步降低了住房质量及造价。在十堰地区建造三层的城市居民住宅，如果使用砖砌墙，宿舍每平方米需要200块，而用"干打垒"，宿舍每平方米只需用砖45块，既能就地取材，加快进度，还能为国家节省开支。在对十堰当地的黏土、粉质黏土、砂土、风化石多次试验后，最终选用二分灰、二分砂、六分土的三合土进行"干打垒"，强度每平方厘米可达16kg，略低于机砖，

[1]　十堰文史（第十五辑）三线建设"102"卷（上册）[M]. 武汉：长江出版社，2016：11，92.

不仅可以盖平房，还可盖楼房和厂房的围护墙[1]。二汽发动机厂山坡上现存荒废的干打垒职工宿舍建筑墙皮剥落后能看出（表6.5），除楼梯间等承重结构部件外，墙体围护结构多使用土墙。此阶段的住宅设计因住房的紧缺和国内人口的快速增长，仅仅依靠居室的数量来划分户型差别，如一居室、二居室、三居室。如按照生理层面给户型分类，则12周岁以上非配偶异性应分室居住，每个居室居住的人数不超过4人，每人居住面积为4~6m²。当时受国民经济水平的影响，物质需求较低，此种户型虽较为单调，但初步解决了居民的居住问题。

<table>
<tr><td colspan="2" align="center">干打垒职工宿舍类型一</td><td align="right">表6.5</td></tr>
</table>

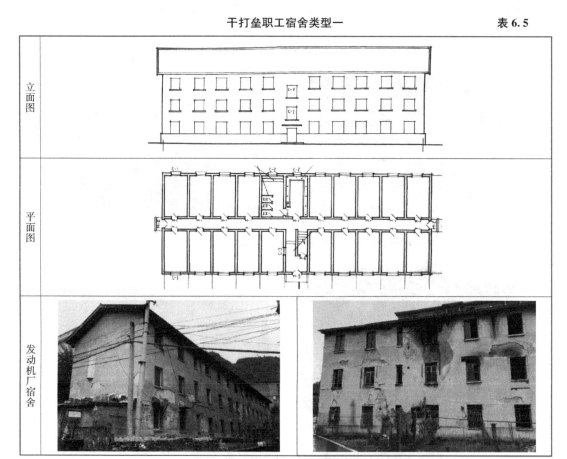

来源：北京工业建筑设计院，第二汽车厂，单身宿舍建施图纸，1968，5；现状照片自摄。

　　1969年到1970年，二汽现存住宅设计图纸表明，多家参与建设的设计院均参与设计研究干打垒职工宿舍，包含中南工业建筑设计院和北京工业建筑设计研究院，并出具相关建设图纸。根据图纸并结合现状，干打垒的宿舍类型多为内廊式单身宿舍及单外廊型，最高可达到三层，走廊和居室建议朝南或东向，户型包含一室户，一室半户和小二室户三种，平均每户居住面积18m²。类型一（表6.5）：为内廊式单身宿舍，建厂初期提供给单身职工居住，共用厕所和盥洗室，没有厨房功能；类型二（表6.6）：几户共用厨房和盥洗室；类型三（表6.7）：厨房入户，仅盥洗室位于走廊中部共用。此时的图纸还包含关键部分的土模施工大样，并标注门窗洞的施工工序，是否为筑土后挖开等施工工序。

[1] 十堰文史（第十四辑）三线建设二汽卷（上册）[M]. 武汉：长江出版社，2015：228.

干打垒职工宿舍类型二　　　　　　　表 6.6

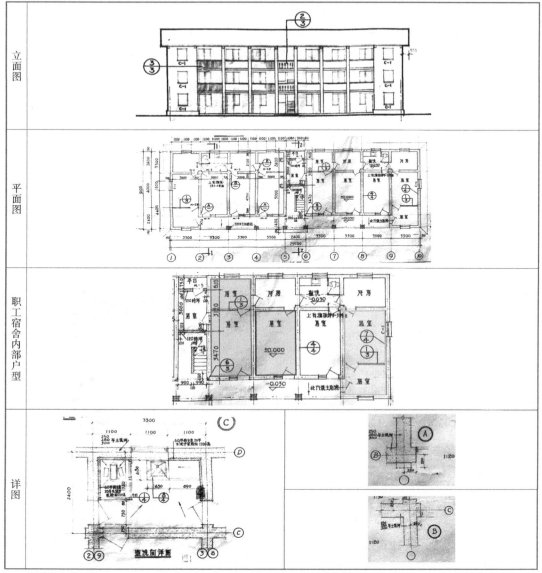

来源：建筑工程部中南工业建筑设计院，红卫厂，住宅 69-土 303 建施图纸，1969，8。

干打垒职工宿舍类型三　　　　　　　表 6.7

发动机厂宿舍	一楼走廊	三楼走廊

续表

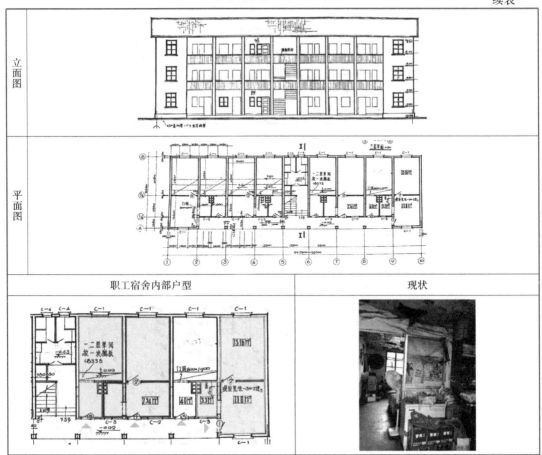

立面图	
平面图	

职工宿舍内部户型	现状

来源：红卫厂基建组，宿舍住-301 建施图纸，1969，11；现状照片自摄。

在户型设计的变化上，随着住宅标准的下降，开始引发居住模式的变化，在城市中开始出现独门独户的户型。随着设计标准降低，各户的居住面积开始缩小，同时每户的房间数量也开始变少。类型一的内廊式布局因为只有一部楼梯，却需要同时服务多套住宅，所以每户的朝向与通风往往难以保障，由此住宅也开始发生变化，产生了类型二和类型三的户型，即外廊式住宅。在外廊式布局中，交通走廊被安置在北边，沿着走廊方向，每套住宅占据了单个或多个并列的开间。每套户型内部，居室被布置在朝阳的南侧，厨房、厕所等私密空间位于北侧靠近走廊。因此在外廊式住宅中，一部楼梯可以承载更多住户的使用。外廊式住宅多为一居室或二居室，做到了居住的独门独户，也保证了住户卧室的采光及通风，虽然公用面积大，经济效益低，但是从另一个层面也加强了邻里之间的关系，受到了住户欢迎。

6.2.3　三线建设加速期：干打垒与砖混通用住宅

建厂初期，由于设计部门较多，设计标准不一，没有一个主管设计单位予以综合平衡、统筹安排，从而产生不少缺项、漏项或重复等现象，进而影响建设速度，造成一定的浪费。各专业厂建房各自探索、花样百出，且没有统一的安全生产标准，又受"设计革命"的影响，致使房屋安全事故频发。1970 年组建的二汽工艺组，为二汽工厂设计处的前身，此时开始，主管设计队伍开始承担二汽建设的工厂设计任务，使二汽建设比较合理地按照基建设计程序进行，保证了二汽建设进度[1]。1971 年，二汽厂动工建设两年后，为了加快改善职工生活条件，由二汽建厂总指挥部牵头，二汽工艺组统一若干设计院研究出具民用建筑索引图，根据当时的建造条件，制定住房图集。

住房图集在功能上针对不同的职工家庭和人均居住面积的规定配置户型，包含单身宿舍、一室户、一室半户、小两室户等多种户型及组合模式；在建造技术上，要求设计的户型既能应用于"干打垒"建造方法，满足低成本、大批量、高效率的建设要求，又能适应砖混结构的建设特点，满足在重点厂区、地质不稳定地带的同批次建设。故在以上要求同时满足的前提下，受干打垒建造方法制约，此时的民用建筑多以 3 层为主，户均建筑面积多处于 35m² 左右。到 1972 年，二汽形成了总共十余万平方米的干打垒职工宿舍规模，但在历经几十年的时间之后现存数量极少，发动机厂区范围内现存仅两处，一栋结构维护良好的尚能居住，另一栋荒废待拆。同时期砖混结构的住宅得以保存。

长外廊/内廊式单身宿舍　　　　　　　　　　　　　　　　　　表 6.8

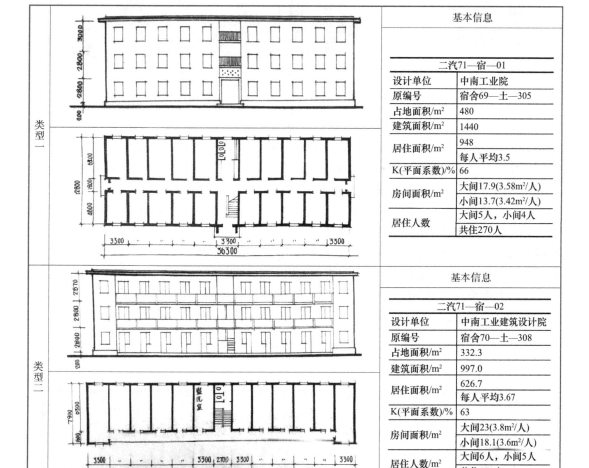

基本信息	
二汽71—宿—01	
设计单位	中南工业院
原编号	宿舍69—土—305
占地面积/m²	480
建筑面积/m²	1440
居住面积/m²	948
	每人平均3.5
K(平面系数)/%	66
房间面积/m²	大间17.9(3.58m²/人)
	小间13.7(3.42m²/人)
居住人数	大间5人，小间4人
	共住270人

基本信息	
二汽71—宿—02	
设计单位	中南工业建筑设计院
原编号	宿舍70—土—308
占地面积/m²	332.3
建筑面积/m²	997.0
居住面积/m²	626.7
	每人平均3.67
K(平面系数)/%	63
房间面积/m²	大间23(3.8m²/人)
	小间18.1(3.6m²/人)
居住人数/m²	大间6人，小间5人
	共住171人

类型一

类型二

[1]　工厂设计处志编纂领导小组. 工厂设计处处志（1965—1983）[Z]. 1985：4.

续表

| 现状 | 冲模厂单身宿舍 | 铸造一厂单身宿舍 |

来源：第二汽车制造厂建设总指挥部，民用建筑索引图 5-6，1971，10；现状照片自摄。

　　此时建造的住宅分为两大类：长外廊/内廊式单身宿舍（表 6.8）和短外廊/内廊单元式（表 6.9、表 6.10），一条走廊串起多户，又称为"筒子楼"。长外廊单身宿舍分户明确，一梯服务多户，每户有良好的采光、朝向及通风，但户内交通穿套较多；长内廊宿舍在内廊两侧布置房间，楼梯服务户数增多，大大提高了使用率，房屋进深加大，有利于节省土地，但各户均为单朝向，户间干扰也大，为节约造价，卫生间采用公共模式，户内没有设置厨房，住户被迫在走廊中搭建厨房。因此狭窄的走廊空间既要承载交通功能，又要承载做饭等生活功能，还要兼顾仓储，拥挤不堪，且极易出现火灾隐患。短外廊单元式一梯每层服务 3~5 户，以 4 户居多，分为南廊和北廊，南廊有利于家务，但对南向居室干扰较大，北廊靠近辅助用房，被较多采用；短内廊能克服长内廊的户间干扰，居住安静，中间户朝向通风不佳。

短外廊式住宅　　　　　　　　　　　　　　　　　　　表 6.9

| 类型一 | | 户型 |

续表

类型一	基本信息	
	二汽71—住—01	设计单位 北京工业设计院
	原编号	住—3—1—1
	建筑面积/m²	385
		平均每户32m²
	居住面积/m²	204
		平均每户17m²
	K/%	53
	户型	1室户占50%，1.5室户占50%
	总户数/户	12

类型二	户型	
	基本信息	
	二汽71—住—03	
	设计单位	北京工业设计院
	原编号	住—3—5—1
	建筑面积/m²	585
		平均每户48.6m²
	居住面积/m²	336
		平均每户28m²
	K/%	57.5
	户型	2.5室户占50%，1.5室户占50%
	总户数/户	12

现状		
	通用铸锻厂住宅	钢板弹簧厂住宅
	设备制造厂住宅	水箱厂住宅

来源：第二汽车制造厂建设总指挥部，民用建筑索引图1，3，1971，10；现状照片自摄。

短内廊式住宅（仅厕所共用）　　　　　　表 6.10

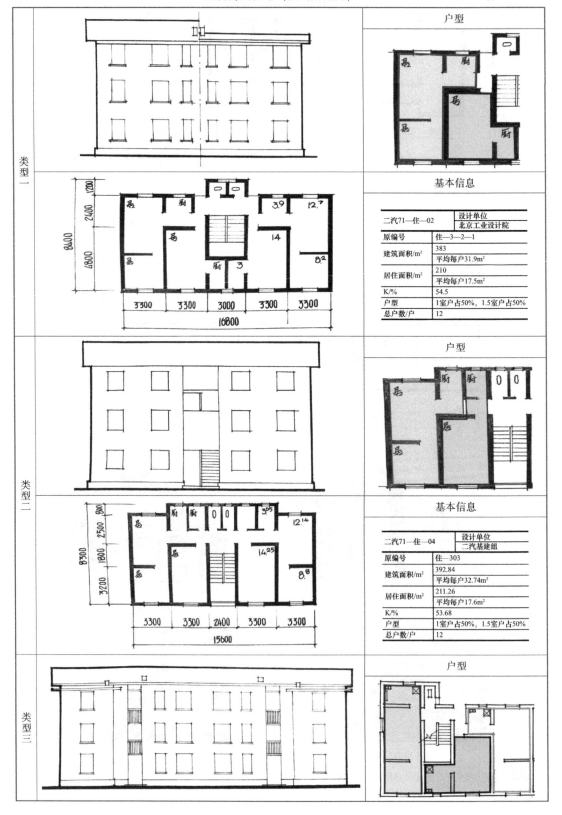

户型		
基本信息		
二汽71—住—02	设计单位 北京工业设计院	
原编号	住—3—2—1	
建筑面积/m²	383 平均每户31.9m²	
居住面积/m²	210 平均每户17.5m²	
K/%	54.5	
户型	1室户占50%，1.5室户占50%	
总户数/户	12	

户型		
基本信息		
二汽71—住—04	设计单位 二汽基建组	
原编号	住—303	
建筑面积/m²	392.84 平均每户32.74m²	
居住面积/m²	211.26 平均每户17.6m²	
K/%	53.68	
户型	1室户占50%，1.5室户占50%	
总户数/户	12	

户型

续表

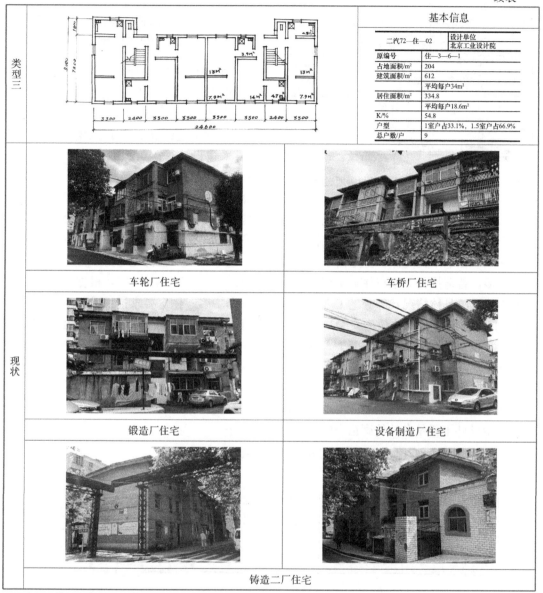

基本信息		
二汽72—住—02		设计单位 北京工业设计院
原编号	住—3—6—1	
占地面积/m²	204	
建筑面积/m²	612	
居住面积/m²	平均每户34m²	
	334.8	
	平均每户18.6m²	
K/%	54.8	
户型	1室户占33.1%，1.5室户占66.9%	
总户数/户	9	

类型三

现状

车轮厂住宅　　　　　　　　　　车桥厂住宅

锻造厂住宅　　　　　　　　　　设备制造厂住宅

铸造二厂住宅

来源：第二汽车制造厂建设总指挥部，民用建筑索引图 2-4，7-9，1971，10；现状照片自摄。

　　因历史原因，苏联的建筑设计标准对我国相关城市建设产生较大影响，产生了由几套不同住宅组成一个标准单元，多个不同标准单元构成整栋住宅楼的建设模式。住宅不同于其他商品的一大特点便是具备长久的使用性，此外，居民的生活需求随着国民经济发展日益提升，因此当时的人均指标也参考了苏联人均 9m² 的标准。但当时的住宅在中国依然是稀缺资源，无法按照设计标准进行实际分配，"合理设计，不合理使用"是那时住宅使用状况最贴切的概括，虽以远期发展作为设计标准，但是在具体分配时，往往是几家合用一套住宅，将厕所和厨房作为公用（图 6.6），平均每个家庭只能分到一个居室。全家人就寝、用餐、活动等功能只能在单间居室内发生。而同一内廊的住户共用厨房和卫生间等生活必需场所，时常使邻里关系恶化，这也是当时居住的突出问题。

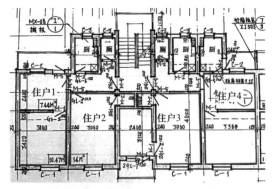

图 6.6　内廊单元式住宅（厨房和厕所公用型）
来源：根据档案资料改绘。

6.2.4　三线建设调整前期：试验混凝土砌块住宅

国家建委 1973 年下发的《对修订住宅、宿舍建筑标准的几项意见》指出，住宅平均建筑面积约 36m²，严寒地区约 38m²；宿舍建设以 4～5 层的楼房为主；每平方米建设标准南方、北方、严寒地区分别不超过 55 元、65 元、80 元。整体建筑标准相较 1966 年有较大提高。

从地方住宅设计标准上不难发现，此时一梯四户，每户两室，厕所在外部公用的"独门独户"小户型住宅已经被广大职工接受。此种户型与苏联标准设计"2-2-2"（即一梯三个 2 室户）住宅单元类似，但是由于十堰是山区，土地有限并且优先考虑工业生产，职工数量众多，普遍推行 2 室户住宅不能满足分配需求[1]。1972—1975 年，根据二汽居住建筑基本建设的具体情况，部分老工人的家庭成员逐渐增多，住房要求进一步扩大，原有的 3 层干打垒与砖混通用的住宅户型以 1.5 室及以下户型种类为主，层数偏低、面积偏小、容纳户数较少。考虑满足这部分工人的使用需求，制定试验住宅设计，主要是中型混凝土砌块试验住宅类型（表 6.11），建筑平面布置为小面积独用厨房、公用厕所的单元组合建筑，层数普遍为 4～5 层，每栋入住户数增加，户均建筑面积大部分为 40m² 左右，比 3 层通用住宅稍大，并在户型类型方面适当增加 1.5 室户的比例，将相邻单间合并为一户，此时的户型设计主要是在长外廊宿舍的基础上演变而来。

中型混凝土砌块试验住宅　　　　表 6.11

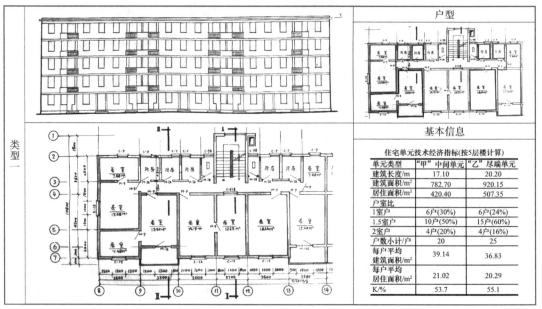

住宅单元技术经济指标(按5层楼计算)		
单元类型	"甲"中间单元	"乙"尽端单元
建筑长度/m	17.10	20.20
建筑面积/m²	782.70	920.15
居住面积/m²	420.40	507.35
户室比		
1室户	6户(30%)	6户(24%)
1.5室户	10户(50%)	15户(60%)
2室户	4户(20%)	4户(16%)
户数小计/户	20	25
每户平均建筑面积/m²	39.14	36.83
每户平均居住面积/m²	21.02	20.29
K/%	53.7	55.1

[1]　吕俊华，彼得·罗，张杰. 中国现代城市住宅 1984—2000 [M]. 北京：清华大学出版社，2003：176.

续表

技术经济指标(甲单元)	
占地面积/m²	144.03
平均每户建筑面积/m²	36
平均每户居住面积/m²	21.30
K/%	59

技术经济指标	
内容	指标
占地面积/m²	90.4
建筑面积/m²	358.0
	44.8m²/户
居住面积/m²	196.0
	24.5m²/户
K/%	54.8
总户数/户	8
户室比	均为2室户

续表

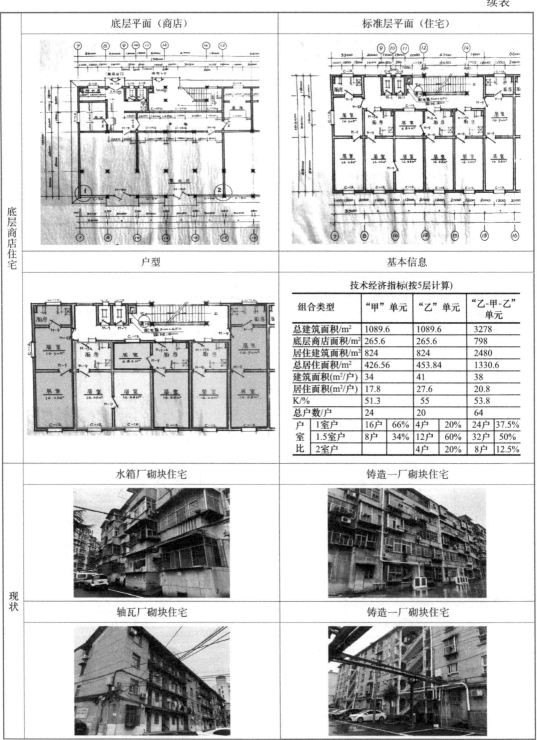

	底层平面（商店）	标准层平面（住宅）

户型 ｜ **基本信息**

技术经济指标(按5层计算)

组合类型	"甲"单元		"乙"单元		"乙-甲-乙"单元	
总建筑面积/m²	1089.6		1089.6		3278	
底层商店面积/m²	265.6		265.6		798	
居住建筑面积/m²	824		824		2480	
总居住面积/m²	426.56		453.84		1330.6	
建筑面积(m²/户)	34		41		38	
居住面积(m²/户)	17.8		27.6		20.8	
K/%	51.3		55		53.8	
总户数/户	24		20		64	
户室比 1室户	16户	66%	4户	20%	24户	37.5%
1.5室户	8户	34%	12户	60%	32户	50%
2室户			4户	20%	8户	12.5%

现状

水箱厂砌块住宅	铸造一厂砌块住宅

轴瓦厂砌块住宅	铸造一厂砌块住宅

来源：第二汽车制造厂建设总指挥部，混凝土中型砌块试验住宅设计图集，1972，6；现状照片自摄。

　　砌块住宅建筑从 1957 年开始发展，在南方地区被大量采用。据不完全统计，全国各种砌块年生产能力超过 100 万 m³，80 年代初已建成超 600 万 m² 建筑，十堰此时也开始步入砌块住宅的建设阶段。砌块建筑施工简便、造价低、轻便，还可以有效利用建筑废料，提高资源的利用率。砌块建筑空间布局灵活，可以满足更多功能的建设需求，同时建设施工工期短，比传统的砖混建筑工期可缩短 25%～30%。不过砌块建筑也需要解决砌块的保温隔热、抗拉抗压等缺陷。二汽的砌块住宅，结构选型采用中型混凝土空心砌块墙体，其他构件尽可能采用二汽建设总指挥部制定的通用构件。为了增加墙壁的隔热效能，此时二汽建设参考了浙江省的经验，在空心砌块孔洞中填充混合少量石灰的锯末或稻糠，起防腐作用[1]。此外各工厂所在集镇的服务业开始起步，为了满足服务业的发展，设计组试验底层带商店的住宅设计，底层为对外营业的商业空间和内部仓库，上层依然为小面积的独用厨房、公用厕所的单元组合建筑。

综上，计划经济前期，三线建设城市十堰受国内形势及"先生产，后生活"政策的影响，住宅标准从低就简，表现为三线建设恢复期的芦席棚和干打垒住宅、三线建设加速期根据住房图集建设的砖混通用住宅，以及随着住宅工业化体系推行，在三线建设调整期试验的混凝土砌块住宅三种住宅类型。此阶段的住宅为福利分配，每户多为 1 室或 1.5 室大小，人均居住面积不超过 $4m^2$，厨房在前期公用、后期分配到户，厕所持续公用。此阶段居住水平较低。

6.3　1978—1985 年：提高住宅建设标准

党的十一届三中全会后，中国的经济建设开始走上发展的正轨。此时，国家把发展国民经济作为整个国家的中心任务，此时三线建设进入调整改造期。三线建设城市的人民生活水平开始快速提升，城市人口不断增加，城市化水平快速增长，住宅建设以缓解住房极度紧缺的矛盾进行住房改革，并对住房设计与建设标准严格控制。从 1975 年到 1985 这十年，十堰人均居住面积从 $3.8m^2$ 提升到 $7.75m^2$，是增长最快的时期[2]。

6.3.1　发展政策：适用经济原则指导住宅建设

6.3.1.1　城市化扩大城市住宅需求

1978 年 3 月召开的第三次全国城市工作会议强调了城市建设在国民经济中的重要地位，同时开始试行征收城市维护费以加大建设资金投入，进而解决城市住房紧张的问题。也进一步确定了城市规划工作在城市发展过程中的重要性。从此，中国城市建设开始步入正轨，住宅建设也迈入快车道。人口向城市转移，城市建设的发展也增强了其对人口的容纳能力。1978—1983 年，城市化水平从 17.92% 提高到 21.62%，每年增长 1.54%，是中华人民共和国成立以来城市化水平增长最快的时期。人民对住宅的需求也进一步增加。

6.3.1.2　住房政策改革萌芽

住房严重短缺，唯一的解决办法是进行城市住房改革。1978 年，国家建设主管部门对全国 182 个城市开展调研工作。自 1952 年开始，人均住房面积从 $4.5m^2$ 下降到 $3.6m^2$，缺房户家庭多达 689 万户，约占总户数的 40%。

[1] 二汽建设总指挥部设计组. 混凝土砌块住宅设计说明书 [Z]. 1972：8.
[2] 十堰市统计局. 辉煌十八年：十堰统计年鉴 1996（特刊）. [M]. 北京：中国统计出版社，1996：181.

住宅属性讨论。学术界围绕党的十一届三中全会提出的住房政策改革，对住房的福利性与商品性、生产资料与消费资料、初次分配模式与再次分配模式等方面展开研讨。参与讨论的学者有的坚持住宅的福利属性，有的坚持认为住房的商品属性，还有的认为二者兼有。讨论明确了住房的商品属性，确定了住房货币化分配较之福利分房更符合当前中国的国情。

投资主体变化。1979 年开始，中央联合地方、企业，并发动个人意愿，为共同解决住房问题，将传统的政府拨款与企业单位自筹资金、商业信贷资金、个人投资多方式相结合，以解决住宅建设的资金问题，为国家财政支出减轻负担。其中，各企业单位自筹资金建房的模式成为城市住房建设资金来源的主要方面，占城镇住房总投资的 60%～70%。而个人投资分为两类：一类是大城市中，居民自行出资购置房地产开发公司或单位自建的商品房；另一类是小城镇中有些职工直接自行出资建造住房。1980—1984 年的几年间，个人投资占住宅总投资的比重从 1.6% 增加到了 7%（表 6.12）。

1980—1984 年个人建房投资情况　　　　　　　　　表 6.12

年份	个人建房投资/亿元	占当年住宅总投资比例/%	个人建房竣工面积/万 m²	占当年住宅竣工面积比例/%
1980	2	1.6	0.65	6.4
1981	5.5	3.8	1.3	11.7
1982	8	4.3	1.36	10.4
1983	10.1	5.4	1.38	10.7
1984	13.6	7	1.67	13.5

来源：中华人民共和国国家统计局. 中国统计年鉴 1980—1984 [M]. 北京：中国统计出版社，1985.

建设方式变化。受住房投资主体变化带来的影响，城市居民住房的建设方式也随之发生了变化。以往的住房建设方式是以行政方式实施，如今已基本上被取代，单位自建职工住宅的方式开始重新出现。单位自建房在住房改革中发挥着举足轻重的作用，特别是在 20 世纪 80 年代，一定程度上缓解了城市住宅紧张的情况。然而单位自建住房因各单位自行组织建设，报批立项的渠道多有不同，此外隶属不同部门，规划与建设也较为分散，往往出现住宅区的建设与城市总体规划不吻合，城市公共服务设施的布置也难以同步配置的情况。

6.3.1.3　严格控制住宅设计建设标准

此前一段时期，国家财政一直较为紧张，人口数量过多，且采取福利分房的模式分配住宅，因此只能严格控制房屋面积使更多的家庭有房可住。此时，如何提高套内的平面使用系数，就成了当时住宅设计的核心。因此，集中出现了一批以长外廊形式、穿过式厨房、集中式厕所、一梯四户至八户等为主要特征的居民住宅样式。1977 年 11 月 25 日，国家建委印发了《关于厂矿企业职工住宅、宿舍建筑标准的几项意见》（建发设〔77〕字第 88 号），要求湖北省今后新建住宅和宿舍的企事业单位一律按此执行，并且统一了在 1977 年以前湖北省革命委员会和基本建设委员会所颁发的《湖北省民用建筑标准（试行）》及 1975 年的《补充规定》。其中规定关于住宅、宿舍的标准与国家规定有不符之处（老规定虽然经过实践证明是符合我国当时国民经济发展水平的，但老旧厂区的家庭结构已与最初房屋分配时发生变化，因而导致家庭居住过于拥挤，功能不完善），应对住宅建筑面积标准及时作出调整。依据国家建委的标准，湖北省贯彻"厉行节约、勤俭建国"的方针，住宅建设尽可能就地取材、因地制宜，尽可能节约建筑成本，对量大面广的厂矿企业职工住宅、宿舍建筑标准作出修改，确保使用安全及施工质量，注重节约资金。

住宅建设标准的设计要遵循职工意愿，解决住宅使用中急难愁盼的问题，设计真正适合职工的住宅建设标准设计通用图纸，按"六统一"的标准实施建设。1978 年住房设计标准被提高，"每户的建筑面积一般不高于 42m^2，使用新型施工工艺的职工住宅，可以按 45m^2 建设。省直属以上机关、大专院校和科研单位的职工住宅户均面积不超过 50m^2"[1]。1981 年，企业职工适用的一类住宅，建筑面积约为 45m^2；一般干部的二类住宅，建筑面积达 50m^2；县级干部和中级职称人员的三类住宅，面积达 70m^2；四类住宅适用于厅局级干部及高级知识分子，面积可达 90m^2。住宅标准普遍提高[2]。

此阶段二汽遵照厂矿企业职工住宅、宿舍制定的建筑标准。在改善职工生活方面，适当增设及改进了必要的生活设施，如增设阳台、独立厨房、壁柜等；在民用建设综合指标方面，确定了新建厂矿企业社会服务设施所需的数量，每职工折合建筑面积 12～18m^2，医院、中学、电影院、百货商店为单列投资。新建住宅户均面积约为 36m^2，老厂矿企业家庭结构人口较多，多为 40m^2，严寒地区不超过 45m^2。层数层高方面，为了节约土地，可多建设 4～5 层楼房，房屋层高一般采用 2.8m，最高不超过 3m。住户比例方面，满足企业以后一定时期内住户家庭结构变化带来的需求，同时注意节约建设资金。计算标准按照单身比例约为 35%，双职工比例约为 30%[3]。

由于对建设高标准住宅的担忧始终存在，在规定中特别强调住宅标准的规定只是设计和建设的标准，具体到分配环节需结合各单位情况具体安排，这也反映出当时住宅紧缺的历史情况。住房投资建设的主体已经转变为地方和企业。高标准的住房建设日渐混乱，新建房屋面积也越来越大。因此，国务院在 1983 年发布《关于严格控制城镇住宅标准的规定》，低标准范围的住房建设才是适应当时经济发展不充分背景下的主要建房标准。

6.3.2 三线建设调整期："内廊两把锁"式住宅

中国幅员辽阔，各地气候条件、居住习惯不同，很难有一套全国性的住宅设计标准可以用来指导全国建设。因此，各省的地方标准就成了指导地方住宅建设的一个重要因素。十堰市基于住宅的定额指标，对住宅设计标准进行了修改，使之既满足国家要求，又符合当地的居住需求。

十堰地处山区，夏热冬温，夏季为降低厨房的热辐射对室内的影响，增加穿堂风，出现了一些独特的住宅单元形式，如"内廊两把锁"[4]，即一户家庭在内廊中需要设置两把锁（表 6.13），除主要住宅入口一把锁外，独立的厨房也需要单独上锁。此阶段二汽的大部分住宅功能基本实现一定程度上的"独门独户"，其中，仅少量一梯两户的户型实现厨房、厕所同时入户。穿过厨房直达卧室，此时的卧室兼具睡眠、用餐及会客等复合功能。一梯多户的住宅楼如表 6.13 中的类型一、类型二住宅，均为楼梯间同侧的住户共用卫生

　[1]　参见 1978 年 10 月国务院转发国家建委《关于加快城市住宅建设的报告》（国务院〔78〕字第 222 号）。
　[2]　参见《对职工住宅设计标准的规定》及《补充规定》，1981.
　[3]　湖北省革命委员会，基本建设委员会. 关于厂矿企业职工住宅、宿舍建筑标准的几项意见 [Z]. 1977.
　[4]　吕俊华，彼得·罗，张杰. 中国现代城市住宅 1984—2000 [M]. 北京：清华大学出版社，2003.

间和入户平台，每户没有形成完整的套间，虽然"内廊两把锁"的使用方式使每户拥有独立卧室和厨房，但因公共走道导致家庭生活流线互相交叉，私密性依然很差，较为不便。

表 6.13

"内廊两把锁"式住宅

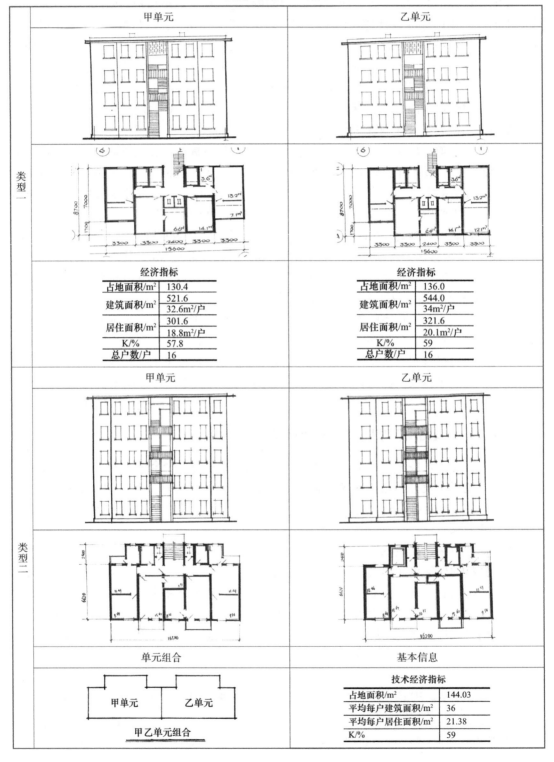

续表

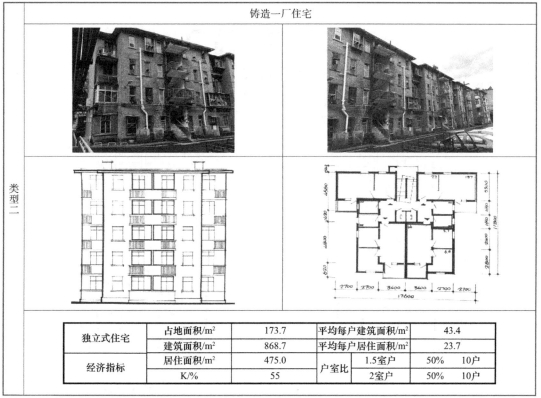

铸造一厂住宅				
独立式住宅	占地面积/m²	173.7	平均每户建筑面积/m²	43.4
	建筑面积/m²	868.7	平均每户居住面积/m²	23.7
经济指标	居住面积/m²	475.0	户室比	1.5室户 50% 10户
	K/%	55		2室户 50% 10户

来源：第二汽车制造厂建设总指挥部，住宅建筑标准设计通用图纸，1977；现状照片自摄。

6.3.3 改革开放初期："小方厅"式住宅

从 20 世纪 50 年代开始施行住宅设计标准化之后，虽然标准几经调整，但是城市人均住宅面积基本上在 $4\sim4.5m^2$[1]。设计及使用标准无法清晰显示居住条件的改善，但设计细节及手法的改变能反映出在规制严格的住宅标准下所付出的有限努力，如住宅设计标准的地方化过程中发挥了一定的调节作用，此外也体现在住宅户型从过道演变至小方厅的情况。

十堰最初的住宅标准设计单元，主要由过道在户内联系各房间。70 年代通过住宅设计，扩大了走道的宽度，变成了小方厅，使其在满足交通功能的基础上，承载了餐厅或起居室的功能，被称为"小方厅"住宅。"小方厅"是城市住宅的一种使用功能模式，具体的改善体现在将此阶段住宅中卧室所承担的就餐功能剥离，将住宅内走道扩大为小方厅来组织户内空间，小方厅兼作就餐和家务功能，实现了餐寝分离。而此时卧室仍然承担起居功能，这主要体现在生活标准较低且家庭人数多、卧室不足的情况下。在普通职工住宅中，由于没有自然采光，受房屋面积限制，小方厅空间狭窄，无法进行家庭集体活动，主要还是用来堆放杂物，不承担实际的客厅功能，所以后来采用较少。但在同时期标准较高的退休干部宿舍和处级干部宿舍户型中，"小方厅"能发挥明显的作用（表 6.14）。

[1] 吕俊华，彼得·罗，张杰. 中国现代城市住宅 1984—2000 [M]. 北京：清华大学出版社，2003：178.

"小方厅"式住宅　　　　表 6.14

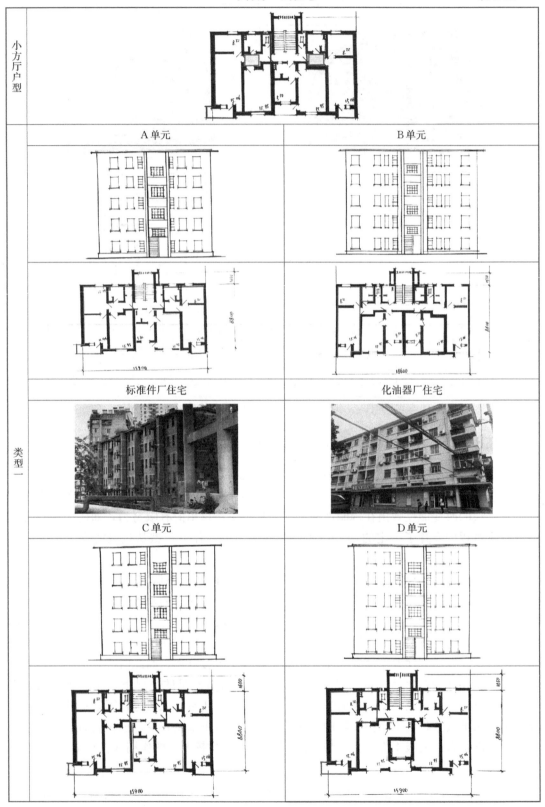

续表

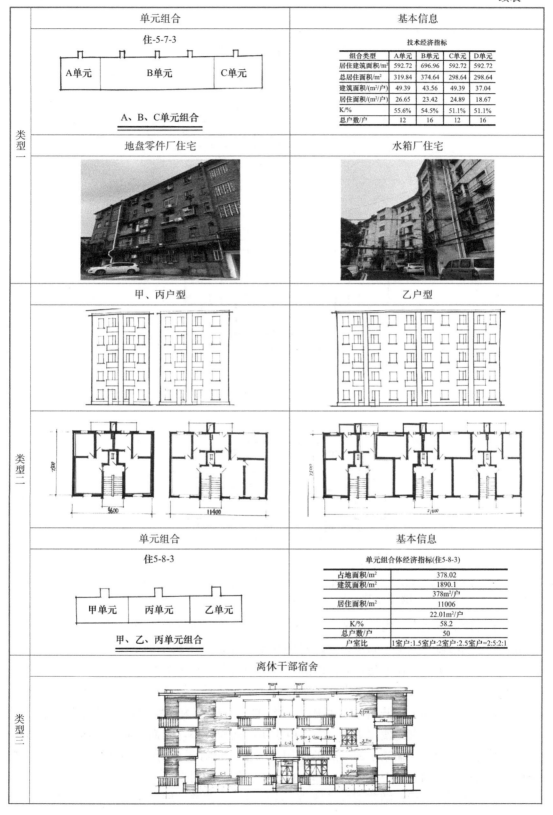

单元组合	基本信息

住-5-7-3

A单元　B单元　C单元

A、B、C单元组合

技术经济指标

组合类型	A单元	B单元	C单元	D单元
居住建筑面积/m²	592.72	696.96	592.72	592.72
总居住面积/m²	319.84	374.64	298.64	298.64
建筑面积/(m²/户)	49.39	43.56	49.39	37.04
居住面积/(m²/户)	26.65	23.42	24.89	18.67
K/%	55.6%	54.5%	51.1%	51.1%
总户数/户	12	16	12	16

类型一

地盘零件厂住宅　　　水箱厂住宅

甲、丙户型　　　乙户型

类型二

单元组合	基本信息

住5-8-3

甲单元　丙单元　乙单元

甲、乙、丙单元组合

单元组合体经济指标(住5-8-3)

占地面积/m²	378.02
建筑面积/m²	1890.1
	378m²/户
居住面积/m²	11006
	22.01m²/户
K/%	58.2
总户数/户	50
户室比	1室户:1.5室户:2室户:2.5室户=2:5:2:1

离休干部宿舍

类型三

续表

来源：第二汽车制造厂建设总指挥部，住宅建筑标准设计通用图纸，1977；第二汽车制造厂工厂设计处，离休干部休养所，1981；第二汽车制造厂工厂设计处，处级干部宿舍，1981；现状照片自摄。

这个阶段的住宅在"内廊两把锁"式的基础上，仅厕所仍然共用，厨房均入户，改变了相邻家庭生活流线的交叉问题；此阶段的住宅造型设计不再单纯从立面考虑设置阳台，而是每户均设置阳台，住宅建筑立面以清水砖墙和清水混凝土为主，辅以窗框、檐口和阳台栏板等位置的简单装饰。住宅平面虽然仍是单元式平面，但是户型体现了小面积住宅思想，变为以1室户和2室户为主。其中总户数的一半以上为1室户，优点是提高了分室率、降低了合住率，家庭使用更加方便。由于房间面积较小，因而每间居室居住的人数减少；同时这一平面设计缩减了厨、厕的面积与标准（相对于初期的标准设计），在不额外增加户均使用面积的基础上，使每户都有自己单独使用的厨房。

综上，计划经济后期随着国内经济和三线建设逐步调整，城市化的发展以缓解居住紧缺问题为目标，开始了住房政策改革。在国家经济水平有限时，通过控制住宅设计与建设标准，采用低标准缓解居民住宅紧缺的状况。三线建设调整期的"内廊两把锁"式住宅和改革开放初期的"小方厅"式住宅，厨房分配到户，少量户型做到厨厕全部入户，初步实现"独门独户"，且"小方厅"在满足居住的基础上考虑"餐寝分离"。居住标准在上阶段基础上有所提升。

6.4　1986—1993 年：以"套型"为居住文明标准

1984 年，党的十二届三中全会明确要建立社会主义市场经济体制，以公有制为主体，多种所有制、多种分配方式并存的商品经济方针，推动了工业的发展和市场经济体系的建立。但是，在改革过程中，由于计划经济的长期影响，一时难以找到一种全新的供求模式满足需求，因而推动了住房体制的改革。

6.4.1　发展政策：住房制度改革探索

6.4.1.1　住房政策改革

以提高租金为重点的住房改革。在福利分房体制下，住宅几乎是无偿分给职工使用的，租金非常低廉，连基本的房屋维护费用都不够，更不用说投入住宅再生产了。在住房商品化改革进程中，首先，遇到的问题是现有的公房怎么办，这些公房中的居民都是福利分房体制的既得利益者；其次，住房的商品化是不可能一蹴而就，长期的计划经济体制形成低收入的局面也很难在短时间内扭转，20 世纪 80 年代，居民的购买力极为有限，因此租房户占了很大比例。80 年代中期，国家经济稳中向好，开始试点租房改革，即通过提高租金的方式，利用市场的手段一定程度上改善居住条件，即多住房多出钱（图 6.7）。共有的住宅也可以开始买卖，拥有全部产权的房屋可以优惠销售；有限产权的房屋，即仅有使用权和继承权的房屋，则不得转让、出租等。

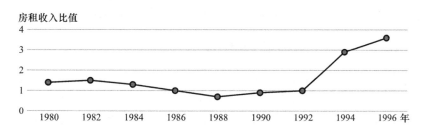

图 6.7　房租收入比变动情况

来源：根据历年《中国统计年鉴》整理绘制。

注重制度建设的新一轮改革方案。1991 年《关于全面推进城镇住房制度改革的意见》提出住房商品化，进一步明确住房金融制度与房地产公司制度。1994 年，要求建立与社会主义市场经济体制相适应的住房制度，重视居民住房需求，实现住房的社会化和商品化。要求实现住房运行体制的专业化和社会化，住房的投资建设由单纯依靠国家转为国家、单位、个人三方共同承担；实施住房的货币化分配模式，建立以经济适用房为主的保障性住房体系及针对高收入家庭的商品房体系；建立住房公积金制度、住房信贷制度等。

6.4.1.2 住宅建设技术政策制定

20 世纪 80 年代，住宅的年平均建设面积约为 1979 年之前的十倍，同时住房质量也比三线建设时期有了长足进步，但是依然存在基础设施不够完善、配套设施不全等问题；同时，在建筑单体上，平面功能较为单一，住宅功能不完备，建筑细部较为粗糙。此外，还受到建造技术和施工质量的限制，这也成为当时住宅的主要问题。但住房商品化政策的推行，住宅设计摒弃了计划经济时期单纯依靠居住面积或建筑面积的控制标准，而是将"套型"的概念引入，注重居住文明的建设，规划上更加注重环境质量和功能的完善；住宅设计中开始强调科技含量。

1983 年起，国家开始进行中华人民共和国成立以来首次大规模论证和技术政策的制定。1985 年《中国技术政策蓝皮书》颁布，提出到 20 世纪末达到小康居住水平作为住房建设的总目标。实现城镇居民人均居住面积达到 $8m^2$，做到"每户一宅"。同时对住宅的规划和设计作了详细规定，要求提高居住环境质量，控制住宅标准，实施住宅综合开发，节约资源等。同时，房屋建设引入"套型"概念。推广套型要求各居室分离，拥有独立厨房、各功能齐全、设备完善的小户型走上了市场的台前。

总之，尽管当时住房生产仍然处于传统计划经济供给驱动的体制中，但规划和设计水平在不断的探讨和实践中有了长足的提高。

6.4.1.3 住宅设计规范出台

随着住房商品化功能的凸显，设计层面更加注重使用功能，不再仅仅局限于住房标准上的限制，开始寻求满足人民生活方式需求、适应人民生活水平的住宅。同时也对住房要具备消费品的特殊性提出了更高的要求。套型的出现，意味着人们对不同居住空间的要求日益提高，通过对居住功能的不同需求，对套型的要求也开始变得丰富起来。

自 1985 年"套型"概念提出后，1987 年的住房建设规范便要求住房要成套设计且独门独户，卧室、卫生间、厨房及储藏空间设置齐全。住宅设计根据不同的家庭结构和使用群体，分为大、中、小三种套型。其中小套不低于 $18m^2$，中套不低于 $30m^2$，大套不低于 $45m^2$。因此，此轮设计的重点便是如何在有限的面积中承载更多的生活需求。

6.4.2 1984 年以后："起居室"式住宅

随着住房改革的深入，计划经济阶段的住宅设计及分配方式带来的矛盾开始凸显。1985—1986 年全国范围内开展围绕住房结构等方面的房屋普查。在调查的 3977 万户城镇居民住宅中，具备完整的卧室、起居室、厨房、卫生间、储藏空间的成套住宅不足总数的 $1/4^{[1]}$。套型的概念证明，伴随经济水平的提升，居民对住房的空间需求愈高，不同家庭结构和使用群体对套型不同空间功能的划分需求也各不相同。80 年代中后期开始，如何在固定面积的户型内设计更合理的使用空间，满足更多的家庭需求，是住宅设计实践的主要方向。

1980 年以前，睡眠型住宅的房间尺寸确定的标准是床，住宅的居住面积系数是从技术经济指标层面评价住宅的标志。到 80 年代，三线企业效益提升，市民的家庭三大件从"自行车、收音机、手表"变为"电视机、冰箱、洗衣机"。到 1983 年，我国大城市的电

---

[1] 叶如棠. 中国住房的现状与发展 [Z]. 中国建设，1987.

视覆盖率已达到 86.33％[1]。全家看电视这一全新活动的出现，对客厅和起居室的需求强烈，因此对起居、就餐、卧室分离的住宅形式需求极大。十堰市此阶段的新建住宅，均为起居型（表 6.15），由起居室、卧室、厨房、厕所组成"套型"住宅，此阶段住宅是在上阶段"小方厅"式住宅基础上，将小方厅扩大，原本大卧室内的起居和睡眠功能分离，用餐空间在起居室完成，卧室只用于睡眠，形成"大起居室小卧室"的功能特点，独用厨房面积增大，此时设备已经较完善，并设置排油烟机等设施，部分卫生间除初期只设置便盆外，还逐步增加浴盆、洗衣机、面盆等设施位置。

随着十堰城市化水平的提高及人口增加，有效利用土地满足居住便成为十堰建设的重中之重。节约用地有很多措施，但无论怎样，增加层数是最基本的手段之一，增加居住面积，在十堰可建设土地资源极度稀缺的情况下，必须向三度空间争取。到 1985 年左右，高层住宅在一线城市住宅建设中的占比达到 45％以上，在十堰，高层住宅也开始发展，二汽各专业厂、地方工业企业及政府单位的新建住宅楼纷纷出现 8~10 层的住宅。而反对派认为高层住宅单位造价高，平面使用系数低，施工周期长，经常管理费用大，能源消耗多，此外高层住宅环境效益、社会效益都很差，且当时的电梯质量还不能很好满足高层建筑的需求。除此之外，为了解决电梯给高层住宅增加的造价问题，在十堰此阶段的一批 8~10 层的高层住宅，也没设置电梯（表 6.15），这给中高层住户的生活带来了极大不便。例如，1988 年底盘零件厂、市制动蹄厂建设的 10 层住宅以及 1989 年郧阳报社 9 层住宅等。

十堰市"起居室"式住宅 表 6.15

类型一

水箱厂 17 号住宅（1986 年）	轴瓦厂 5 号住宅（1988 年）
六堰小区 16 号住宅（1986 年）	二汽第二修建处 8 号住宅（1987 年）

[1] 孔昭定. 一九九〇年全国电视机需求预测 [J]. 预测，1985（6）：48-54.

续表

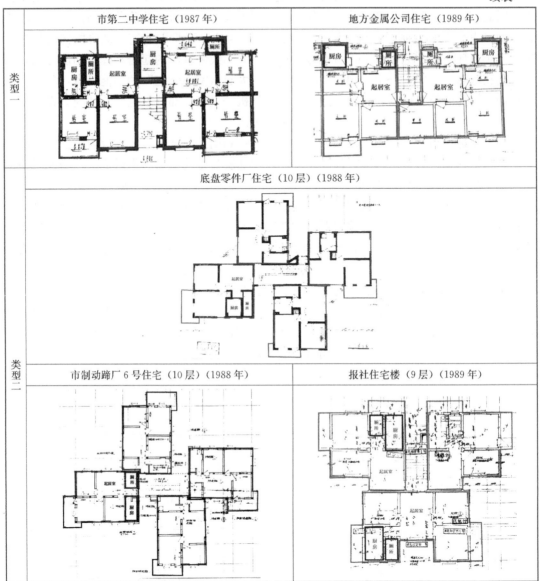

来源：根据十堰市住房建设局档案馆资料扫描件整理绘制。

6.4.3　90年代中后期：“品字”式住宅

住宅设计的创新由针对住宅建设实践中发现的问题而来，十堰地处山区，山地坡度较大，可利用土地较少，随着城市发展用地日益紧张，节约用地又是我国长期国策，因此节地住宅的研究至关重要。住宅的节地设计有两种方式，一是提高层数，二是增加房屋进深，减小面宽[1]，同样的用地情况下，可以建设更多的户数。

80年代末期，十堰“起居室”式住宅进深在8～10m之间。当时在一线城市，出现了以节约用地为目的的内天井住宅方案，在住宅内部设置小天井，可以将10m内的住宅进

---

[1]　朱昌廉. 住宅建筑设计原理 [M]. 北京：中国建筑工业出版社，1999：115.

深增加 2～12m，使同条件下小天井住宅建筑密度提高 27％[1]。虽然内天井住宅可以有效增加户型的进深，提高居住建筑密度，但是在使用过程多有不便。如所有的厨房排烟都朝向内天井，厨房串味严重；且小尺度的天井无法为朝向天井的房间提供足够的采光，尤其是低层住户的此类房间；此外，内天井出入不便，时间久后会成为管理真空区。因此吸收内天井优点的"品字"式住宅开始出现，既改进了内天井的缺点，又保证了采光、进深和容积率（表 6.16）。

十堰市"品字"式住宅 表 6.16

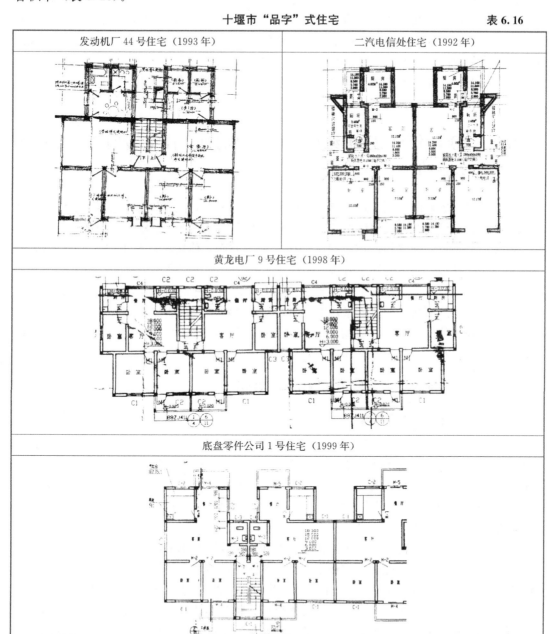

来源：根据十堰市住房建设局档案馆相关资料整理。

[1] 吕俊华，彼得·罗，张杰. 中国现代城市住宅 1984—2000 [M]. 北京：清华大学出版社，2003：204.

"品字"式住宅即将天井向外开口。首先，解决了因节地而加大住宅进深带来的房间采光问题；其次，"品字"式住宅凹口处房间依然能南向开窗，因中国的烹饪多油烟，所以对厨房的通风效果有着较高需求。故在凹口尺寸合适的情况下，"品"字式住宅的采光和进深都很适应当时的居住需求。因此，到90年代中后期，这种厕所、厨房可直接对外采光通风的"品字"式住宅逐渐盛行，多应用在中低标准多层住宅中。

综上，在计划经济向市场经济的改革过渡时期，十堰市及其二汽企业响应国家改革要求，探索适合社会主义市场经济的住房制度，在满足住房制度改革的情况下，同时兼顾三线建设人民的生活需求，改善居住条件。以"套型"为居住文明的标准，在十堰可建设土地资源极度稀缺的情况下，调整住宅户型设计和层数限制，以节约用地为前提解决更多人口的居住问题，在党的十二届三中全会后推行"起居室"式住宅，90年代中后期加大住宅进深，推行"品字"式住宅。

6.5　1994年至21世纪初市场经济时期：住宅转向博弈下的需求驱动

社会主义市场经济体制的建立使得房地产行业的发展迎来了春天，包括一般城市新建区域的开发、旧城更新以及居住区开发等方面，多重利益博弈的市场化生产模式是在市场经济阶段占据最重要地位的城市空间生产模式。一方面，住房制度改革将住宅推向市场，居民消费需求被极大满足的同时贫富差距也开始凸显。大量商品住宅长期空置的同时全国城镇仍然有400万户人均住房不足4m²的困难户，居住水平存在较大差异。宏观经济增长与经济的局部过热加速了通货膨胀，中央通过加强宏观调控，加强土地管理，完善交易市场，加大保障性住房的供给，有助于维护社会和谐的整体目标。总体来看，政府、企业、居民三方共同推动空间的生产，促进了住宅的多样化发展。

6.5.1　发展政策：多类政策建构住宅多样化

6.5.1.1　住宅产业化政策

1996年建设部发布《住宅产业现代化试点技术发展要点》和《住宅产业现代化试点工作大纲》；1997年，国家提出要走集约型发展模式，促进产业升级转型，通过住宅产业化拉动国内需求，走现代化发展道路。指出住宅产业化是通过规划设计先行，以材料和部品研发应用为基础，在全国范围内推广应用新技术，以市场需求为引导，建立标准化、工业化的国民住宅生产体系。

按照这个定义，首先，结合中国住宅建设和住房政策改革的阶段状况，住宅产业化依托于居住区设计—开发—配套的实践全流程。其次，住宅产业应面向住房市场，大力发展经济适用房是解决住房问题的关键环节，因此，住宅产业化应以经济适用房为重点。再次，住宅建设水平低的根本原因是产业技术落后，粗放的建设方式造成浪费，要实现住房产业化、功能质量的提升依赖科技实力的发展及新技术的运用。最后，住房产业化要可持续发展，要注重保护与发展的关系，主要内容包括住宅建筑与部品体系、技术保障体系、质量监控体系、住宅性能评价体系的建立与发展完善。住宅产业发展目标的两个层面：量的层面，到21世纪的前十年，城镇住宅年均建造3.3亿m²，农村住宅5亿m²；质的层面，要求新建住宅面积适当，功能完备。既要完成"人人拥有适当的住房"的目标，又要满足人与环境的可持续发展需求。

6.5.1.2 小康居住政策

国家制定了"2000年小康型城乡住宅科技产业化工程"，其一是促进住宅产业现代化的建设；其二是引导21世纪初小康型居住目标的实现。住宅产业化政策要求将居住性、舒适性、安全性、经济性和耐久性作为小康居住的标准。即要有良好的声环境、采光及保温等居住性需求，合理的平面布局、设备配置等舒适性需求，以及防火防盗、防水防腐、合理的建造费用等安全性、耐久性及经济性的需求。相较而言，80年代的住宅套内面积过小，无动静分离和干湿分离、住房功能不完善、平面布局不合理、建造技术落后、房屋设备质量较差，需要进一步提高改善户型设计、提高建造技术[1]。因此，进一步研究居民的居住习惯，开发满足居民需求的住宅套型，发展建筑技术，成为这时期住宅设计的主要目标。

"中国城市小康住宅研究"制定的小康居住目标（单位：m²）　　　　　表6.17

项目		最低目标	一般目标	理想目标
每套建筑面积		44	55	70
每套使用面积		32	40	52
人均使用面积		9	12	15
人均居住面积		6.5	8	11
主要家庭人数		—	—	—
套内起居、卧空间数		人口数减1	人口数减1；或部分等于人口数	大部分等于人口数
各功能空间分室标准		餐寝分离	餐寝分离/居寝分离	餐、居、寝分离
套内平面模式		小厅式	大厅小卧	大厅小卧
各功能空间	起居及餐厅	7	12	14
	主卧室	9	9	11
	次卧室	5	5	7
	厨房	4	4.5	5
	卫生间	3	3.5	4

来源：吕俊华，彼得·罗，张杰. 中国现代城市住宅1984—2000［M］. 北京：清华大学出版社，2003：273.

《小康示范小区设计导则》要求"以人为核心"划分套内功能，达到公私、居寝、食寝、洁污分离等[2]。不再是满足基本的温饱和睡眠需求，而是转向要求满足居住的舒适、和谐、方便。要求每户住宅至少包括卧室、起居室、厨房等基本空间，此外对住房的私密性要求也相应提高。小康住宅的餐厅、客厅等空间更加宽敞，配合阳台及厨房，各区相对独立，居住更加舒适。同时为了应对未来可能增加的家用电器，还设置了书房、衣帽间等多类空间。在国家科委、建设部组织的"中国城市小康住宅研究"成果中把小康居住目标分为最低、一般、理想三个居住层次和12项指标（表6.17）。

---

［1］ 建设部发布《2000年小康型城乡住宅科技产业工程》要点［J］. 住宅科技，1997（11）：47.
［2］ 建设部2000年小康型城乡住宅科技产业工程城市示范小区规划设计导则［J］. 全国建设市场信息，1997（6）：4-7，12，8-10.

6.5.1.3 建立社会保障住房体系

随着国民经济的进一步发展，住房改革也形成了多层次的住房体系，不仅有商品房，更有经济适用房及安居工程。围绕不同的投资建房方式，针对不同的住房需求，住宅设计标准也逐步放开，保证了居民的生活水平，住房市场空前繁荣。

个人购房者逐步成了商品房的购买主体，个人过重的购房负担也制约商品住宅的销售，综合形成了中国商品住宅的高价位。这种商品房只能面向高收入的阶层，普通职工难以负担，社会保障住房体系应运而生，这种体系是政府制定相应的政策向城镇中低收入者提供经济适用住房的生产、交换、分配和消费以及资金融通的管理营运体系[1]。与商品房供应市场共同构成住宅供应体系。

经济适用住房是社会保障商品房的物质形态，一方面，它具有社会保障性，因为在建设过程中得到政府的各种资助和减免税，用于抚恤、搬迁、安置等社会保障用途；另一方面，它又是商品房，只不过是成本相对低廉，不以营利为目的，面向中低收入阶层提供。关于经济适用住房的提法，1985 年发布的《城乡住宅建设技术政策要点》中指出，"到2000 年，城镇居民基本实现每户一套经济实惠的住宅"[2]。1991 年，经济适用房在国家层面得到大力推行，经济困难户和无房户的住房问题得以优先解决。1994 年 7 月，国务院《关于深化城镇住房制度改革的决定》要求到 20 世纪末，城镇住房制度建立，居民住房达到小康水平。

十堰市贯彻落实国务院《关于进一步深化城镇住房制度改革加快住房建设的通知》精神，1998 年十堰市政府制定《十堰市经济适用住房实施办法》：中低收入家庭收入水平线由各市（县）人民政府每年公布一次，具体需要结合当地职工家庭收入平均水平、住房价格和面积标准等因素综合确定。当前经济适用房面积确定在每套 $60\sim75\mathrm{m}^2$ 之间，中等收入限定为双职工家庭年收入 1.9 万元。经济适用房优先面向中低收入家庭供应，尤其是离退休职工及教师困难户，危房、无房、住房困难家庭可优先购买。同年下发《关于 1998 年第一批经济适用房建设规模和贷款计划的通知》（十经房〔1998〕字第 65 号），启动经济适用住房的建设。

非营利性的安居工程。《实施"安居工程"意见》（建房〔1994〕字第 327 号）指出，住房制度改革框架下的安居工程的实施，要面向城市居民及国有大中型企业职工，重点解决他们的住房问题，建设以平价住宅为主，按成本出售，改善居民居住条件，要求示范性建立管理制度，实行物业化，但不以替代民宅工程为目的[3]。国务院"国家安居工程实施方案"要求安居工程的重点供应人群为住房困难户[4]。每年 1/10 的城镇住宅建设量为安居工程性质，以两室户型为主，建筑面积每套不超过 $55\mathrm{m}^2$[5]。因此，安居工程中的住宅建设不能营利，不算商品房，和经济适用房不同。

十堰安居工程。1994 年湖北省城乡建设厅发布《关于湖北省"安居工程"实施意见》

---

[1] 卢有杰. 安居工程社会保障商品房体系 [M]. 北京：中国建筑工业出版社，1996：6.

[2] 城乡住宅建设技术政策要点（摘要）[J]. 住宅科技，1987（10）：4-5, 8.

[3] 建设部 1994 年实施"安居工程"意见 [J]. 城市开发，1994（8）：4-5.

[4] 所谓住房困难户是指人均居住面积在 $4\mathrm{m}^2$ 及以下的住宅拥挤户、居住不方便或无房户，中低收入职工因各地经济发展不平衡，其标准由各地政府确定。

[5] 建设部关于继续做好 1997 年国家安居工程实施工作的意见 [J]. 中国房地产，1997（4）：7-9.

（鄂建〔1994〕字第 44 号）要求全省按照国务院和建设部意见实施"安居工程"。十堰市为了促进安居工程建设尽快实现，解决住房困难户居民住房难问题，1997 年 6 月对安居工程建设实施情况的调查表明：十堰住房需求量大，据房管部门调查统计，截至 1996 年 10 月，全市城区市属和东风公司 240 个单位共有住房困难户（人均住房面积 6m² 以下和无房户 13309 户）占总户数的 14％以上。按每户住房标准 75m² 计算，到 2000 年需建住宅 100 万 m²，1996 年人均居住面积是 9m²，离 2000 年每人 14m² 的居住面积还有差距，安居工程建设势在必行。

6.5.2 住宅商品化初期："餐居寝分离"式住宅

1998 年国务院发布《关于进一步深化城镇住房制度改革 加快住房建设的通知》，要求以住房产业促进经济增长，尽快实现住房产业化与商品化。城镇住房制度改革要求住房以货币化的分配方式代替以往的福利分房模式，发展房地产金融，规范住宅商品化交易，建立以经济适用房为主的多层次城镇住房供应体系。在政策引导下，由原有的政府、单位提供住房变为房地产开发商供给住房，住房市场迅速繁荣，中国 50 年的福利分房制度画上了终止符。2003 年，国务院发布《关于促进房地产市场持续健康发展的通知》指出，房地产业是促进经济增长的支柱产业，要求以家庭需求为导向调整住房供应结构。因此，住房成为居民消费支出中最大宗的商品，城市居民的房地产消费理念也随之变化，居民的住房需求空前增长。

这时期十堰市建设的住宅中要求"一人一间房"。厨房设备完善，套内布置生活阳台，卫生间配置洗衣机，三室以上户型设置双卫生间，配备空调机位。房地产开发商受市场影响，重视消费者的需求，满足餐、居、寝独立的安居型住宅开始出现在十堰市场。在上阶段"起居室"式住宅的基础上，进一步将客厅和餐厅分离，实现就餐、起居、就寝三功能的各自独立，开启了崭新的居住模式（表 6.18）。

6.5.3 商品住宅调整期：住宅户型先"大"后"小"

6.5.3.1 "大开间"式住宅

2004 年 3 月，土地"招拍挂"政策的出台，要求建设用地的使用权需要经过招标、拍

十堰市"餐居寝分离"式住宅 表 6.18

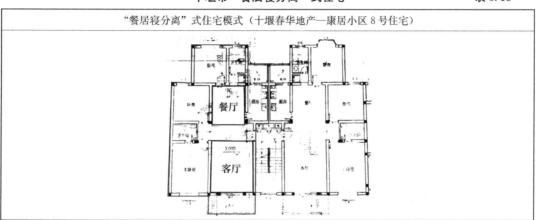

"餐居寝分离"式住宅模式（十堰春华地产—康居小区 8 号住宅）

续表

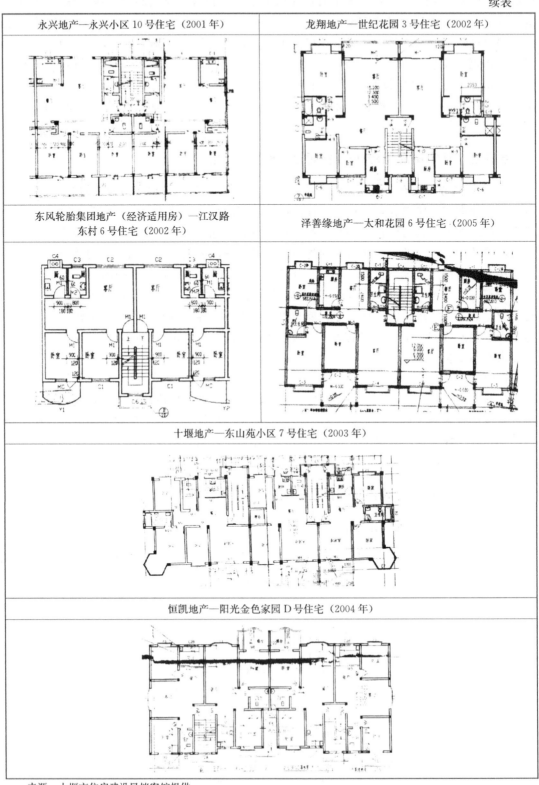

| 永兴地产—永兴小区 10 号住宅（2001 年） | 龙翔地产—世纪花园 3 号住宅（2002 年） |

| 东风轮胎集团地产（经济适用房）—江汉路
东村 6 号住宅（2002 年） | 泽善缘地产—太和花园 6 号住宅（2005 年） |

十堰地产—东山苑小区 7 号住宅（2003 年）

恒凯地产—阳光金色家园 D 号住宅（2004 年）

来源：十堰市住房建设局档案馆提供。

卖、挂牌的方式进行出让。2008年2月，十堰市国土资源局下发《城市规划区经营性建设用地供应管理办法》，对市区商业、旅游、娱乐、商品住宅和工业等项目用地（包括办公、仓储、科研、培训等设施用地，不包括采矿用地）全部采取"招拍挂"的方式进行。该政策一方面使土地出让价格变得透明，另一方面也使住宅建设用地的出让价格随之攀升。

房地产开发市场的火热与投机行为的出现，也是这一时期十堰市户型偏大的原因之一，有的住宅面积高达120m² 左右。大户型的出现，不仅使住宅流线清晰，各功能分区明确，餐、居、寝得以有效分离，儿童房、客卫也开始得到重视。同时大空间也使居民生活的舒适度得以提高，户型开始南北通透，开间大，采光好。如主卧普遍采用3.9m开间，起居厅开间多在4.2m以上（表6.19）。此外，这一阶段追求居住舒适度的大户型，却无法有效解决十堰市刚需群体的住房需求，反而增加了大多数居民的购房难度。

十堰"大开间"式住宅　　　　　　　　　　　表6.19

十堰祥泰物业公司经济适用房—顾家岗住宅（2009年）	
	卧室开间4.2m、 客厅开间4.2m
武汉铁路地产—十堰武当路—经济适用房1号住宅（2010年）	
	边户： 卧室开间4.2m、 客厅开间4.5m

来源：十堰市住房建设局档案馆提供。

新城镇住房体系凸显市场的效率，十堰市此时期住房建设如火如荼地开展，住房供应的绝对短缺得以缓解，生活条件大幅提高。但是市场机制的无序性也逐步体现：一是过度追求市场化，使本应由政府承担的"保障住房"功能缺失，低收入家庭无法解决住房问题；二是财税政策的失位，使得房屋越建越大，投机行为越来越多，加剧了中低收入家庭的负担，甚至因资金的缺乏而无法解决住房问题。

6.5.3.2　小户型住宅

2006 年 5 月，国务院出台《关于调整住房供应结构 稳定住房价格的意见》，即"国六条"[1]，为使更多的年轻人可以购买房屋，政策要求在新建住宅项目中，七成以上住宅面积不超过 90m²。由于国家政策的推动，这一阶段 90m² 以下的住宅成为市场主流，且多为两室一厅，压缩居室及阳台的面积来降低户型总面积。虽然符合政策上的要求，但生活舒适度随之下降。面积减小造成标准层户数增加，以一梯六户的塔式住宅为例，户型的日照及通风均受到一定程度的影响。

房价高企使低收入家庭住房难的矛盾逐渐凸显。2007 年，国务院《关于解决城市低收入家庭住房困难的若干意见》将保障性住房纳入住房规划目标。"十二五"期间，提出了为低收入家庭建设 3600 万套保障房的目标，为节约面积，十堰市此阶段的保障房主要设计为高层，较一般住宅面积小，为 50～60m²，户型设计较单一（表 6.20），为了减少公共交通面积，多采用一梯八户以上的平面形式。并将餐厅、起居室功能合二为一压缩空间，部分房间只能间接采光，居住舒适度降低。因政策要求保障房与商品房搭配销售，开发商往往将位置好的地段留给商品房，以便卖取高价，因此保障房多被安排在地块的角落或朝向受影响的区位，造成整体居住品质较差。

十堰市"十一五"与"十二五"期间的小户型住宅　　　　　　表 6.20

含东西朝向住宅	1梯8户、塔式住宅、多数为单向采光
十堰市赛武当地产—银河小区综合楼（2009 年）	十堰市家兴源地产—锦绣南山经济适用房-6 号住宅（2013 年）

来源：十堰市住房建设局档案馆提供。

---

　　[1]　"国六条"即切实调整住房供应结构，重点发展中低价位、中小套型普通商品住房、经济适用住房和廉租住房；进一步发挥税收、信贷、土地政策的调节作用；合理控制城市房屋拆迁规模和进度，减缓被动性住房需求过快增长；进一步整顿和规范房地产市场秩序；加快城镇廉租住房体制建设，规范发展经济适用住房；完善房地产统计和信息披露制度。

综上，十堰的住宅商品化初期出现"餐居寝分离"式住宅，是住宅设计标准和空间功能随着经济水平、生活方式变化而调整完善的产物。之后，住宅形态在市场竞争和居住需求的分化下呈现多样化，得益于我国建立的多层次住房体系，既包含面向市场的商品房供应，又包含向中低收入者提供经济适用住房为主的社会保障性住房，两部分构成的住宅供应体系，促进住宅单体形态演变得极为丰富，在十堰商品住宅调整期形成住宅户型的先"大"后"小"。

6.6　小结

本章主要介绍三线建设城市十堰市建筑单体空间形态演变。三线建设建筑单体类型包括生产类、居住类和公共服务类三种，对此三类建筑的演变概况了解后发现，生产类和公共服务类建筑在三线建设时期建设完成后以维持原样为主要存续方式，而居住类建筑在三线建设城市空间生产机制影响下演变发展，形成丰富的阶段性形态特征。

政策变化。随着国家备战生产的重心转移到经济建设上来，三线建设城市中不承担生产功能的住宅建筑逐步受到重视，从"因陋就简、从低就简"转向"有利生产、方便生活"和"解决内部必要的配套设施"，然后到"住宅制度改革探索"以及形成"住宅多样化"。政策的变化使职工的住宅从单身宿舍变为单元住房，随着政策的开放，套内面积逐步增加，十堰市的职工住宅开始逐步往套型发展。

住宅设计需求。伴随着三线建设城市的发展，住宅的设计也同步发生变化。从最初1967 年的"不顾一切降低标准"，到 1973 年追求"满足家庭需求的小面积"，再到 80 年代，提出了"一户一套"的概念，居住舒适度逐步提高。90 年代，则要求达到"小康住宅"的建设标准。几十年的发展，厂区职工的居住面积不断提高，配套设施逐步完善，居住条件日益改善。

职工家庭构成。三线建设厂区由于受军工产业特殊性的影响及严苛的户籍限制，形成低流动性、高保密性的特点。多数职工家庭从三线建设初的"单身户"逐步转变为"夫妻户"，再到"核心户"等家庭结构。不同家庭阶段的居住需求促成了住宅从单身宿舍到餐、居、寝分离，各居住空间独立发展的结果。

第一阶段 1964—1977 年，三线建设区依照"先生产，后生活"的政策，作为工厂配套的单身宿舍与厂房就近布置，高度落实"靠山、分散、隐蔽"的方针，后期基本保持原有数量和布局。三线建设恢复期为芦席棚和干打垒住宅；三线建设加速期为统一住宅建设标准，以砖混通用住宅为主；三线建设调整前期探索混凝土砌块住宅类型。

第二阶段 1978—1985 年，三线建设项目从"备战备荒"转为参与社会经济生产，实现"军转民"，工厂的保密等级下降，厂区建设重点向解决配套生活设施问题转移，厂外建设家属区"见缝插针"新建住宅以扩大生活区范围。城市住宅需求扩大，此时住宅设计与建设标准被严格限制，三线建设调整期内住宅类型为"内廊两把锁"，每户拥有独立厨房；改革开放初期出现"小方厅"式住宅，食寝开始分离。

第三阶段 1986—1994 年，相当一部分职工家属随三线建设职工入厂，职工住宅居住面积紧张。随着住房政策的改革及新的住宅设计及建造规范的出台，政府限价或无偿出让土地给开发企业，政府和企业合作打造小区样板，提高住宅建设水平。此阶段住宅以"套型"为居住文明的标准，包括 1984 年以后的"起居室"式住宅及 90 年代中后期的"品字"式住宅。三线建设此时不再考虑军事意义，伴随房改政策的落实，房屋产权也逐步从单位所有转为个人所有，所有权的转变也使居民改造房屋的自主性增强，单身宿舍通过重新分配或整体加建的方式转变为家庭居住套型。

第四阶段 1994 年—21 世纪初，市场经济时期住宅设计转向需求驱动，住宅产业化、小康居住政策及社会保障住房体系推动住宅多样化的形成。住宅商品化初期十堰"餐居寝分离"式住宅成为主流，而后在商品住宅调整期，"大开间"式住宅受政策推动逐步转向小户型。

7 当今城市安全背景下十堰城市空间发展趋势

从三线建设时期开始，城市安全大体上可以分为三个阶段。其中第一个阶段就是三线建设时期，这一时期的背景是冷战，我国安全形势极端恶劣，其特点是国家安全为主导、关注人防，因地制宜，积累了一定的防灾减灾经验。20 世纪 80 年代初，国际形势逐步缓和，在"和平与发展"为主题的安全思想指导下，我国开始了经济体制改革，城市安全也由此进入了第二个阶段，此一时期主要是在城市转型与发展过程中，城市社会安全挑战问题，如用地的无序扩张、山城面貌破坏、交通拥挤、工业生产严重污染环境、社会犯罪率较高等问题不断凸显，同时也在解决这些问题的过程中，积累了相应的经验。第三个阶段则是当前形势下的国家总体安全格局，表现为：三线建设城市人口、功能和规模不断扩大，利益主体间博弈行为纷繁复杂，发展方式、产业结构和区域布局发生了深刻变化；城市化进程与生态环境污染和自然资源可持续利用三者之间的冲突愈发明显；城市的运行系统随着行业的转变而日趋复杂；急速传播的标准消费模式模糊了人们的文化价值观。因此，当今城市安全内涵物质环境、行为活动、精神文化等多个要素，重点是关注生态、社会、文化等"非传统"安全问题，这是三线建设城市的发展趋势。

7.1 发展政策：建立高质量的城市安全系统

7.1.1 总体国家安全观

党的十八大以来，党中央加强统筹协调国家安全工作，统筹发展与安全，"总体国家安全观"是国家应对国际国内安全的重大决策，也是中国传统战略文化思想的继承与发展，总体国家安全观要求立足国情，围绕人民安全，涵盖政治、军事、国土、经济、金融、社会、文化、科技等诸多领域。

20 世纪 60 年代中期，中国周边局势紧张，为应对来自苏联、印度、越南的战争压力，经济建设不得不将战备放在首位，"三五"计划也历经了从"解决吃穿用"转变为"以战备为中心"的指导思想过程。为了国家安全，加快"三线建设"，做好打大仗的准备，全民动员，积极备战。几十年后，我国的五年计划中再次出现了"全面备战"，党的二十大报告强调："全面加强练兵备战，提高人民军队打赢能力。"这是新时代新征程党对人民军队的战略要求，也说明当前的国际国内形势十分严峻，我们所面临的国家安全问题复杂程度、艰巨程度明显加大。

因此，构建国家安全体系，是应对来自外部与内部的安全压力的有效途径。总体国家安全不仅包括政治、军事、国土等传统安全要素，也包括经济、文化、生态等非传统安全要素，强调的是各类国家安全要素之间的相互联系与作用，是一个开放的体系。

7.1.2 推进城市安全发展

随着总体国家安全观的提出，中共中央办公厅、国务院办公厅 2018 年发布《关于推进城市安全发展的意见》，指出随着国家经济发展，城市的发展方式和产业结构发生了巨大变化，人口规模、空间布局也日益庞大，一些城市的安全管理意识及城市安全基础较为薄弱，城市安全风险逐渐提升。2020 年 4 月，《论建立高质量的城市生态系统和安全系统》中指出，要坚持以人民为中心，同时综合考量生态和安全因素，综合协调城市经济发展、生产生活、生态文明等需要，立足人与社会的全面发展，建立符合城市发展需求的生态系统和安全系统，切实把城市的安全发展作为城市文明的重要组成部分。要求到 2035 年，完善国内城市安全发展体系，建成符合与社会主义现代化相适应的安全城市，并促进城市安全保障体系的落实，形成以点带面、辐射周边的安全发展城市。

安全包括城市的各个层面，维护国家安全既是可持续发展的要求，又是构建社会主义和谐社会的需求[1]。随着城市发展日益凸显的各种问题亦是对城市安全的重要威胁，仅侧重传统安全问题的思维方式已经不再适合当今的形势。同时，三线建设城市也需要在动态发展中适应各类安全风险，在当前国家安全思想下提升城市有效应对各种"传统"和"非传统"安全威胁的能力，不仅需要关注物质空间中的"传统"安全，更需要关注城市空间形态发展的社会性影响，尤其是其中的社会关系及精神文化，这些正是适应时代需求的包含生态安全、社会安全、文化安全等的"非传统"安全因素，进而促进当前国家安全思想指引下的城市空间发展"安全"转型。

综上所述，城市安全发展是以"城市安全"的历史实践为基础，以保障城市和人民的安全为目标，应对自然灾害和各项突发事件拥有充足的准备，并能在自然与社会空间、行为活动、精神文化多维度之间保持动态均衡和协调发展。城市安全发展坚持安全与发展二者相统一，用安全保障国家发展，发展反过来促进安全水平，为居民创建安全宜居的物质空间以发展生态安全，可持续稳定的社会空间以发展经济安全、精神文化得以保障的地域社会共同体继而发展文化安全。

7.2 "三线建设城市空间形成机制"对城市安全发展的指引

在不同时空与地域条件下，因各国家、地区的政治经济体制、历史文化差异，对安全城市的要求也不尽相同。城市发展与空间演变的过程即城市安全发展要求与城市建设要求整合协调的动态过程。

7.2.1 三线建设城市安全发展路径

顺延前文"三线建设城市空间形成机制"研究框架对城市空间演变及影响因素的理解，重新审视当前国家安全思想下城市空间的安全发展（图 7.1），将其既看作一个社会过程、一种新的空间演变阶段，又视为新阶段的城市文化总体样态。城市空间安全发展和建设的社会过程应与总体国家安全观思想相协调，由现阶段的社会生产关系决定。城市空间的"安全"发展包括：物质空间中，城市化进程及其中产业发展与日益加剧的生态环境污染间的矛盾，属于生态层面的安全；社会空间中，行为主体在空间中的生产与消费行为引起利益博弈，属于社会、经济等层面的安全；精神空间中，居民的精神文化建设及对未

---

[1] 蔡凯臻，王建国. 安全城市设计 [M]. 南京：东南大学出版社，2013：12.

来空间的构想、规划，坚定文化自信，树立本土文化的价值导向，属于文化层面的安全。

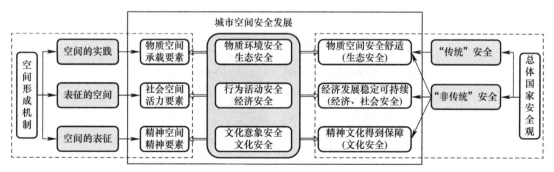

图 7.1　"空间形成机制" 对三线建设城市空间安全发展指引图

7.2.2　三线建设城市安全发展维度

围绕三线建设城市空间演变的三个影响因素分析：生产的过程即发生在承载空间实践的物质空间；社会交往的过程即发生在承载行为主体间博弈的社会空间；文化的意象表达即发生在承载规划和构想的精神空间。

物质环境安全即生态安全：指城市的实体形态，如物质秩序和物质结构，尺度倾向于关注宏观和中观城市层面，如生态格局、规划布局，它不仅构成一个城市形态的骨骼，还作为建设安全城市的物质承载要素。是空间生产过程中 "空间的实践" 基础，"行为活动" 的发生场，以及 "文化意象" 作用下的规划改造对象。行为活动安全即经济安全：指生活与行为方式，一种 "活的城市形态"，包括城市制度系统对城市的管理、城市的开发扩张、社会分层、街区（社区）划分、社会组织、居民的消费等，不仅是城市空间化的社会组织形态，还是安全城市建设的活力要素。文化意象安全即文化安全，指心理—观念文化层或精神形态，如宗教、政治、道德、哲学、艺术、历史、多元文化带来的一种 "精神生活秩序"，不仅是城市的人文价值形态，还是引领城市空间 "安全" 转型的精神要素。以上三个影响因素是考察城市形态或推动城市安全发展的三个维度，生态安全、经济安全、文化安全共同保证了三线建设城市空间的安全发展。

7.3　生态安全：由低丘缓坡治理向生态立市转变

大规模的低丘缓坡治理给十堰市的生态环境带来负面影响。为了缓解城市发展和用地之间的矛盾，十堰利用山体边角缓坡开山建房，没有整体统筹的山地利用方式破坏了基底山脉，进一步造成水土流失，生态环境遭到破坏。2010 年之前，城市受经济所限未进行大规模山体开发，城市建设依山就谷，反而成就了十堰 "山城相融的分散式" 的生态化空间格局。2010 年后，十堰市大力推进低丘缓坡的利用，以破除土地资源及地形的限制，便于各类工矿企业入驻，却导致了山脉破碎、生态破坏严重（图 7.2）。在访谈调研中，居民表示对缓丘治理将山水城市变为沙尘城市高度不满，对市民日常生活及健康产生极大负面影响，致使居民 "不敢开窗、不敢晒被"。在现场调研中发现，缓丘治理对十堰山城景观同样带来极大负面影响，往日一处处郁郁葱葱风景迷人的山林变成寸草不生的裸露土坡，建筑工地、工业厂房遍布，破坏了城市整体风貌。因此，缓丘治理为十堰的发展带来机遇的同时，也对生态环境造成了破坏。

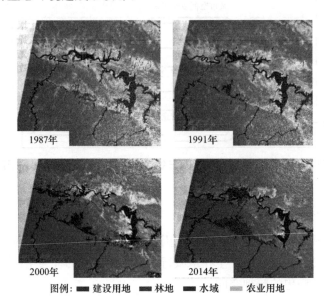

图例：■ 建设用地　■ 林地　■ 水域　　农业用地

图 7.2　十堰市建设用地扩张演进示意图

来源：十堰远景发展战略规划［R］. 十堰市人民政府，2016：17.

2014年12月南水北调中线工程正式通水，十堰作为南水北调中线工程核心水源区，汉江和丹江口水库使十堰成为全国水联网格局的核心地区。十堰已成为国家最重要的生态功能区，森林覆盖率达 64.7%，在碳达峰和碳中和政策影响下，未来碳排放将更加严格限制，十堰森林的碳汇储存能力和森林固碳潜力将发挥极大的经济效益，形成绿色竞争力。十堰在经历了大规模缓丘治理这一发展阶段后，在充分认识"绿水青山就是金山银山"的生态文明思想基础上，应将生态立市放在发展的首位。

7.3.1　稳定"九山半水半分田"的生态空间格局

生态立市首先考虑的是整个十堰市区乃至更大范围的生态格局的稳定。十堰市生态资源十分丰富，包含自然保护区 11 个，森林公园 14 个，湿地公园 8 个。规划进一步优化生态资源，推进各类生态保护区的建设（表 7.1），形成"九山半水半分田"的理想生态空间格局。

倡导保持自然资源的现状分布，平衡建设空间与自然空间的关系，合理分配比例。严格保护生态红线是为维护区域生态可持续发展人为划定的需要特殊保护措施的区域。根据湖北省及十堰市自然地理特征和生态保护需求，结合十堰市国民经济发展、环境保护、主体功能区等上位及相关规划，划分了生态保护红线区。为保护现有生态资源，避免过度开发造成对生态体系的侵扰，划定了市域生态分区，包含生态红线保护地区，实行严格保护，剩余用地可继续细分为生态缓冲区和生态建设区，对建设开发采取谨慎态度。

市域生态功能分区表   表 7.1

生态分区	面积/km^2	比例/%
生态建设区	2840	12
生态缓冲区	10650	45
生态红线区	10176	43

来源：根据十堰市自然资源与规划局相关资料整理绘制。

7.3.2 落实"三层级式"蓝绿廊道整体分层建设

在十堰市域"绿色斑块"的整体布局上，利用现状及潜在生态资源，通过构建"绿色廊道"和"蓝色廊道"交会贯通分离的"绿色斑块"，保障生态的连贯性（图 7.3），在城市扩张中创造生态效益，同时决定城市的景观结构和人口分布模式。"蓝绿廊道"一方面保护城市生态环境，提高城市环境质量，另一方面为居民提供游憩观光场所，具有较高的景观价值。"蓝绿廊道"应结合廊道功能和绿斑性质进行整体分层建设，第一层为城市外围生态通道，保护生物多样性的同时方便物种的生物迁移。第二层为城市郊区水系廊道，提升景观性、完善海绵城市功能。第三层为城区人工绿道，提高城区居民抵达绿地的便捷性。

图 7.3 市域"蓝绿廊道"网络分布图

来源：基于十堰市域生态网络规划图改绘。

十堰市中心城区及其周边地区空间特征以山环水绕的"川"字形空间格局为主，北部、南部山体横亘，中部丹江水系分割城市空间，十堰市和丹江口市形成东西两处城市建设密集区，形成山、水、城咬合穿插的整体空间布局，地貌要素以山地、缓丘、谷地、水域四类空间为主导。2014年郧县合并入中心城区，正式成为郧阳区，致使十堰中心城区整体空间发展格局发生巨大变化，十堰老城中心向北有了新的城市拓展空间，为神定河生态廊道的稳定发展创造了有利条件。郧阳区的纳入更改变了十堰老城山城的单一面貌，使得十堰市城区具有山环水绕的特色型生态城市的城市空间本底，也构成了汉江生态走廊的重要生态节点，提供生态节点地区的涵养与保育，提升生态功能，从而成为市域生态网络的串联枢纽，为生态网络的安全稳定奠定重要基础。第三层级的"蓝绿廊道"，保护留存城市原有生态环境，构筑"山城绿道"景观体系，结合老城区内的缓丘及低谷绿带，形成6条南北向的城市景观绿脉，实现六廊入城的绿色空间格局，打造十堰山城绿脉骨架。

结合现状地形低洼谷地，综合考虑城市公园、广场，从而形成多条微型谷地型绿化廊道，山谷绿脉两类绿化廊道从宏观到微观整体串联起来，共同营造出十堰老城山城绿化景观体系。堵河、神定河、泗河三条河流贯穿十堰老城区，结合十堰水域划定滨水绿带，打造三水穿城的"蓝色廊道"，保护滨水空间。水脉两侧控制5～50m绿带，控制开发建设行为。城市段的滨水绿带以开敞型公园绿地为主；郊区段的滨水绿带以生态自然景观绿地为主。打造十堰市慢行系统，结合老城区内部的山体绿脉，联结景观节点等绿化空间，形成7条山城慢行步道，沿蓝色廊道布设滨水步道，山城绿道与滨水步道相结合共同构筑山城绿道体系。

7.3.3 坚持"底线思维"限制城市不合理开发

十堰市天然的山地资源是在生态文明建设方面的先天优势，老城原始的山谷地貌（图7.4），使得城市建设极具山地城市的特色，但同时也是城市化布局的劣势。十堰的城市发展脉络从早期顺应自然发展，到中期修缮自然发展，直到现阶段大力改造自然的建设行为，使十堰对自然本底的改造手段越发强硬，为了发展城市经济，开始对城市内部山头

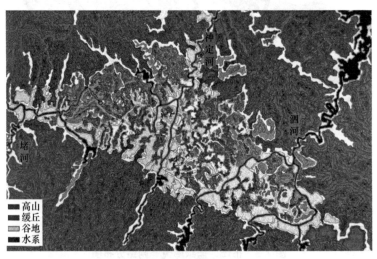

图7.4 十堰市老城区山水本底示意图
来源：十堰市中心城区山体保护专题。

进行缓丘治理，从而开发出更多的城市建设空间，这无疑对十堰未来特色城市建设带来不利影响。从可持续生态型城市发展角度，规划用底线思维限制城市的不合理开发方式，保护了山城的生态与风貌。

7.3.3.1 限制开山行为，保护山体与山头

北部秦岭、中部武当山、南部大巴山形成天然屏障，使得十堰地区形成南北高、中间低、谷狭坡陡的地势特点，城市发展布局局促、空间狭小。城市长远规划一方面需要发扬优势，发展与十堰市地形空间相适宜的产业，凸显城市特征，另一方面建设开发要循山就势，渐进而为，避免盲目"削山造城"。

在十堰老城区内，对地形地貌进行分析整理，对市域内山体进行山体绿线控制（图7.5）。在现状建设基础上，梳理出高度大于100m的山体多位于城市周边或市内，可融入城市生态绿化系统之中。该类山体开发强度相对较高，可适度进行旅游开发，建设配套服务设施，开展运动、游憩活动，形成城市之中的绿化公共活动空间，提升山城绿色风貌，改善山城生态品质，但必须保障山体生态本底功能。对于十堰老城区内高度达200m以上的山体，需要采取保护与利用相结合的方式来综合构建区域山水格局。不同地形地貌保护措施强度有区别。

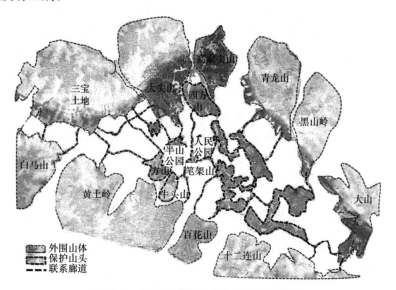

图7.5 十堰市老城区内山体保护示意图
来源：十堰市空间资源紧缺型山地城市特色研究专题。

绿线范围内可进行必要的旅游、公园、体育、市政公用及重大道路交通设施的建设，禁止建设其他大型项目破坏山体。争取达成处处见山的城市景观氛围，如人民公园、半山公园、方山牛头山、笔架山、四方山等，并在山体之间与城市建设之中梳理绿化廊道空间，促使山体绿化与城市整体绿化系统相联系，加强整体化绿色城市氛围的打造。

7.3.3.2 设定开发条件，保护原始地形

坚持依山就势、显山露水的原则开发利用山地，保持山体线形及形态完整，在保护的前提下，优先利用谷地坡地，保护为主，合理开发。山地保护法规方面，十堰市已颁布相关法律法规，以保护山地不被过度开发，如2009年颁布的《十堰城区山地保护和利用管

理办法》等。建议遵循相关规定，老城区内停止开山建设等行为，新城发展中，针对需要保护的山区，严格划定保护红线，禁止开山，坚持生态环评优先，因地制宜地进行建设。对部分不适宜建城的山地建议设置更为理性的开发约束条件。因此，在十堰市的长远规划中，对于坡度大于 25°，相对高程大于 90m 的用地，由于其坡度陡、地势高，并不适宜作为城市建设用地，建议作为永久性保留山体，严禁开发，保护原始地形。

连续的城市建设，过高的贴线率，促使城市自然绿化景观渗透受阻，规划从限制开发强度与限制建筑面宽着手，限制城市建设的无序发展。限制开发强度，城区普通的开发地块（居住）应控制在容积率 3.5 以下，地块建设高度应首先考虑周边显山露水的城市景观要素；限制建筑面宽，设定 18 层以下的建筑面宽不得超过 50m，19 层以上的建筑面宽不得超过 50m，其中邻近山体、水域、城市主景观的 18 层以下高层建筑面宽不得超过 45m，19 层以上不得超过 40m。

7.4　经济安全：构建"组合城市"谋求区域协同发展

经济安全指的是经济形势处于稳定、均衡和持续发展的正常状态，在城市中体现为社会总供求大致平衡，在政府的宏观调控与治理能力协调下，经济结构合理，支柱产业的国际竞争力不断增强。随着十堰中心城市地位的不断凸显，人口的快速涌入导致十堰老城区人口密度不断加大，城市服务质量提升受到一定影响。面对人口的涌入、经济的发展，十堰老城区已无城市发展空间，城市功能及城市人口亟须疏散。在这一大背景下，2014 年十堰北部郧县撤县划区，距离十堰老城中心区不足 20km 的郧阳新区，其背山面水的生态格局及优质的环境资源为十堰打开发展新方向。同时随着武当山国际知名度的日渐提升，其作为十堰旅游的核心资源，应加强与十堰市区的沟通，实现联动发展。因此，将十堰老城区、郧阳区和武当山经济特区三大片区组成"组合城市"，可成为十堰老城区城市功能及人口疏散的承载区域，实现区域资源的统合与共同发展。

7.4.1　依托"1+4"产业体系助力工业化进程

7.4.1.1　十堰市工业化阶段及产业结构发展

十堰市属于工业化发展阶段中的工业化中期到工业化后期的边缘地带。产业发展阶段较科学、较常用的方法是美国经济学家钱纳里于 20 世纪 80 年代提出的工业化阶段理论[1]，根据该理论，以 2020 年十堰的各项经济指标为基础，对十堰经济发展阶段进行了判断。2020 年，十堰人均 GDP 达到 8349 美元，三次产业结构分别为 9.94∶41.42∶48.64，城镇化率达到 61%，第一产业就业人员比重也降到 28%（2020 年数据）（表 7.2）。大部分主要指标已达到工业化后期的发展水平，但二产比重没有超过三产，当前以资本和技术驱动为主，未来将逐步向以技术和创新驱动的后工业化时期过渡。

---

[1] 美国经济学家钱纳里于 20 世纪 80 年代提出的工业化阶段理论，作为分析国家和地区发展水平的重要依据。该理论根据人均国内生产总值，将不发达经济到成熟工业经济整个变化过程划分为三个阶段六个时期，从任何一个发展阶段向更高一个阶段的跃进都是通过产业结构转化来推动的，主要衡量指标包括人均 GDP、三次产业结构、制造业增加值占总商品增加值比重、人口城市化率、第三产业就业人员占比等方面。根据该理论，工业化初期主要以要素驱动，工业化中期主要以资本驱动，工业化后期主要以技术驱动，后工业化时期主要以创新驱动。

十堰市工业化发展阶段分析一览表　　　　　　表 7.2

指标		前工业化阶段	工业化实现阶段			后工业化时期
			工业化初期	工业化中期	工业化后期	
人均 GDP	国际标准	860～1720 美元	1720～3440 美元	3440～6860 美元	6860～12890 美元	12890 美元以上
	十堰	—	—	—	8349 美元	
三次产业结构	国际标准	一产大于二产	一产大于 20%，且一产小于二产	一产小于 20%，且一产小于二产	一产小于 10%，且二产大于三产	一产小于 10%，且三产大于二产
	十堰	—	—	—	9.94∶41.42∶48.64	—
制造业增加值占总商品增加值比重	国际标准	20% 以下	20%～40%	40%～50%	50%～60%	60% 以上
	十堰					
人口城市化率	国际标准	30% 以下	30%～50%	50%～60%	60%～75%	75% 以上
	十堰			61%		
第一产业就业人员占比	国际标准	60% 以上	45%～60%	30%～45%	10%～30%	10% 以下
	十堰	—	—	—	28%（2020 年数据）	—

注：人均 GDP 按 2020 年标准结合美元通胀率折算。

来源：根据 2020 年十堰统计公报绘制。

市区和外围县市差距较大，二元结构突出。十堰市域的二元特征明显，市区工业化和城镇化较为发达，二产比重超过 60%，城镇化率达到 95%，人均 GDP 超过 13000 美元，已经初步具有后工业化时期的特征，且十堰是占全省市辖区 GDP 最高的地级市，接近 60%。所辖县市除市辖区和丹江口以外，其余县级单元经济规模都排名全省 70 名以外，县域经济薄弱是十堰经济发展在全省处于落后水平的主要原因。

十堰经济增速相对滞后，产业发展后劲不足。2003 年以后，东风集团总部由十堰迁往武汉，导致十堰发展动力有所缺失，也是十堰 GDP 占全省比重下降的重要因素之一。此外，相比其他城市，十堰作为南水北调水源地及生态敏感区，在产业发展方面有更加严格的环保要求，如化工、水电等行业都受到了严格限制。受地理条件的制约，第一产业以传统的种植业为主，林业、渔业等特色农业发展不足，农副产品加工业发展滞后。第二产业龙头企业突出，产业结构体现为汽车业独大，非汽车产业发育不足。第三产业的总体比重不足，生活性服务业如教育、医疗、商贸在区域中具有优势，但生产性服务业发展滞后，东风迁移导致高端人才流失，总部和研发经济发展乏力。

综上所述，十堰虽然整体上已经进入工业化中后期，在工业化中期和后期边缘徘徊，但由于中心城区与各县（市）之间差别较大，县域产业结构中第一产业仍占据相当大的比重，农村人口比例还比较高，因此十堰未来仍将有很长一段时期处于工业化中后期水平。十堰近十年有望稳定在工业化后期，三次产业结构中第三产业比重突破 50%，城镇化率超过 65%，第一产业就业人员比重下降到 30% 以下。到远期目标，十堰全面进入后工业化社会，人均 GDP 超过 45000 美元，第一产业比重下降到 5% 以下，第三产业比重超过 60%，城镇化率超过 80%，第一产业就业人员占比下降到 10% 以下。

7.4.1.2　汽车产业升级与新兴产业培育并进

智能制造、旅游、"互联网＋"新经济是十堰市未来的重要发展动力。

首先，汽车产业是制造业升级的核心基础。"中国制造 2025"发展战略要求中国 2025 年步入制造强国行列，2035 年制造业达到制造强国的中等水平，2045 年成为世界强国。"中国制造 2025"的突出特点是强调智能制造以及信息化与工业化深度融合，而核心关键是强调网络化、智能化、数字化以及依靠创新驱动实现智能转型。汽车是代表国家产业竞争力与实力的代表产业之一，未来国家确定的智能制造十大领域之一。

其次，旅游业是经济发展的重要机遇。研究表明人均旅游支出和人均 GDP 之间高度相关，当人均消费超过 1000 美元，将由观光旅游时代发展到休闲度假旅游时代，旅游时间更长，业态更丰富，购物、娱乐等环节在旅游中所占的比重将大幅上升，而吃、住、行以及景点观光等传统旅游项目在旅游支出中所占比重将大幅下降。在新常态背景下，旅游业作为拉动消费的"无烟工业"将在经济转型背景下获得更大的成长。而十堰作为鄂西旅游圈的核心城市，依托三线建设文化以及世界文化遗产武当山的巨大优势，旅游业必将在经济发展中发挥更大的作用。

最后，依托"互联网＋"摆脱区位条件束缚。《中国互联网发展报告 2020》表明中国网民已达 13.19 亿，网络支付交易额足有 249.88 万亿元，电子商务年交易规模为 34.81 万亿元，稳居世界第二位。互联网时代到来，"互联网＋"最核心的特点在于与传统行业进行深入融合，降低交易成本，受时间空间的影响极小，给地处大山中的十堰带来了新的时代机遇。互联网既提供了新的销售模式，又通过线上实现了对第一产业的升级，出现了现代农业、智慧农业等模式。此外互联网金融的出现也给十堰亟待输血的制造业带来了产业提升的动力，"互联网＋"战略的实施，立足矿产资源和生态资源，加快基础设施建设，为传统行业的互联网化提供最大助力。同时要注重发展配套产业，加快互联网经济产业园的建设，物流行业提速，规划设计"淘宝村"，鼓励乡贤返乡创业。

根据十堰的工业化中期向后期转型的发展特征，依托智能制造以及"互联网＋"等发展新趋势，结合特色的农业和旅游业资源禀赋，以及在区域中的生活性服务业优势，十堰未来需要打造"1＋4"的产业体系（图 7.6），以新促产，带动产业升级，围绕"汽车、旅游、农业、服务"四大主导产业，实现由传统经济与模式主导的"1.0"时代向创新主导的"2.0"时代变革。

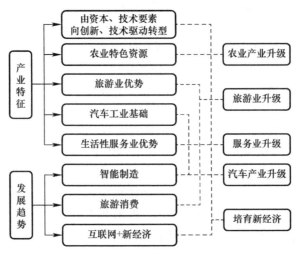

图 7.6   十堰市产业发展方向图

7.4.2　疏解老城区功能重塑服务型产业新城

7.4.2.1　"组合城市"构建的出发点与优势

以生态保护不再开山为前提，十堰原中心城区已经没有进一步拓展的空间，早在2015年，十堰老城中心城区现状建设用地总量远超2010版总规中2030年中等强度开发84km²的用地规模极限，城市空间发展失去控制，在护山保水的大原则之下，十堰老城中心城区已无进一步城市拓展空间，十堰城市空间需要跳出中心城区与周边城镇联合发展，打造组合型一体化发展城市。

将十堰市老城区、郧阳区、武当山经济特区确定为"组合城市"范围（图7.7），具有以下几点发展优势：第一，组合城市地区交通服务设施密集，可达性高，机场、高铁站等交通服务设施齐全。第二，各城镇现状建设区之间空间距离近。以十堰老城、郧阳区、六里坪、武当山连绵发展态势最为明显，城镇各建设点之间直线距离在12～18km之间，开车时间距离半小时左右。第三，组合城市地区的旅游文化资源丰富，集聚悠久的人文历史精粹。拥有郧阳老县城、武当山景区（AAAAA），5家AAAA景区及若干城市近郊旅游服务点等众多优势资源。第四，组合城市范围内地貌条件优越，适宜开展城市建设。区域内除南北两侧紧邻山区以外，城镇发展围合区域以缓丘、谷地、水域空间为主，地形较平坦。

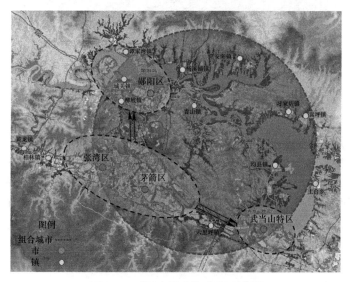

图7.7　"组合城市"范围示意图

来源：十堰远景发展战略规划［R］．十堰市人民政府．2016：181．

因此，十堰市的发展需要跳出中心城区与周边城镇联合，打造组合型一体化发展城市，为城市空间发展提供新的方向，也能为城市功能的疏解提供明确路径，以疏解老城区人口密度，改善市民生活空间环境。同时，"组合城市"的提出将结束十堰老城区、郧阳区、武当山经济特区各自为政发展的格局，突破各城市和地区的发展瓶颈，以及相互制约的情况，进一步在区域层面形成强强联合、协同发展的局面。

7.4.2.2 "组合城市"内各区域职能分工

十堰市区联合周边区域优势资源打造一体化发展的组合城市地区,"组合城市"由郧阳区、十堰老城区、武当山经济特区构成,以三方统合区域资源共同发展为主。组合城市内部区域功能发展方向应为国际职能东进、城市职能北上。十堰中心城区产业过于集聚,新兴产业需要向郧阳、六里坪等新城培育,部分基础产业可向武西廊道地区转移。以此形成空间上不同职能的分工,发展总体目标是组合城市地区协同发展。在空间布局方面,生活服务立足中心城,生产服务依托武西廊道,区域服务东连武当(图7.8)。

图7.8 "组合城市"范围内老城区职能疏解示意图

(1)生活服务功能立足中心城

城市的生活服务功能立足中心城,在此基础上疏解中心城区生活服务功能,建设多中心城市。十堰的服务功能高度集聚于五堰和六堰之间,作为山地城市,多中心、组团化、减少通勤、实现职住平衡是重要的建设方向。将集中于五堰、六堰的城市中心职能向火车站、万达、白浪开发区等多个组团中心疏解,而原有城市中心更多融入商务金融等高端功能。聚集在十堰中心城区的汽车产业对城市更新及产业升级产生了一定的阻碍,形成了居住与工业混杂的"百里车城",中心城区汽车产业向周边转移,在老城区形成东西两片汽车产业集聚区。

配置生活服务,打造城市客厅。在城市日常使用过程中减少不必要的长距离日常出行,改变原有职住关系对城市交通带来的压力。十堰老城区现状为钟摆式交通,职住等城市公共生活服务设施不足,暂未形成平衡的职住生活圈。规划要求在现状的基础上,围绕核心区打造若干"城市客厅"(图7.9),即指以职住平衡为原则的空间组团,这些组团分为居住型和工业型,根据城市客厅类型有侧重地配置服务设施、旅行等城市服务功能,工业型重点增加居住、商业商务;居住型重点结合公交站点增加居住与商业服务设施。

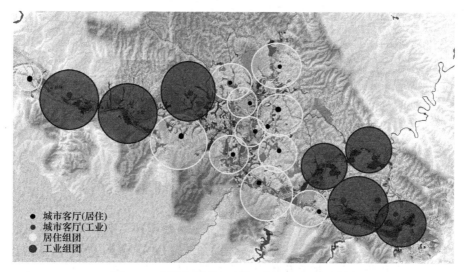

图例
● 城市客厅(居住)
● 城市客厅(工业)
○ 居住组团
● 工业组团

图7.9　十堰市老城区职住平衡组团分布示意图

（2）生产服务功能依托武西廊道

武西廊道已成为中国重要的以汽车产业为特色的工业集聚区，高铁时代将加速廊道的建设与培育。武西廊道上的城市，包括武汉、随州、襄阳、十堰都是国内重要的汽车工业城市，武西廊道已经成为中国重要的工业生产命脉，尤其是在汽车制造领域。随着武西高铁的建成，交通条件大为改善，促进廊道地区产业体系的进一步完善，位于廊道地区的各类城市产业发展的能级将进一步提升，也有利于汽车产业在廊道上进一步扩散与重新组织。

十堰汽车产业在中心城区高度聚集，形成了居住与工业混杂的"百里车城"，对城市更新及产业升级都造成阻碍。为避免汽车产业全城分散，从十堰老城区疏解出的汽车产业应形成集中布局，其中，中心城区汽车产业向周边转移，在老城区形成东西两片汽车产业集聚区。部分基础产业可向廊道地区转移，新兴产业需要向郧阳、六里坪等新城培育。

向北在郧阳构建以教育、研发、办公等职能为主的生产服务空间，作为十堰未来向北发展的重大战略，郧阳新城建设强化产城融合。新城产业应能代表十堰未来的发展方向，对十堰目前的产业发展具有示范和带动效应，体现生态、人文、新经济的发展理念。规划将教育、研发、商务等生产服务职能植入郧阳，同时建设智能制造产业园区带动形成新城发展，促进传统产业转型及新经济培育。第一，将十堰市内的高等教育及职业教育学校北迁，建设现代教育园，并依托教育资源构建新兴产业孵化基地；第二，建设生产研发中心，一方面将十堰城区的研发、商务机构向北集中，另一方面引入与汽车智能制造、医疗等产业密切相关的外来专业研发机构，在郧阳地区融合先进制造与现代服务，实现产城融合。

（3）区域服务功能东连武当

组合城市的区域服务职能东连武当，形成国际服务职能的发展廊道，并注重提升区域旅游服务品质。十堰城区东部武当山经济特区具有优越的环境本底，武当山作为中国道教圣地及世界文化遗产，国际知名度较高，但现场调研发现，武当山被了解认知的区域仅有山区部分，其国际性的旅游资源未能带动周边区域的发展，致使大量游客只知武当山不知十堰市。将十堰市区与武当山经济特区从交通、城市功能等多方面打通，多维度融合，将武当山打造成十堰的旅游名片，构建向西区域服务通道以快速路、轨道交通等交通设施为依托，发展商贸、会展、旅游等区域性服务业。其中白浪开发区发展以汽车为主体的汽车商贸园和汽配保税区，武当山构建以服务旅游的旅游服务区与旅游产品加工区。十堰老城东部地区整体实现功能调整，退二进三，充分预留，避免区域廊道被蔓延发展的工业用地所挤占。结合武当山机场、西高铁站打造对外交通枢纽核心，同时加强武当山经济特区接待服务能力，带动区域内其余旅游景区发展。

7.5　文化安全：推进十堰市三线建设工业遗产保护

文化安全是指一国的政治价值理念、信仰追求、民族精神等观念形态不受威胁的客观状态[1]。民族意识的复兴、对标准的信息和消费模式在世界范围内传播的抵制，其内生动力是坚持本土文化价值观，把文化作为确定自我身份的手段和力量[2]。三线建设工业遗产诞生于备战备荒的过程中，其中充满了家国情怀、集体主义以及时代印记，是新中国建设过程中的一段重要历史。三线工业遗产作为中国现代工业遗产的重要组成部分，具有历史的、科学与技术的、建筑的和社会的多重价值，且包括物质与非物质两种形态。三线建设从国家安全角度出发，是完全的计划经济产物，符合国家发展的长远利益，并根据不同地区的资源禀赋及需求，追求各地区的均衡发展，不单纯由市场决定。三线建设背后所蕴含的三线文化既是总结过去继承传统的需要，也是凝心聚力、继往开来的精神内核。

7.5.1　认同和赓续"三线精神"是保护前提

"三线精神"形成于1964—1983年三线建设时期和1984—2006年三线企业调整改造时期，升华结晶于党的十八大以来广泛弘扬民族精神、奋斗精神时期，确立于2018年。中华民族的奋斗精神、爱国精神，共性都是艰苦奋斗，牺牲奉献，奋发图强，同时，不同的精神也各有特点。"三线精神"不仅具备国家和民族的精神特性，在不同的三线城市和地区，还表现出能代表城市和地区的精神特质，进而成为"城市精神"。十堰因三线建设而诞生，是现代汽车工业以嵌入的方式而形成的新兴工业城市，也是"大三线"建设硕果仅存的城市之一。随着三线建设工业的发展，由一个深山小镇演变为鄂豫陕渝毗邻地区现代化中等城市，十堰跟随党和国家的三线建设战略部署而建设兴起。十堰区域历史文化积淀深厚，不仅有武当文化、郧阳文化、诗经文化、沧浪文化等丰富多彩的历史文化遗存，而且有三线建设、南水北调中线工程建设等形成的独具特色的当代城市文化，但最为集中体现的还是"百折不挠、艰苦奋斗、牺牲奉献、产业报国"的"三线文化"和"三线精神"。

（1）"百折不挠"展现十堰发展的奋斗精神

十堰从诞生到成长壮大，与三线建设、与二汽建设有着天然的血肉联系，是三线建设催生了十堰、成就了十堰，而十堰则支持了二汽、支持了三线建设。20世纪70年代三线

[1]　张安. 对国家文化安全基本问题的思考［J］. 南华大学学报（社会科学版），2014，15（3）：30-34.
[2]　联合国教科文组织，世界文化与发展委员会. 文化多样性与人类全面发展：世界文化与发展委员会报告［M］. 广州：广东人民出版社，2016.

建设初期，十堰地区克服自身落后困难，全力支援二汽建设，城市规划和建设为汽车工业的发展创造条件；80 年代市厂共建阶段，十堰市政府初成立，在寻求地方自主发展的同时，帮助二汽转型自主经营，采取各种措施确保二汽发展和生产的顺利进行；90 年代政企分离阶段，十堰面临城市发展困境，制定"服务二汽、依托二汽"的政策方针帮助企业推向市场；21 世纪，十堰"低丘缓坡治理"突破用地局限，壮大汽车产业，谋求城市发展。2004 年以来十堰被授予"中国卡车之都""商用车之都"等多项称号。三线建设文化精神与十堰城市发展一直在共同革新。没有三线建设，就没有十堰这座新兴工业城市；没有三线精神，就没有十堰这座文明、开放、充满活力的现代化中等城市。

（2）"艰苦奋斗"发扬三线建设的优良作风

十堰俗称"九山半水半分田"，意指垒起十道堰才能开出耕地，而一间打铁店是十堰全部的工业基础。来自东、中部地区的建设者们靠吃红薯叶子、啃窝窝头、喝山泉水、住干打垒和芦席棚、点马灯完成了惊天动地的十堰建设。当时十堰流行的顺口溜"十堰十大怪"[1] 就是艰苦环境的真实写照，时任一机部副部长的沈鸿到十堰调研时，听到"十大怪"的顺口溜，对二汽人的革命乐观主义精神高度认可，还添了两句"公路上有山又有海，进十堰（高兴地）跳起来"。原十堰市委、二汽党委书记写道："芦席搭棚闻屋漏，土墙打垒颤机声"[2]。马灯、干打垒、芦席棚等成了二汽激情创业的精神象征（图 7.10、图 7.11）。

图 7.10　二汽领导讨论厂区规划　　　　　　图 7.11　二汽芦席棚宿舍

来源：十堰市人民政府. 漫卷山地如画：十堰市山地整理摄影纪实 [Z]. 十堰：十堰日报社，2011；
第二汽车制造厂志 1969—2003 [Z]. 东风汽车公司史志办公室. 1986.

（3）"牺牲奉献"凝聚十堰人民的家国情怀

三线建设为配合生产，全国各地近 8 万建设大军浩浩荡荡从条件优越的东部、中部，从城市、院校奔赴到落后的鄂西北山区十堰支援三线建设，开始了几代人艰苦卓绝的创业历程，十堰成为典型的"移民之城"。十堰地方人民同样作出了巨大的贡献和牺牲，遵从"一切服从二汽需要"的方针，组织移民搬迁，让地让房，为了建设黄龙滩和丹江口工程，先后泄洪范围达七个集镇涉及两个县城，30 万人离乡新建家园。10 万工人耗时三年支援襄渝铁路及二汽建设；更有无数人员参与后勤支援保障（图 7.12、图 7.13）。以上种种，建设者及十堰地区人民没有怨言，甘愿服从国家建设大局而无私奉献。

[1] 十堰十大怪：第一怪，山沟里面把楼盖；第二怪，不分城里和城外；第三怪，下雨打伞头还歪；第四怪，工厂里边种白菜；第五怪，红薯叶子当菜卖；第六怪，石头当成黑煤块；第七怪，一条街道通老白；第八怪，电话没人走得快；第九怪，汽车进城要人拽；第十怪，来到十堰跳起来。

[2] 十堰文史（第十四辑）三线建设二汽卷（上册）[M]. 武汉：长江出版社，2015.

图 7.12　各地支援二汽者在邓湾码头　　　　图 7.13　"102"工程队抵达邓湾码头

来源：第二汽车制造厂志 1969—2003 [Z]. 东风汽车公司史志办公室. 1986；

十堰文史（第十五辑）三线建设"102"卷（上册）[M]. 武汉：长江出版社，2016.

（4）"产业报国"体现二汽工人的实干精神

50 多年前，第二汽车制造厂破除万难，扎根鄂西小城十堰，开启产业报国之路。创业伊始，大量采用"四新"技术，"聚宝"式发展，攻克工艺、设备、工序等难关，研发车型为国出战，被誉为"功臣车"；80 年代顺应国家经济建设，开启"军转民"之路，民用车系列开始自主研发，产品结构实现"军民共举"；90 年代，二汽人弘扬三线精神，不断开拓创新，在管理体制和经营机制方面进行积极探索，扶持十堰地方工业发展；1981—2003 年是我国汽车制造的全面发展阶段，注重结构调整体制改革，这时期二汽发展了"东风"系列产品，走出国门。进入 21 世纪，坚持以市场为导向，调整产品结构，推进国内国际资源重组与战略合作，东风品牌的知名度不断提升，企业综合实力逐步增强。随着二汽建设的需要，襄渝铁路（十堰段）、东风轮胎厂、黄龙滩水电站等一批国家大中型三线建设工程相继落户十堰，二汽和十堰市共同发展壮大。时至今日，东风汽车公司已经成为具有国际影响力的知名企业（图 7.14、图 7.15）。

图 7.14　庆祝两吨半越野车投产大会　　　　图 7.15　用二汽底盘改装的客车

来源：第二汽车制造厂志 1969—2003 [Z]. 东风汽车公司史志办公室. 1986.

综上，十堰山区筚路蓝缕的创业者、无私奉献的山区人民在激情燃烧的三线建设峥嵘岁月里，共同凝聚的"三线精神"，是十堰值得发扬光大的精神财富。十堰市应坚持赓续"三线精神"，作为"内修人文"的重要内容和提升精神区位的重要抓手，以"三线精神"为内核培育"城市精神"，以"三线精神"为动力引领城市发展。

7.5.2　三线建设文脉中的工业遗产分布

十堰市三线建设的主要成就是指位于鄂西十堰老城区的第二汽车制造厂为维护国家安

全及发展汽车工业所作出的贡献，遗存类型包含十堰老城区范围内的工业厂房/厂区、围绕厂区建设的住宅/生活区及其公共服务设施、沟通生产运输的铁路线路三大类。此外还包括襄渝铁路十堰段的建设，十堰市区周边地区例如分布在黄龙、丹江口和均县老白公路沿线的三线建设工厂，他们是支援二汽生产、保证十堰城区生产生活的基础设施如水利枢纽及发电厂，以及保证后勤供应的企业。这些虽然不是三线建设的前沿工厂，但作为三线建设不可或缺的一部分，为前沿工厂的稳定生产供电、供水、保证后勤，将贫困乡村建设成为新兴工业城市。因此，十堰地区的三线建设不仅包含国防军工建设，还包括与军工产业相配套的生产行业，像铁路、水电站等非军工产业，在为军工生产服务之外还承担三线地区的民用生产、生活服务职能。

十堰中心城区及其周边三线建设关联地区的工业遗产分布（表7.3）如下。

第二汽车制造厂在十堰城区和丹江口市现存三线建设工业厂区　　　　表7.3

名称	代号	时间	位置
发动机厂	49	1969.12	十堰新疆路47号
变速箱厂	59	1969.12	十堰新疆路7号
铸造一厂	48	1969.9	十堰花果路12号
化油器厂	62	1969.7	十堰花果街花园沟44号
轴瓦厂（活塞轴瓦厂）	64	1971.1	十堰花果街安沟放马坪路10号
车桥厂	51	1970.2	十堰辽宁路23号
锻造厂	52	1969.6	十堰辽宁路7号
铸造二厂	50	1969.11	十堰白浪西路65号
总装配厂	43	1970.6	十堰车城路127号
车身厂	40	1970.9	十堰张湾区贵州路3号
车架厂	41	1970.3	十堰张湾区车城路147
车箱厂（专用汽车有限公司）	44	1970.3	十堰朝阳南路9号
车轮厂	42	1970.11	十堰广东路2号
水厂（第二自来水厂）	—	1971.8	十堰吕家沟
钢板弹簧厂（悬架弹簧厂）	46	1970.9	十堰大岭路15号
非金属件厂	47	1969	十堰茅箭区经济开发区龙门工业园
水箱厂（散热器厂）	60	1970.4	十堰车城西路56号
底盘零件厂（制泵厂）	45	1970.7	十堰车城路66号
标准件厂（紧固件厂）	61	1970.4	十堰大岭路89号
刃量具厂	23	1969.5	十堰车城西路138号
冲模厂（模具分公司）	25	1969.4	十堰东岳路100号
动力厂（动力设备厂）	24	1969.1	十堰四川路9号
设备修造厂（专用设备厂）	21	1967.5	十堰镜潭路
设备制造厂	22	1969.1	十堰朝阳北路22号
通用铸锻厂	20	1967.4	十堰张湾区车城西路115号
精密铸造厂	576	1970.6	丹江口市公园路155号
粉末冶金厂	577	1970.10	丹江口市三官大道26号

来源：根据十堰文史（第十五辑）三线建设"102"卷（上册）[M].武汉：长江出版社，2016：185-191.十堰市东风集团老厂区搬迁相关资料整理绘制。

第一，第二汽车制造厂，始建于1969年，工厂分布除去十堰老城区外还包括丹江口市的两个厂区（图7.16），二汽在十堰的建设有效巩固了国防安全，平衡了东西部的工业产业布局，也推动了鄂西山区的工业化进程。

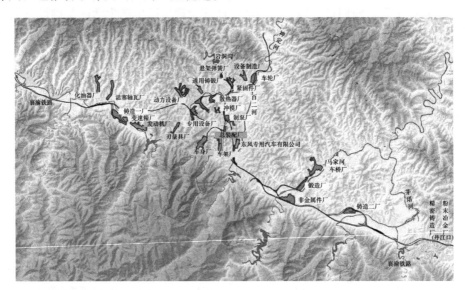

图7.16　第二汽车制造厂在十堰城区和丹江口市现存三线建设工业厂区分布图

第二，铁路部分包含襄渝铁路及中心城区的厂区专用铁路线。

自1968年4月开始修建的襄渝铁路，全长895.3km，1979年全线开通运营，襄渝铁路贯穿十堰东西，给十堰发展带来了很大的交通助力，畅通了湖北和重庆的交通，推动西南经济的发展，有效增强了国内铁路的东西方向联系。是十堰中心城区及周边协作地区三线建设时期对内对外联系、地区间相互沟通所依赖的主要交通线。此外还包括现存十堰老城区原二汽厂区专用铁路（图7.17）。

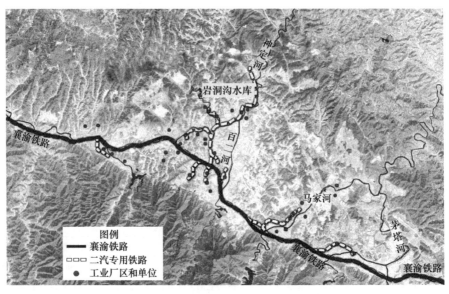

图7.17　襄渝铁路和二汽专用铁路分布图

第三，20 世纪 50 年代建成的丹江口水电站，既是三线建设时期重要的基础设施，又兼有防洪、发电、灌溉等综合功能，是南水北调中线工程的重要水源地。

第四，黄龙滩水电站由国家建设，由于三线建设时期十堰地区第二汽车制造厂、襄渝铁路和新兴工业城市十堰市的兴建急需用电，而丹江口水利枢纽向鄂豫两省供电后，电量不足，为此在堵河上建了大型水电站。水电站为十堰地区三线工业的用地与生产提供了极大助力。

第五，解放军某部在丹江口市老白公路沿线的深山部署的军需工厂保证了战备需要，对巩固国防、加强军队建设、支援鄂西北大开发贡献巨大，同时也是三线建设期间十堰地区工业发展的重要后勤保障（表 7.4）。

解放军某部在丹江口市现存三线建设工业厂区及服务设施　　表 7.4

名称	建设时间/年	生产产品	位置
某军 2 号厂	1970	物资容器	丹江口市浪河镇青莫村
金狮工业缝纫机厂	1969	军队服装机械	丹江口市浪河镇代湾
长城油料机械厂	1968	油料器材设备	丹江口市浪河镇土门沟村
某部 41 号厂	1968	服装	丹江口市丁家营镇塘沟
汉江印染厂	1969	服装印染	丹江口市丁家营镇铜架山村
第七职工医院	1969	医疗	丹江口市丁家营镇 97 路
某军 85 号仓库	1969	仓储	丹江口市丁家营 11 沟

来源：十堰文史（第十五辑）三线建设 "102" 卷（上下册）[M]. 武汉：长江出版社，2016.

三线建设期间，这些铁路干线、机械工业和水利水电设施的修建（图 7.18），极大促进了国防军工企业的生产和发展，为备战和国防作出重大贡献，同时，也推动了十堰地方的经济发展、工业产业布局，并为山区脱贫提供助力。

7.5.3　三线建设关联区域的工业遗产保护

2017 年，国家文物局回复《关于加强三线建设遗产资源保护利用的提案》中表示将多部门协作，重视三线建设遗产，提升保护水平。2017—2018 年，工业和信息化部公布的国家工业遗产名录收录三线建设工业遗产。同时十堰市《关于尽快启动汽车工业文化遗产保护与利用工作的议案》通过。26 个现存二汽三线建设工业厂区已经被正在修编的《十堰市工业遗产保护利用规划》列入工业遗产保护名录。十堰市的三线建设遗产保护也日益受到关注。

7.5.3.1　三线建设文化纽带的消隐与提振

（1）三线建设文化纽带消隐

十堰的城市建设过程就是我国汽车工业发展的历史，十堰的三线工业遗产融合了建筑、社会、科技、历史等多重价值。随着经济社会发展需要、三线建设工厂逐步迁出、老厂房被无序改造或拆除，致使城市发展之初由"生产工艺流程"决定的，由二汽四个"生产片区"组成的十堰三线建设工业遗产体系面临解体。随着"干打垒"建筑濒临消失，

图 7.18 十堰市三线文脉中三线建设工业遗产分布示意图

"防空洞"因开发房地产需要被侵占,三线职工宿舍、办公及文化活动建筑等历史遗存被破坏,十堰三线建设工业遗产体系中的"生产生活单元"面临瓦解。

十堰老城区与襄渝铁路沿线山区的丹江口市、武当山经济特区的三线建设协作工业产业的保护亦未被提及。2021年,《老工业区工业遗产保护利用规划编制指南》,要求在对老工业区工业遗产进行保护的过程中,注重地域产业链、产业协作的体系性,包括老工业区内部和外部产业的连续性和协作关系。现行的《十堰市工业遗产保护利用规划》由于关联视野价值判断维度的缺失,工业遗产的保护范围仅局限于十堰市中心城区,忽略行政区划外的三线建设协作产业的工业遗产价值,使得十堰市域范围内的原老白公路沿线山沟的三线建设配套企业的价值被大大低估,继而游离在保护利用规划范围外。面对"城镇化"热潮和企业的改制搬迁,这些三线工业遗产无力抵抗资本力量,功能改作他用或常年闲置,甚至面临拆除。

总而言之,随着经济体制的改革和城市的快速发展,三线建设工业从历史舞台退出后,不再是维系组织社会关系、承载城市空间发展的纽带。围绕三线建设工业而发展的社会关系以及空间结构,也随着从"单位制"走向"社区制"而逐渐解构。十堰老城区以及周边地区的三线建设工业遗存散布在城市空间中,三线建设时期的三线文化体系作为影响十堰城市框架形态的"显性"因素,在城市化浪潮中逐渐趋于"隐性"存在。

(2)三线建设文化纽带提振

要提振三线城市文化,在三线建设工业遗产方面如果简单地沿用《世界遗产公约》的"历史、科学、美学"的价值体系及其文化遗产的认定标准,或采用《下塔吉尔宪章》的"社会、技术、历史、科学价值或建筑美学"的观点,难以覆盖三线工业遗产的全部价值和内涵,达不到维系三线建设文化纽带的目的,在一定程度上忽视了生产与生活之间、工业和农业之间、工业建筑单体与街区及城市之间、地区和地区之间可能存在的历史与文化联系。十堰三线建设工业遗产体系内所隐含的三线建设文脉,使单体和厂区、厂区和街区、街区和城市、城市与地区间的历史关联性自然且密切,且作为一个整体所具备的历史文化价值,远不是一个建筑单体或某一个单一物质要素所能比拟的。

十堰中心城区与周边地区过去的三线建设协作关系在经历遗产化过程之后,逐渐作为三线文脉的遗产分布融入十堰地区的空间格局之中。在保护体系建构方面建立"区域一体化"的遗产保护视野,以突破聚焦行政区划范围内工业厂区、建筑本体的思维局限;在空间层面划分"三线建设关联的空间层级和单元集群",打破以建筑单体或单个厂区为遗产保护要素的瓶颈。从发展角度看,三线建设的停止,使得在空间格局层面,十堰中心城区与周边地区的关联从显性变为隐性。但从保护的层面看,三线建设工业遗产分布格局由于其内部的历史客观联系,在遗产格局中凸显,成为十堰发展"组合城市"的文化空间纽带。

7.5.3.2 形成"区域一体化"工业遗产保护视野

三线工业遗产形成于三线建设时期。本书基于空间生产视角对三线建设城市空间演变规律的探索,能从三线建设工业遗产的选址中看到前代工业奋斗者的艰辛与奋斗;能从厂区与社区乡村的关系中看到三线建设文化与当地传统文化的融合与互动,也看到了文明的传播与经济的共同进步;能从职工住宅区的均质形态、住宅建筑的分配方式和公共服务设施布置中看出平等和民主;能从流程把控、建筑施工、设备保存中看出三线建设对质量的精益求精和创新精神；能从相邻地区的三线建设发展历程中看到无私协助、团结协作。

以上这些均决定着三线工业遗产的保护范畴：①生产性建筑物与构筑物：生产车间、基础设施、后勤仓库、办公场所、机械设备等；②非生产性的建筑物及构筑物：宿舍、医疗、学校、电影院等为职工提供生活服务、公共活动的建筑与场地；③工厂、生产区及生活区布局（厂区布局）；④工厂周边的自然和人文景观；⑤工厂与周边村镇、社区的共生发展（工艺生产流程、生产片区及历史集镇发展）；⑥城市与周边地区的关联发展（区域关联）。此外，三线工业遗产包括国家战略决策的内涵思想、企业层面的具体实施政策及生产管理方式、三线建设者的历史回忆、生产的工艺技术以及凝聚而成的"三线精神"。对以上所有内容的研究是实施三线工业遗产保护与利用的基础，是三线建设城市发展的重点，更是认同和赓续"三线精神"的要义所在。

根据"空间演变—保护范畴—保护视野"的研究思路及十堰城市空间演变的发展规律，结合三线建设工业遗产的保护范畴，十堰地区的三线建设文化关联区域应包含十堰中心城区及下辖黄龙镇、丹江口市三个地区的三线建设工业分布区域，关照"建筑单体—生产生活单元—厂居混合集镇—工艺生产片区—产业协作地区"不同层级空间，进而形成十堰中心城区及周边三线产业协作地区"区域一体化"的十堰三线建设工业遗产保护视野。此"区域"范围内的三线建设工业遗产是保护发展的重要课题，不仅作为承载十堰"城市精神"的物质载体，还是谋求"组合城市"区域协同发展的文化抓手。

7.5.3.3　建立三线建设关联空间的多层级保护体系

十堰市域范围内的三线建设文化首先将十堰中心城区与周边相邻地区作为一个整体的三线建设关联空间。其次，三线建设关联空间内的不同地区的三线建设产业类型的差异化带来了地区间不同的社会经济发展、历史文化特色和空间演变规律。形成了建筑单体、厂区单元、历史集镇范围、城市工艺生产片区到产业协作地区的多层级三线建设关联空间。因此，应建立相应的三线建设关联空间的多层级保护体系。

（1）地区"产业协作空间"保护层级

十堰三线建设工业遗产的地区"产业协作空间"是在三线建设时期通过襄渝铁路串联、沟通密切的区域，地区内各产业相互协作助力二汽生产，根据粉末冶金厂和精密铸造厂志内的厂区位图的范围可证实（图7.19、图7.20），十堰地区的"产业协作空间"范围在协作产业工厂选址布局之时就有所考量。具体包含十堰市中心城区的工业遗产，及十堰市域襄渝铁路沿线山区的汽车配套生产厂区、三线建设时期的基础设施和后勤生产工厂，是以汽车

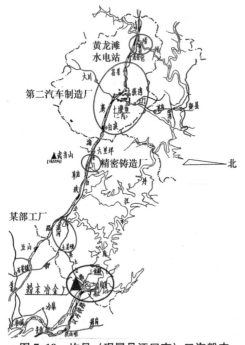

图7.19　均县（现属丹江口市）二汽粉末冶金厂区域位置示意图

来源：基于粉末冶金厂区位置图改绘。

主导产业（十堰中心城区）—汽车配套产业（武当山经济特区、丹江口市）—后勤生产产业（丁家营镇、浪河镇）—基础设施（黄龙滩水电站、丹江口大坝、襄渝铁路）四部分在文化关联下相互协作的"地区产业协作空间"保护（图 7.21）。

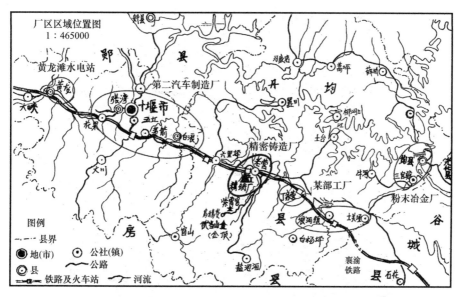

图 7.20 老营（现武当山经济特区）二汽精密铸造厂区区域位置图
来源：基于精密铸造厂区位置图改绘。

地区保护层级的划定，在十堰市三线建设工业遗产的保护策略层面，提供了一个跨地区的规划空间载体。从保护角度看，由于十堰工业遗存要素在襄渝铁路沿线呈带状分布，沿线各产业的多样性及之间的协作关系形成的系统价值远超个体聚落的量级，根据各地区的工业遗产保存状态，分等级分区域实施保护。如此，十堰市中心城区行政区划外的武当山经济特区及丹江口市的三线建设协作配套产业的历史价值，依托地区"产业协作空间"保护层级也能得到认可、关注和保护。这不仅有利于工业遗产保护的系统性，还能加强十堰中心城区—武当山经济特区—丹江口市发展的协同性。

（2）城市"工艺生产空间"保护层级

城市"工艺生产空间"保护范围位于十堰中心城区，包含花果的发动机片、红卫的后方生产片、张湾的总装冲压片及茅箭、白浪的底盘片四个生产片区（图 7.22）。四个生产片区由铁路和公路相连，是二汽最初汽车工艺生产流程的需要，也是十堰这座"百里车城"起步发展的城市骨架，更是十堰三线建设工业遗产保护——城市"工艺生产空间"保护层级的核心内容。

调研发现，总装冲压片的传动轴厂已经搬迁拆除，"工艺生产空间"的完整性遭到破坏，若将十堰中心城区的二汽老厂区按"工艺生产流程"作为一个整体集群进行保护，其工业遗产的系统性价值远超单个厂区的散点式保护，每个单独厂区在系统内的重要性亦能得到认可，不会因分散在城市中而被逐步蚕食。

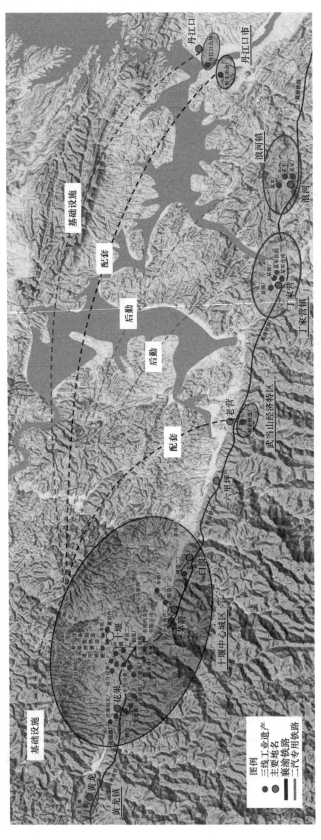

图 7.21　十堰三线建设工业遗产——地区"产业协作空间"保护范围

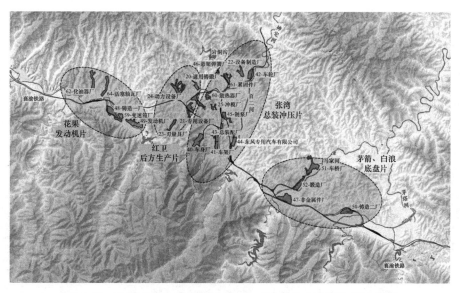

图 7.22　十堰三线建设工业遗产——"工艺生产空间"保护范围

　　生产片区由公路和铁路连接，各厂区的专用铁路最初为了满足物资运输和生产，随着中心城区"退二进三"工作的推进，工厂逐步搬迁，铁路和老厂房一起成为工业遗产的一部分（图 7.23）。现存厂区铁路主线从东风轮胎厂—张湾—顾家岗总长约 24.3km，串联起沿线中心站、厂区站和支线站。在对十堰市中心城区的工业遗产"工艺生产空间"进行保护利用时，应立足"生产四片区"的遗产空间结构，发挥"厂区铁路线路"在片区之间、工厂之间的发展联动与体系支撑作用，将三线工业遗产保护与城市发展融合，提振十堰的三线建设文化。

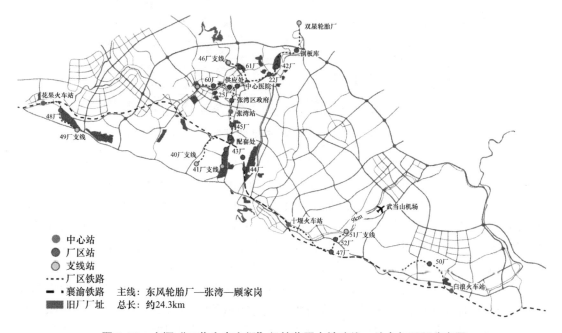

图 7.23　十堰"工艺生产空间"保护范围内铁路线、站点与厂区分布图

（3）集镇"厂居混合空间"保护层级

集镇"厂居混合空间"保护层级保护的核心内容是计划经济后期形成的集镇内部成组成团的"厂居混合"单元。十堰现有各街道行政范围是以"集镇"为核心发展而来（图7.24），社区划分建立在"厂居混合"单元的基础上，例如花果街道办事处是在老花果街道办的范围基础上发展而来，除去以工业为主要功能的二堰铺社区单元，其余社区均是在花果集镇基础上划定，各社区包含一个"厂居混合"单元，例如头堰社区以包含发动机厂及周边职工小区为主要范围（图7.25）。

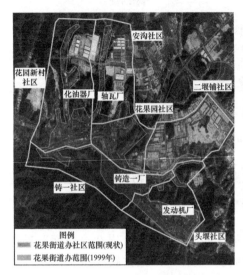

图7.24　花果街道内社区分布图　　　图7.25　花果街道头堰社区内发动机厂及其职工小区分布

图7.26　水箱厂旁职工小区及内部20世纪60年代至21世纪多类型住宅

按"厂居混合"单元划分社区有利于加强当代社区文化，促进三线建设文化传承。"厂居单元"内一个厂有多个职工小区，多个职工小区以职住平衡为原则围厂布局发展，例如花果街道的头堰社区，是以发动机厂以及发动机厂的多个职工小区为主体形成。"厂居混合"单元的构成在十堰老城区数量庞大，因此社区边界的划分可以此为主要依据。街道内各社区构建既合理有效地利用社区资源，又符合多数居民意愿；既有利于社区自治管理，又有利于社区服务功能的发挥，同时符合地域历史传统和未来发展要求，且居民认同感较强。

三线建设工业遗产的保护需要将关注点放置于工业建筑、三线城市文化氛围的浓厚之处，主要在于职工小区内不同年份建造的职工住宅的风貌（图7.26），以及三线老职工在小区内促膝长谈、回想当年的场景。集镇"厂居混合"空间保护层级将围绕在三线建设厂区周边的职工小区纳入保护范围，将三线文化延续于当代社区构建中，既有利于三线建设工业遗产的整体风貌维护，又从社区层面延续和巩固了三线文化精神。

（4）厂区"生产生活空间"及建筑单体保护层级

厂区"生产生活空间"保护是以十堰三线建设老厂区为主要内容，随着社会的发展、厂区搬迁或停产，三线厂区逐渐被城市空间淹没，厂区与外围空间的界限日趋模糊（表7.5）。厂区空间层级的保护首先应明晰各厂区边界，厘清不同厂区内"生产""生活"及"公共服务"功能范围，理顺不同厂区的历史工艺生产流程及各车间所处的生产环节，将各厂区作为一个整体进行保护。

十堰老城区东风集团老厂区现状　　　　　　　　　　　　　　表7.5

总装配厂	车身厂
车架厂	铸造二厂
锻造厂	刃量具厂

续表

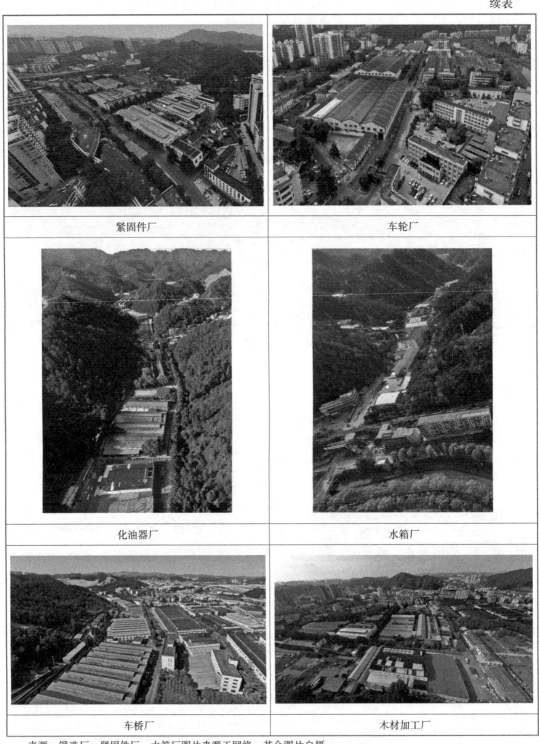

紧固件厂	车轮厂
化油器厂	水箱厂
车桥厂	木材加工厂

来源：锻造厂、紧固件厂、水箱厂图片来源于网络；其余图片自摄。

　　建筑单体的保护应根据不同使用功能划分保护类型，包括车间、仓库等生产类建筑，住宅、宿舍等居住类建筑，俱乐部、食堂、学校等公共服务类建筑。不应将保护的目光局限于工业生产类建筑。

7.6　小结

本章主要在当前"总体国家安全观"的政策背景下探讨三线建设城市的空间发展。认为三线建设城市在新时代的发展是城市安全发展转型的过程，从三线建设时期的国家安全主导的、关注人防的城市安全转向当前国家安全格局下关注物质环境、行为活动、精神文化多个要素的城市安全，将生态安全、经济安全和文化安全作为三线建设城市发展的主导方向。

发展生态安全：由开山造地的低丘缓坡治理转向生态立市。在宏观层面，首先，中心城区的发展需要与市域层面整体生态格局相关联，稳定十堰市"九山半水半分田"的生态空间格局。其次，落实"三层级"蓝绿廊道分层建设，包括第一层为外围生态通道、第二层为郊野水系廊道、第三层为城市绿道。再次，在城区层面坚持"底线思维"，限制城市不合理开发，协调城市发展与工业扩展和生态环境保护的矛盾，尤其是十堰此类山城，应限制开山行为，保护山体和山头，同时设定开发条件保护原始地形，维护山城风貌。

发展经济安全：构建"组合城市"谋求区域协同发展。根据十堰市工业化中期向后期转型的发展特征，依托智能制造以及"互联网＋"等发展新趋势，结合特色的农业和旅游业资源禀赋，以及在区域中的生活性服务业优势，打造"1＋4"的产业体系，培育新经济，重点升级"汽车、旅游、农业、服务"4大主导产业，做到汽车产业升级与新兴产业培育并进。十堰市区联合周边区域优势资源打造一体化发展的组合城市地区，组合城市由郧阳区、十堰老城区、武当山经济特区三大片区组成。在此基础上疏解老城区功能，十堰中心城区产业过于集聚，新兴产业需要向郧阳、六里坪等新城培育，部分基础产业可向武西廊道地区转移。形成生活服务立足中心城，生产服务依托武西廊道，区域服务东联武当的空间布局。

发展文化安全：推进十堰市三线建设工业遗产保护。认同和赓续"三线精神"是遗产保护的前提，既是国家和民族精神，也是十堰的"城市精神"。十堰老城区以及周边产业协作地区的三线建设工业遗存虽然在早期作为三线建设工业纽带，是奠定十堰城市框架形态的显性存在，但当前随着三线建设影响的淡化逐渐隐匿于城市化浪潮中。在经历了遗产化过程之后，三线建设时期生产生活的、物质与非物质的遗存均为文化遗产，成为三线建设文脉中的工业遗产格局，逐渐由隐性转为显性。十堰中心城区及下辖黄龙镇、丹江口市三个地区的三线建设工业分布区域应视为整体，形成"区域一体化"的十堰三线建设工业遗产保护视野。关照"建筑单体—生产生活单元—厂居混合集镇—工艺生产片区—产业协作地区"不同层级空间的多层级三线建设关联空间保护体系。

参 考 文 献

中文文献

[1] 包亚明. 现代性与空间的生产 [M]. 上海：上海教育出版社，2003.

[2] 陈东林. 三线建设：备战时期的西部开发 [M]. 北京：中共中央党校出版社，2003.

[3] 陈夕. 中国共产党与三线建设 [M]. 北京：中共党史出版社，2014.

[4] 城市社区建设资料选编 [Z]. 中共十堰市组织部，2002.

[5] 传动轴厂志编纂领导小组. 传动轴厂志 1965—1983 [Z]. 第二汽车制造厂，1985.

[6] 第二汽车制造厂厂志编委会. 医疗卫生志 [Z]. 第二汽车制造厂，1986.

[7] 第二汽车制造厂教育处志编委会. 教育处志 [Z]. 第二汽车制造厂教育处，1985.

[8] 电力处志编委会. 电力处志 [Z]. 第二汽车制造厂，1985.

[9] 东风汽车房地产有限公司史志办公室. 东风汽车房地产有限公司志 1984—2003 [Z]. 东风汽车房地产有限公司，2004.

[10] 东风汽车房地产有限公司志东风汽车公司热电厂志编委会. 热电厂分卷 1978—1998 [Z]. 热电厂史志办，1999.

[11] 东风汽车公司煤气厂分卷编委会. 煤气厂分卷 1983—1999 [Z]. 东风汽车公司煤气厂史志办，2001.

[12] 东风汽车公司史志办公室. 第二汽车制造厂厂志 1969—1983 [Z]. 东风汽车公司，1983.

[13] 东风汽车公司水厂分卷编委会. 水厂分卷 1984—1998 [Z]. 东风汽车公司水厂史志办，1999.

[14] 东风汽车公司通用铸锻厂史志办公室. 通用铸锻厂分卷 1984—1998 [Z]. 东风汽车公司，1999.

[15] 东风汽车公司志编委会. 东风汽车公司志 1984—2007 [Z]. 东风汽车公司，2012.

[16] 东风汽车公司专用设备厂史志办公室. 专用设备厂分卷 1984—1998 [Z]. 东风汽车公司，2005.

[17] 动力厂志编纂领导小组. 动力厂志 1966—1983 [Z]. 第二汽车制造厂，1984.

[18] 二汽建厂重要文件汇编（1965—1983）建厂总体布置现场审查会议纪要 [Z]. 工厂设计筹备处，1984.

[19] 二汽建设总指挥部设计组. 混凝土砌块住宅设计说明书 [Z]. 第二汽车制造厂，1972.

[20] 发动机厂志编纂领导小组. 发动机厂志 1966—1984 [Z]. 第二汽车制造厂，1985.

[21] 工厂设计处志编纂领导小组. 工厂设计处处志（1965—1983）[Z]. 第二汽车制造厂，1985.

[22] 湖北省十堰市城市建设规划办公室关于十堰市城市建设规划的报告：1972—11 [R]. 十堰市档案馆.

[23] 何郝炬，何仁仲，向嘉贵. 三线建设与西部大开发 [M]. 北京：当代中国出版社，2003.

[24] 亨利·列斐伏尔. 空间与政治 [M]. 李春，译. 上海：上海教育出版社，2005.

[25] 湖北省十堰市城市建设规划办公室. 十堰市城市建设总体规划说明书：1972—11 [Z]. 十堰市档案馆.

[26] 化油器厂志编纂委员会. 化油器厂志 1966—1983 [Z]. 第二汽车制造厂，1985.

[27] 精密铸造厂志编纂领导小组. 精密铸造厂志 [Z]. 第二汽车制造厂，1984.

[28] 李彩华. 三线建设研究 [M]. 长春：吉林大学出版社，2004.

[29] 林凌，李树桂. 中国三线生产布局问题研究 [M]. 成都：四川科学技术出版社，1992.

[30] 刃量具厂志编纂委员会. 刃量具厂志 1965—1983 [Z]. 第二汽车制造厂，1984.

[31] 设备修造厂志编纂小组. 设备修造厂志 1966—1983 [Z]. 第二汽车制造厂，1984.

[32] 十堰电力工业志 1954—2008 [M]. 武汉：湖北人民出版社，2012.

[33] 十堰公路史编审委员会. 十堰公路史 [M]. 武汉：武汉出版社，1995.

[34] 十堰市城市规划 1981 [Z]. 十堰市人民政府，1981.

[35] 十堰市城市总体规划说明书 1990—2000 [Z]. 十堰市规划局，1989.

[36] 十堰市地名志 [Z]. 十堰市地名领导小组办公室，1982.

[37] 十堰市规划处. 关于十堰市总体规划 1981 年执行情况汇报 [R]. 十堰市档案馆，1986.

[38] 十堰市规划局. 十堰市城市专题研究报告 1990—2010 [R]. 1989.

[39] 十堰市建设志编纂委员会. 十堰市建设志 [Z]. 十堰市建设管理委员会，1999.

[40] 十堰市建委. 十堰市 1980—1990 年城市建设规划 [Z]. 十堰市档案馆，1985.

[41] 十堰市教育志 [M]. 北京：中国地质大学出版社，1996.

[42] 十堰市金融志编纂委员会. 十堰市金融志 [M]. 北京：中国文史出版社，1991.

[43] 十堰市经济科技社会发展战略纲要 1987—2000 [Z]. 十堰市经济科技社会发展战略论证会专辑. 十堰市经济研究中心，1987.

[44] 十堰市水利志编委会. 十堰市水利志 [Z]. 十堰市水利水电局，2002.

[45] 十堰市统计局. 十堰市统计年鉴 2000 [M]. 北京：中国统计出版社，2000.

[46] 十堰市地方志编纂委员会. 十堰市志 1866—2008 [M]. 北京：中国文史出版社，2014.

[47] 十堰市志贸易卷编纂领导小组. 十堰市志贸易卷 [Z]. 1994.

[48] 十堰市自然资源和规划局. 十堰市国土空间总体规划综合交通体系研究报告 2020—2035 [R]，2021.

[49] 十堰土地资源 [Z]. 十堰土地管理局，1990.

[50] 十堰文史（第十四辑）三线建设二汽卷（上册）[M]. 武汉：长江出版社，2015.

[51] 十堰文史（第十五辑）三线建设"102"卷（上册）[M]. 武汉：长江出版社，2016.

[52] 水厂志编委会. 水厂志 1966—1983 [Z]. 第二汽车制造厂，1984.

[53] 水箱厂志编纂委员会. 水箱厂志 1965—1983 [Z]. 第二汽车制造厂，1985.

[54] 铁路运输处志编纂领导小组. 铁路运输处志 1970—1983 [Z]. 第二汽车制造厂，1985.

[55] 通用铸锻厂厂志编纂领导小组. 二汽通用铸锻厂志 1966—1983 [Z]. 第二汽车制造厂，1983.

[56] 吴缚龙，马润潮，张京祥. 转型与重构中国城市发展多维透视 [M]. 南京：东南大学出版社，2007.

[57] 徐嵩龄. 三线建设工业遗产的意义：基于政治经济学意义上的制度价值认知 [J]. 东南文化，2020（1）：6-11.

[58] 徐有威，陈东林. 小三线建设研究论丛（第1-10辑）[M]. 上海：上海大学出版社，2015-2024.

[59] 徐有威. 新中国小三线建设档案文献整理汇编（第一辑）[M]. 上海：上海科学技术文献出版社，2021.

[60] 徐有威，张杨. 三线建设学术研究的现状、特征与推进路径 [J]. 中国高校社会科学，2024，(5)：124-133，159.

[61] 徐有威，张胜. 国外小三线建设研究述评 [J]. 学术界，2023，(4)：141-149.

[62] 运输处志编纂委员会. 运输处志 1966—1984 [Z]. 第二汽车制造厂，1984.

[63] 张京祥，罗震东，何建颐. 体制转型与中国城市空间重构 [M]. 南京：东南大学出版社，2007.

[64] 张培玉. 十堰市建置沿革 [M]. 武汉：湖北人民出版社，1998.

[65] 张湾区志编委会. 张湾区志 1984—2005 [M]. 武汉：长江出版社，2016.

[66] 张勇. 回溯与前瞻：多维视角下的三线建设研究述评 [J]. 宁夏社会科学，2020，(2)：135-142.

[67] 周明长. 三线建设与中国内地城市发展（1964—1980 年）[J]. 中国经济史研究，2014，(1)：

142-151.

[68]　周明长. 铁路网建设与三线城市体系研究 [J]. 宁夏社会科学，2020，（4）：158-167.

[69]　朱碧瑶，罗震东，何鹤鸣. 从配建到引领："三线城市"十堰城市总体规划的演进 [J]. 上海城市规划，2017，（4）：86-93.

[70]　中国城市规划设计研究院. 十堰市城市总体规 1990—2010 [Z]. 十堰市规划局，1989.

[71]　住房制度改革文件汇编 [Z]. 十堰市住房资金管理中心，1995.

[72]　铸造二厂志编纂委员会. 铸造二厂志 1965—1983 [Z]. 第二汽车制造厂，1984.

[73]　谭刚毅，曹筱袤，高亦卓. 从城市安全到安全城市：三线建设与脱险调迁的经验启示 [J]. 新建筑，2021，（1）：16-21.

[74]　吕建昌. 当代工业遗产保护与利用研究：聚焦三线建设工业遗产 [M]. 上海：复旦大学出版社，2020.

[75]　董鉴泓. 中国城市建设史 [M]. 北京：中国建筑工业出版社，2004.

[76]　第二汽车制造厂第一修建处编纂领导小组. 第一修建处志（1965—1983）[M]. 第二汽车制造厂，1984.

[77]　郝彦辉，刘威. 制度变迁与社区公共物品生产：从"单位制"到"社区制" [J]. 城市发展研究，2006，（5）：64-70.

[78]　侯丽. 对计划经济体制下中国城镇化的历史新解读 [J]. 城市规划学刊，2010，（2）：70-78.

[79]　胡鞍钢，鄢一龙，吕捷. 从经济指令计划到发展战略规划：中国五年计划转型之路（1953—2009）[J]. 中国软科学，2010，（8）：14-24.

[80]　李德英，粟薪樾. 三线建设初期"厂社结合"模式检视（1965—1966）[J]. 史林，2020，（5）：156-166，221.

[81]　李正图，杨维刚，马立政. 中国城镇住房制度改革四十年 [J]. 经济理论与经济管理，2018，（12）：5-23.

[82]　李芝兰，刘承礼. 当代中国的中央与地方关系：趋势、过程及其对政策执行的影响 [J] 国外理论动态，2013，（4）：52-61.

[83]　刘伯英. 中国工业遗产调查、研究与保护（七）：2016 年中国第七届工业遗产学术研讨会论文集 [M]. 北京：清华大学出版社，2017.

[84]　陈东林. 三线精神的形成、特点和现实意义 [R]. 涪陵：全国党校（行政学院）系统三线建设学术研讨会 2021.

[85]　马德峰. 安全城市 [M]. 北京：中国计划出版社，2005.

[86]　十堰市地方工业发展战略 1987—2000 [R]//十堰市经济科技社会发展战略论证会专辑 [M]. 十堰市经济研究中心. 1987.

[87]　十堰市经济科技社会发展战略论证会专辑 [M]. 十堰市经济研究中心，1987.

外文文献

[1]　FOUCAULT M．Power/knowledge：Selected Interviews and Other Writings，1972—1977 [C]. New York：Pantheon Books，1980：70.

[2]　HARVEY D．The Urban Experience [M]. Baltimore：The Johns Hopkins University Press，1989.

[3]　HENRI L．La production de l'espace [M]. Paris：Economica，2000.

[4]　JU L．Enduring Change：The Labor and Social History of One Third- front Industrial Complex in China from the 1960s to the Present [M]. Berlin：De Gruyter Oldenbourg，2019.

[5]　LORENZ L．The Vietnam War and China's Third Line Defense Planning before the Cultural Revolution，1964—1966 [J]. Journal of Cold War Studies，2008，10（1）：26-51.